KB167111

근현대 한국영화의 마인드스케이프

오영숙 지음

kofic 영화진흥위원회 Korean Film Council

일러두기

* 영화의 작품명과 연도는 한국영상자료원 한국영화데이터베이스(KMDb)를 따른다.

** 문장부호는 다음과 같이 표기한다.

홑낫표(「 」): 신문, 잡지, 단행본에 수록된 개별 글과 보고서 제목

겹낫표(『 』): 신문, 잡지, 단행본 제목

홑화살괄호(〈 〉): 영화, 공연예술 등의 작품 제목

근현대 한국영화의 마인드스케이프

오영숙 지음

영화진흥위원회 50주년 기념 총서 03

kofic 영화진흥위원회 Korean Film Council

차례

차례

사진 차례

발간사

2023년은 영화진흥위원회 창립 50주년을 맞이한 해입니다.

영화진흥위원회는 1979년 제1집 『영화예술로서의 성장』을 시작으로, 2006년 『한국 영화사: 개화기(開化期)에서 개화기(開花期)까지』에 이르기까지 영화의 각 분야를 아우르는 이론총서 36종을 발간했습니다. 영화진흥위원회 총서는 기술부터 이론에 이르기까지 연구서적이 부족했던 1980년대와 1990년대에 영화연구를 위한 길잡이 역할과 함께 신진 연구자를 발굴하는 데 역할을 했다고 자부합니다.

영화진흥위원회 창립 50주년을 맞이하여 18년 만에 영화진흥위원회는 총 4권의 총서를 새롭게 발간하게 되었습니다. 영화진흥위원회는 영상산업 환경의 급속한 변화에 직면한 현 시점이 다시 한번 총서의 역할과 의미를 고민해야 할 때라고 생각했습니다. 그 결과가 이번에 발간하는 4권의 서적입니다.

이번 총서는 영화현장에서 쌓은 다년간의 노하우와 경험을 담은 실용서부터 한국의 영화역사를 다루는 이론서까지 다양하게 구성되어 있습니다.

한국영화산업의 변화의 흐름 속에서 이번 총서가 영화인들에게 다양한 지식을 제공하는 것은 물론 미래 영화영상인력 양성에도 기여할 것이라고 확신합니다.

영화진흥위원회는 향후에도 영화정책 연구기관으로서의 선도적 역할을 강화하고 미디어/기술 환경 변화 속에서 영화 현장에 필요한 지식과 경험을 보존하고 공유하는 역할을 충실히 해나가겠습니다.

영화진흥위원회 창립 50주년을 맞이하며

영화진흥위원회 위원장 **박 기 용**

머리말

영화의 감정과 네이션

스크린에서 우리가 마주하는 것은 세상을 바라보는 복잡한 마음의 풍경이다. 마음의 능선을 따라 움직이며 강력한 상상과 환상을 만들어내는 일이야말로 영화의 주요한 능력이다. 이 책은 한국영화가 구성해 온 집단적인 마음들을 통시적으로 읽어내려는 시도들을 담고 있다. 시대를 달리하며 스크린에 부각된 감정들을 검토하여 그것이 시대적 현실과 맺는 관계를 밝히고 그를 통해 명료한 말이나 담론으로는 표현될 수 없었던 근현대기 한국인의 복잡다단한 심리적 현실을 추적하는 것이 주된 내용을 이룬다.

이 책의 바탕에 놓인 것은 영화가 세상을 이해하도록 돕는 정동적 코멘터리이자 사회적 지표라는 믿음이다. 영화현상이 문화적 의미를 지닌다면 그것이 한 개인이 아니라 집단의 마음이 만들어낸 텍스트라는 점일 것이다. 관객과의 공감에 대한 열망을 가진 영화라면, 취하는 외관이 어떤 것이든 간에 그 서사는 사회라는 커다란 마음의 공간을 향해 있기 마련이다. 대중에게 쾌락을 제공하는 엔터테인먼트이자 집단적 갈망을 전시하는 공공의 문화적 형식인 영화는 제작자와 관객 집단이 함께 만들어낸 결과이며, 공동체의 역사가 새겨져 있는 대상이다. 더군다나 극영화는 겉으로는 잘 드러나지 않지만 내부에 작동하고 있는 시대적 환부를 드러내 준다는 점에서, 한 시대를 살아가던 이들의 속내를 가늠할 바로미터일 수 있다.

마음의 변화가 일어나기 전에 선행되는 것은 감정의 변화이다. 사람들의 마음자리를 민감하게 반영하고 모종의 영향력을 행사하도록 영화가 작동할 수 있었던 중심에는 영화가 보유한 특유의 감정적 말걸기 형식이 놓여 있다. 영화는 직접적인 감정전달로 관객을 움직이는 '감정기계'[1]이다. 스토리와 이미지, 음악, 대사, 촬영이 한데 어우러져 만들어지는 강력한 감정적 경험을 통해 관객은 이야기에 몰입하고 등장인물과 동일시하며 그들의 마음에 공감한다. 영화를 관람하는 과정에서 만드는 자와 보는 자 사이의 감정적 교류가 이루어지며, 그러한 교류를 통해 사람들의 생각이 움직이고 궁극에는 사회변화가 도모된다. 그런 의미에서 영화가 만들어내는 감정은 내적 상태라기보다는 사회적 삶에 관한 것이라 할 수 있다.

영화의 감정이라는 렌즈를 통해 근현대 한국사회의 마음자리를 읽는 작업을 시작하게 된 계기에는, 영화가 국민국가의 자기의식과 맺는 관계에 대한 믿음이 놓여 있다. 영화를 가리켜 "네이션의 심성구조를 나타내는 지표"이자 "한 시대의 심리구조를 나

1 Ed S. Tan, *Emotion and the Structure of Narrative Film: Film As An Emotion Machine*, Routledge, 1995.

타내는 증상"[2]이라 한 지그프리트 크라카우어의 논의는 그 믿음에 근거를 제공하였다. 문화를 능동적 실천으로 보고 '느낌의 구조(structure of feeling)'를 사회적으로 공유하고 역사적으로 변화하는 것으로 이해한 레이몬드 윌리엄스의 논의[3]는 영화적 감정을 문화적 경험이자 네이션의 정체성을 상상하고 구성하는 행위자로 논의할 이론적 기반이 되어주었다. 네이션의 시간이 정동의 시간이라는 모니카 쉬어의 논의[4]는 근현대 한국의 단순치 않은 역사를 밝힐 단서로서 감정의 중요성을 새삼 일깨웠다.

공동체의 소속감은 지식이 아니라 감각이나 느낌을 경험하면서 얻어진다. 만드는 자의 개성이나 작품의 수준 고하를 막론하고 한 시대의 스크린에서 반복적으로 제시되던 감정이 있었다는 것은, 그러한 감정이 당대 사람들의 내면을 건드리는 무언가와 연관돼 있으며 궁극적으로는 마음의 공동체가 존재했음을 가리킨다. 그런 의미에서 영화는 공동체의 마음의 기록이며 한 시대의 정서와 집단 감수성을 밝혀줄 자원일 수 있다.

영화적 감정에 관한 논의는 영화를 만드는 자와 보는 자가 공

2 Siegfried Kracauer, *Theory of Film: The Redemption of Physical Reality*, Princeton University Press, 1997, pp.3-26.

3 레이몬드 윌리엄스, 성은애 옮김, 『기나긴 혁명』, 문학동네, 2007.

4 Monique Scheer, "Are Emotions a Kind of Practice (and Is That What Makes Them Have a History?): A Bourdieuian Approach to Understanding Emotion," *History and Theory* 51:2, 2012, pp.21-44.

유하는 가치와 정서의 사회적 뿌리로 내려가는 것을 의미한다. 영화가 생성시킨 감정들은 대개 한 시대의 사건들에 대한 두려움이나 희망과 관련되어 있다. 때문에 감정풍경에 대한 논의는 그것의 배후에 놓인 사회정치적 현실에 대한 간접적인 비평을 제공할 수 있다.[5] 영화 속에 펼쳐지는 감정풍경을 통시적으로 검토하는 작업은, 복잡다단했던 근현대사의 자장 속에서 한국의 대중들이 가졌던 심리적 현실과 정동의 역사를 보여줄 뿐만 아니라, 현실이나 이데올로기로 환원되지 않고 때론 부딪히고 때론 착종되어 온 한국영화의 다층적 윤곽을 드러내리라 생각한다. 또한 한국영화만의 개별성을 확인할 계기이자 시대의 변화에 개입해 온 영화의 사회적 기능을 비판적으로 성찰할 기회이기도 할 것이다.

당연히 영화가 보여주는 풍경들이 사회적 연관성을 직접적으로 드러내는 경우는 드물다. 현실과 영화의 간극은 필연적이다. 시대적 현실이 영화 전체에 큰 영향을 미치고 있다 하더라도, 표면상에는 잘 보이지는 않는다. 검열과 규제를 강하게 받았던 시기에는 더욱 그러하다. 관객의 공감을 얻은 영화의 대부분은 현실의 억압에서 벗어나고픈 욕망과 연관되어 있지만, 통제를 받는 상황이라면 그러한 욕망이 솔직하게 구현되기보다는 숨겨지거나

5 Douglas M. Kellner, *Cinema Wars: Hollywood Film and Politics in the Bush-Cheney Era*, Wiley-Blackwell, 2009, p.4.

왜곡된 모습으로 나타날 수밖에 없다.

그동안 한국영화는 현실을 사실적으로 반영하기보다는 은폐하는 모습을 자주 보이거나, 지배적인 이데올로기를 전면적으로 거부하지 않으면서도 그것에 온전히 흡수되지도 않는 복잡미묘한 양상들을 많이 보여주었다. 그러나 은폐와 왜곡의 양상 자체가 오히려 영화가 사회와 맺는 내적 연관성을 증명하기도 한다. 영화들을 이해하고자 할 때 요긴한 것은 감정에 기반한 접근이다. 감정은 손쉽게 언어화될 수 없는 목소리들이 자신을 드러내는 방식인 까닭이다. 영화는 말의 힘에만 의존하지 않고도, 이미지와 소리, 다양한 신체적 감각을 통해 감정을 유발한다. 영화의 프레임은 현실을 들여다보는 창이지만, 그 창은 현실에 감정적 색채를 부여하여 보는 이의 인식에 영향을 미치는 그 무엇이다. 영화는 이해보다는 공감이 우선하는 매체이며, 영화를 통해 경험되는 감정 효과는 논리나 신념을 넘어선다. 표현 대상과 방식에 대한 통제가 이뤄지던 강압시대에는 영화 특유의 감정적 소통 방식은 공론화되지 못한 역사, 숨겨진 역사, 때로는 대항역사의 창출을 돕는 동력이 될 수 있다.

이 책에서 다루는 대상은 전후에서 87년 체제 이전까지의 작품들이다. 이 시기는 무엇보다 신생독립국으로 출발한 국민국가의 고민이 치열하게 부각되던 때이다. 이상적인 민주주의 사회가 곧 도래할 것이라는 희망과 상상이 한때 세상을 이끌기도 했으나, 식민지 근대성이 채 청산되지 않은 상태에서 맞이한 분단 현실과 냉전 상황은 자기 주권을 갖지 못한 나라의 위치를 매 순간 일깨웠으며, 국가주도로 진행된 '조국 근대화'는 네이션의 자율성이라는 이상과 조화롭게 결합하기보다는 어긋나고 충돌했다. '한강의 기적'이라 부를 만큼 무서운 속도로 경제 성장이 이뤄졌지만 전쟁과 분단의 상처를 위무하기에는 역부족이었을뿐더러 인간적인 삶이 불가능해질지도 모른다는 새로운 위기의식을 가져왔다. 급변하는 사회만큼이나 세상을 바라보는 사람들의 마음자리가 보다 복잡해질 수밖에 없던 때였다.

논의는 1950년대부터 시작하고 있지만 보다 비중을 둔 시대는 1960년대와 1970년대이다. 권위주의적 정치체제가 지배하면서 현실의 고민을 토로할 공론장이 제한되던 때에 영화가 국민의 마음을 대표하는 대리인의 자리에 있게 되는 역설적 상황에 주목하고자 했다. 영화는 현실의 결핍이나 이상적 현실에 대한 사회의 환상에 민감한 매체이다. 영화적 서사는 대개 한 시대의 현실에 부재하거나 취약한 부분을 바탕으로 만들어지기 마련이다. 현실을 사실적으로 반영하거나 사회적 문제의식을 표출할 가능성이 현저히 적은 강압적인 시대에도 영화는 어떤 식으로든 한 사회에 결여된 것을 환기하고 정상화에 대한 집단적 소망을 담아냈다.

다만 매우 우회적이거나 간접적인 방식으로 표현해야 하는 어려움이 있을 뿐이다.

더구나 영화의 다감각적이고 신체적이며 감정적인 내러티브는 각 시대의 주류질서에서 박탈당했던 자들이 재현될 여지를 제공한다. 영화가 공식적인 담론에서 배제되거나 억압당한 존재가 목소리를 낼 수 있는 장이 될 수 있는 것도 탁월한 감정적 소통 능력 덕분이다. 통제된 사회의 영화들이 과잉된 감정풍경을 보여준다면 그것은 공개적으로 드러내지 못한 사회적 현실이 구체적 디테일로부터 이탈하여 일그러져 있는 상태일 가능성이 크다. 스크린에 구현된 감정풍경은 폐쇄적 시대의 심리적 현실과 긴밀하게 맞닿아 있다.

영화가 보유한 감정 언어는 현실에 개입할 여지를 만드는 힘이기도 하다. 벤 하이모어는 문화가 경험되는 방식을 '열정(passion)'이라는 말로 기술한 바 있다.[6] 문화가 대중이 무엇인가를 느끼고 움직이도록 만들 수 있었던 데에는 모종의 느낌들인 이른바 '열정'이 있기 때문이라는 것이다. 강하게 사람들의 감정과 정서를 흔드는 순간은 비공식적 역사로서 정동적 역사를 창출할 수도 있다. 영화는 때론 이상적인 현실에 대한 사회적 환상을

6 Ben Highmore, *A Passion For Cultural Studies*, Palgrave Macmillan Pub place, 2009.

시각화한 것일 수도 있고, 때론 시대의 결핍을 극복하려는 욕망의 산물일 수도 있다. 혹은 국가담론을 생성하고 정당화하는 도구이거나 이데올로기적 공백을 메우고 관객의 시선을 왜곡시키는 것일 수도 있다. 반대로 이데올로기적 공백을 두드러지게 만들어 그 이데올로기에 도전하는 것으로 기능할 수도 있다. 그 어떤 것이든 영화적 상상력은 현실과 관계 맺고 있으며, 현실의 변화를 추동하는 힘이 된다. 그 과정에 감정은 다양한 사회구성에 의미와 힘이 부여되도록 돕는 문화적 관행으로 자리한다.

분석 대상을 선정함에 있어서 예술성이나 흥행성, 사회적 문제의식과 같은 어느 한 기준에 특별히 무게를 두지 않으려 했다. 가능한 한 대상의 스펙트럼을 넓혀, 사회현실에 대한 문제의식이 없이 이야기의 흥미만을 위해 만들어진 통속적이거나 저급하다 평가되는 영화들도 당대의 경험현실에 조응하는 정서에 맞닿아 있다고 판단되면 논의에 포함시켰다. 스크린 위에 묘사된 욕망이 사회적으로 생산되고 매개된 것인 만큼, 아무리 감상적이거나 현실도피적인 영화라 할지라도 대중의 감정이나 정서가 재현될 가능성이 완전히 제거되지는 않는다는 판단에서이다.

이 책은 총 9개의 장으로 구성되어 있으며, 각 장은 느슨한 연대기를 따라 전개된다. 개별영화를 깊이 있게 분석하기보다는, 각 시기에 영화들이 널리 공유하고 있던 감정풍경들을 추적하여 그것들을 사회문화사적 문맥 속에 자리를 잡아주고 그러한 영화적 감정이 갖는 당대적 의미를 성찰하는 방식으로 진행된다. 국가건설기부터 6월 민주화 항쟁 이전까지의 시간대를 단일하게 의미화하기는 어려우며, 각 시대가 전 시대나 그다음 시대와 선명하게 구별된다고 단언할 수 없다. 그럼에도 역사의 모든 시기가 시대 특유의 욕망을 생산하고 유포하듯이 영화는 각 시대의 독특한 느낌을 보존한 감정들을 전시한다. 시대를 초월한 보편적인 감정 효과란 존재하지 않는다. 시대현실에 민감할 수밖에 없는 만큼 영화는 시대를 달리하며 감정풍경의 변화를 보여주고 있으며, 텍스트에는 그러한 감정들이 당대의 사회현실과 맺는 관계성을 은유적으로라도 드러내는 순간들이 존재한다. 이 책은 그러한 순간들의 목격담에 해당한다. 이러한 과정 속에서, 다른 시대의 재현 방식과는 차별되는 각 시대의 고유한 표지들을 발견할 수 있을 것이고, 시대현실에 민감하게 반응하며 사회변화와 관계했던 한국영화의 잠재적 열정들을 새삼 실감할 수 있을 것이다.

영화진흥위원회 50주년 기념 총서 03

근현대 한국영화의
마인드스케이프

제1부

1. 무대화된 웃음과 명랑성
2. 1960년대의 멜로드라마적 정서와 감상성
3. 사나이의 비애와 타락한 여성
4. 수치의 경험과 기억
5. 여성의 복수와 남성의 울분

제1부

1. 무대화된 웃음과 명랑성

1) 전후의 코미디 부상

1950년대 한국영화의 새로운 지평을 열어놓은 지점들 가운데 가장 눈길을 끄는 것은 코미디 장르의 부상이다. 도시 소시민의 생활을 담아낸 <결혼진단>(이만흥, 1955)을 필두로 전 시대에 보기 어려웠던 코믹한 영화들이 제작되기 시작했다. <벼락감투>(홍일명, 1956), <시집가는 날>(이병일, 1956), <서울의 휴일>(이용민, 1956), <청춘쌍곡선>(한형모, 1957), <인생차압>(유현목, 1958), <오부자>(권영순, 1958) 등, 웃음이 유발되는 거처에 따라 풍속희극과 풍자시대극, 로맨틱 코미디, 구봉서와 양훈·양석천 콤비와 같은 악극단 출신의 코미디언이 총출동하는 '통속희극' 등의 다양한 모습으로 많은 코미디가 등장하였다.

이러한 영화들은 일제 강점기에 제작된 몇 편의 코믹물과는 무관한 자리에서 시작된 것으로 짐작된다. <시집가는 날>을 "우리

나라에서 처음 보는 희극영화"라 언급한다거나[7] <청춘쌍곡선>을 가리켜 한국 최초의 희극영화라 일컬었던 것[8]은 그러한 사정을 증명한다. 극작가이자 영화평론가였던 오영진은 1955년에 쓴 글에서, 그간의 한국영화가 비극이라는 한 면에만 주력해 온 것에 대해 비판하고 그로부터 탈피해야 한다고 역설한 바 있다.

> 30년 동안 한국영화계는 '비극'만을 제작해 왔다. … 활극조차도 대부분의 작품이 억지로라도 그 끝을 비극으로 맺기가 일쑤이다. '한국사람은 비극을 좋아한다'는 누구의 정의인지 모를 이 그릇된 정의를 제작자들이 금과옥조로 수주(守株)해 온 결과이라고 할 수밖에 없다. … 식민지의 백성으로서 40년 그동안에 우리도 모르게 비극적인 민족성격이 생겨났겠지만 이와 동시에 낙천적인 체념과 신랄한 풍자의 '에스프리'와 반항의 정신도 자랐을 것이다. 그럼에도 불구하고 우리 영화계는 '비극'이라는 한 면에만 관심을 두었다.[9]

한국영화계가 오랫동안 비극에만 관심을 두었다는 오영진의 말이 과장으로 들리지는 않는다. 그만큼 전 시대에는 웃음과 유머를 가동시킨 영화들이 희박했었기 때문이다. 채플린의 영화처럼 웃음을 통해 가슴과 머리를 움직이게 만드는 작품이 만들어졌다면 좋았으련만 무슨 이유로 우리의 영화계는 그러한 영화를 만

7 정비석, 「영화에 나타난 가정상(5)」, 『한국일보』, 1957. 2. 24.

8 「청춘의 쌍곡선」, 『경향신문』, 1956. 9. 19, 4면.

9 오영진, 「영화제작계의 반성」, 『대학신문』, 1955. 11. 7.

들어내지 못했는지 모르겠다던 한 논객의 한탄[10]도 비슷한 맥락에 놓여 있다.

그러나 코미디의 부재가 감독 개인의 자질 부족이나 영화계의 전반적인 무능에서 기인한 것일 수는 없다. 웃음이 절실히 필요한 상황이면서도 웃음의 서사를 창출할 수 없었던 사정은 감독 개인의 역량을 넘어서는 일이기 때문이다. 나치 독일에서 유머가 소멸된 것을 두고 이때의 유머는 단순히 기분의 상태를 가리키는 것 이상의 깊고 중요한 무언가를 의미한다고 했던 비트겐슈타인의 논의[11]는 이러한 상황에도 적용될 수 있다. 코미디의 오랜 부재는 영화를 만든 이의 문제라기보다는 시대적 정서의 어떤 한계에서 비롯된 것으로, 웃음의 정서가 육화될 여건을 마련할 수 없었던 시대현실이 빚어낸 결과이다.

장편 서사의 코미디가 제작되기 위해서는 세상을 바라보는 어떤 시선이 가능해질 때까지 기다려야 하는데, 한국에서는 그것이 1950년대 중반이 아니었을까 싶다. 이 시기에 스크린에 무대화된 웃음은 이전 시대에는 없었던 새로운 정서가 집단적으로 공유되기 시작했음을 말해주는 징표이다. 그렇다면 전후의 1950년대를 지배하는 심리적 현실은 어떤 것이었나. 코미디가 자신의 시대를 드러내는 구체적 양상은 어떤 것인가. 이 장르가 내거는 웃음은 시대의 변화와 어떻게 조응하고 있으며 이 장르가 유발하

10 임긍재, 「국산영화의 스타일 문제」, 『조선일보』, 1957. 12. 3., 석4면.

11 Ludwig Wittgenstein, Georg Henrik von Wright edited, translated by Peter Winch, *Culture and Value (Vermischte Bemerkungen)*, University of Chicago Press, 1984.

는 감정적 효과는 당대의 심리적 현실과 어떤 관련을 맺고 있는가? 이러한 질문에 대한 답은, 1950년대 코미디 영화에서 반복적으로 드러나는 몇 가지 특징적인 장치들을 추출해 내는 작업을 통해 얻어질 수 있을 것이다. 이 과정에서, 1950년대 사회문화적 지형 속에서 코미디 영화가 함축하고 있는 실천적인 의미가 도출될 수 있을 것이며, 궁극적으로는 전후 한국사회의 감정 구조를 성찰할 기회를 갖게 될 듯하다.

2) 뮤지컬 코미디의 낙관성

1950년대 코미디 영화의 등장이 갖는 의미를 사회문화적 지형 속에서 해명함에 있어 먼저 주목해야 할 것은 뮤지컬과 결합한 형태로 코미디가 시작하고 있다는 점이다. '뮤직컬 코메듸' 혹은 '음악희극영화'라 불리던 작품들이 그것으로, 1950년대 중반에 등장한 이들 영화는 당대의 홍보나 평단에서 '최초'나 '개척' 내지는 '사상희유', '획기적'이라는 말을 들으며 코미디의 초기 성장을 견인했다.

뮤지컬 코미디가 개봉했을 당시의 홍보 전략은 뮤지컬적 요소보다는 코미디라는 측면에 보다 방점을 두는 모양새이다. 광고의 전체적인 방향이 "명랑, 폭소, 우슴의 대향연", "폭소만복래!" "한국희극계의 명성 총출연" 등과 같은 어구를 동원하여 코미디로서의 정체성을 알리는 데 집중하고 있는 것을 볼 수 있다. 평단의 반응도 크게 다르지 않아, 뮤지컬적 요소는 그다지 주목받지 못한 반면 '넌센스 코메디'와 같은 코미디로서의 정체성을 강조하는 말들로 평론이 채워지곤 했다. 뮤지컬영화라는 점을 앞세운 경우에는 "그다지 우수하지 못한 음악영화"[12] 라는 식의 부정적 반응들이 많았던 것으로 짐작건대, 이들 영화의 뮤지컬적 요소는 영화적이지 못하거나 형식적인 미숙함으로 인식되었던 데 비해 코미디의 본격화라는 의미가 보다 강조되었던 것으로 보인다.

물론 어느 장르적 요소가 더 주목받았는지 여부가 중요한 것은 아니다. 무엇보다 의미 있는 점은, 관용적이고 낙관적인 성격을 공유하는 두 장르가 1950년대 중반에 함께 출현하기 시작했다는 점, 그리고 음악이 그러한 성격을 보다 강화하는 정동적 장치로 활용되고 있다는 사실이다. 두 장르의 결합을 통해 만들어지는 감정풍경은 단순히 이야기의 느낌이나 분위기의 차원을 넘어서서 세계를 바라보는 시선에 상응하는 무언가를 지시하는 것으로 보이기 때문이다.

한국 최초의 뮤지컬 코미디라 할 수 있는 <청춘쌍곡선>을 들여다보자. 영화 전체가 전형적인 뮤지컬의 형식으로 진행되지는 않지만, 중반에 지게꾼 김희갑이 판자촌에서 유행가를 메들리로 들려주는 장면이나 여주인공이 주제가를 노래하는 대목은 제법 뮤지컬적인 외양을 보여준다. 새로운 장르 개척에 관심과 의지를 보였던 한형모 감독이 연출하고 박시춘이 음악을 맡은 이 영화는, 작품 전체에 코믹하고 유머러스한 성격을 분명히 하는 요인들을 포진시켜 두었다.

12 「즐길 수 있는 영화 〈나 혼자만이〉」, 『경향신문』, 1958. 4. 11., 4면

[사진-1] <청춘쌍곡선>

오프닝 장면부터 이 영화가 전 시대와는 다른 성격의 이야기를 전해줄 것임이 예고된다. 박시춘이 직접 의사 역으로 출연하고 있으며 간호사 역에는 김시스터즈가 분하여 몸동작을 곁들이며 흥겨운 번안곡을 들려준다. 병원에서 진료를 마친 의사가 기타를 연주하고 간호사들이 기타 반주에 맞춰 노래하며 춤추는, 한국영화사에서 매우 낯선 순간을 제공하는 이 오프닝은 할리우드 뮤지컬을 연상시키는 밝고 경쾌한 분위기를 담고 있다.

비슷한 시기에 여러 영화사에서 뮤지컬 코미디를 제작하려는 시도가 이어졌다. <오부자>는 그중 하나로, 제작 단계부터 뮤지컬영화로서의 정체성을 보다 전면화한 작품이다.[13] <청춘쌍곡선>에 비해 음악과 서사의 결합 정도가 보다 긴밀해졌다. 김시스터즈가 여성 이발사로 분하여 1958년에 발표된 팝송 <Bye

13 〈오부자〉는 1969년에도 같은 이름으로 다시 제작되는데, 리메이크작 역시 뮤지컬 코미디 형식을 취하였다. 약간의 변형이 가해지긴 했지만 많은 부분에서 원작의 성격을 이어가고 있다.

Bye Love>의 한글 번안곡을 부르고 있으며, 반야월이 작사하고 박시춘이 작곡한 주제가 <오부자>와 <봄바람 살랑살랑>, <가자 가자>가 도미와 백설희의 목소리로 전달된다. 음악을 담당했던 박시춘은 도미가 주제가를 부르는 부분에 직접 등장하여 악단을 지휘하는 모습을 보여주기도 한다. 화목한 오부자 집안의 장가 못 간 네 아들이 각기 짝을 만나 합동결혼식을 올리기까지의 과정이 코믹하고 정겹게 그려지며, 노래는 그 과정이 경쾌하게 전달될 수 있는 내용으로 편성되었다. 포스터에 "음악희극영화의 결정판"이라 소개된 것에 걸맞게, 네 명의 형제가 방안에서 몸동작을 곁들여 노래하는 장면이나 나무를 타고 올라가 연인의 창앞에서 세레나데를 부르며 사랑을 고백하는 대목을 비롯하여, 제법 뮤지컬의 외양을 갖춘 신들이 영화 전체에 포진해 있다. 개봉관에서 13일간 연속 상영되었으며 흥행 성적 역시 나쁘지 않은 편이었다.

뮤지컬영화를 전문적으로 제작하는 영화사가 만들어진 것도 이즈음이다. 박시춘이 설립한 오향영화사가 그것으로[14], 이곳에서 그는 제작과 음악감독을 도맡아 가며 '뮤직칼 코메듸'를 표방한 영화를 여러 편 발표하였고 때론 직접 연출에 나서기도 했다. 그 1호 작품인 <딸 칠형제>(박시춘, 1958)는 박시춘이 직접 연출에 나선 작품으로, 구두 수선을 하며 딸 칠형제를 키워온 홀아비가

14 오향영화사가 음악과 관련된 영화만을 제작한 것은 아니다. 오향영화사의 네 번째 발표작인 〈육체의 길〉(조긍하, 1959)이나 뒤이어 제작한 〈경상도 사나이〉(민경식, 1960)는 박시춘이 제작과 음악을 맡고 있긴 하지만, 뮤지컬 코미디와는 무관한 장르의 영화였다.

자식들의 짝을 찾아주기까지의 과정을 담고 있다. 이야기는 전반적으로 <오부자>와 할리우드의 뮤지컬 <7인의 신부(Seven Brides for Seven Brothers)>(스탠리 도넌, 1954)를 적당히 섞은 듯한 모습이다. 필름은 남아 있지 않지만 이민자, 이빈화와 나란히 신카나리아나 백설희와 같은 가수들이 등장인물로 이름을 올리고 있는 것으로 보아 일곱 명의 딸 역으로는 배우와 가수가 같이 캐스팅되었던 듯하다. "눈물과 우슴과 로맨스와 메로듸"를 한데 엮어놓은 작품으로 홍보되었고 국도극장에서 개봉하여 비교적 성공적인 흥행 성적을 거두었다.

오향영화사의 두 번째 작품인 <삼등호텔>(박시춘, 1958)도 뮤지컬 코미디이다. 같은 아파트에 사는 작곡가와 악사가 함께 벌이는 일들을 유쾌하게 다룬 이 영화는 마찬가지로 박시춘이 제작과 음악만이 아니라 감독으로도 참여했다. 그에 이어 제작된 <가는 봄 오는 봄>(권영순, 1959)은 다른 작품에 비해 드라마를 보다 강화하여 "전반은 코메디 쇼, 후반은 신파인정극조로 엮은 잡탕 멜로드라마"[15]의 성격을 지니고 있었지만 기본적으로는 뮤지컬 코미디로 범주화되었다. <장미의 곡>(권영순, 1960) 역시도 아내를 잃고 실의에 빠진 작곡가가 같은 동네의 아마추어 5인조 밴드와 가수 지망 여성의 격려와 도움으로 다시 작곡 활동을 시작한다는 내용의 뮤지컬 코미디로, "명랑하고 환희가 전편에 넘쳐흐르는" 작품임을 포스터에 명시하였다. 당시 일간지에 실렸던 포스터 문

15 「최루 가스와 웃음 칵텔, 〈가는봄 오는봄〉」, 《동아일보》, 1959. 5. 11., 4면.

구로 짐작건대, 뮤지컬을 특화시킨 오향영화사는 오락희극영화 제작사로서의 정체성을 분명히 하고 있었으며, 일정한 팬층을 보유했던 것으로 보인다. 제작된 영화들의 흥행 성적도 비교적 좋은 편이었다.

뮤지컬 코미디 영화가 홍보를 위해 즐겨 동원했던 것은 '우슴', '음악', '인정'이라는 단어이다. "음악과 우슴의 대향연!", "당분과 최루깨스와 웃음을 칵텔한 오락물", "눈물과 우슴과 로맨스와 메로듸", "노래와 폭소", "웃음과 노래가 전편에 흐르는 영화"처럼 엇비슷한 단어들이 홍보나 평론에 클리셰처럼 사용되었다. 영화 곳곳에 웃음을 유발할 에피소드를 배치하거나 개성적 페르소나를 가진 코미디언을 등장시키는 것이 장르의 컨벤션이기도 했다. 그만큼 코미디적 요소가 뮤지컬영화의 긴요한 부분으로 고려되었다고 할 수 있다.

뮤지컬과 코미디의 이러한 결합에는 여러 요인들이 작동하고 있던 것으로 보인다. 뮤지컬의 '코믹 터치'는 코미디언의 소극을 프로그램 안에 넣었던 악극단의 관행에 일부 기대어 뮤지컬 장르의 낯섦을 상쇄하려던 전략적 장치일 수 있다. 당시에 '뮤지컬 코미디'를 내건 악극단 공연이 심심치 않게 이뤄졌음을 감안하면[16] 뮤지컬영화와 악극단 간에는 인적인 교류와 매체 간 상호영향 관계가 존재했다고 할 수 있다. 그러나 코미디의 서사와 코믹한 요

16 신카나리아와 이종철, 박옥초, 송민도, 안다성, 계수남, 신세영, 황해 등이 출연한 1959년도의 악극 〈백만불세배〉의 광고글에 '뮤지칼 코메디'라고 쓰고 있다. 「다채로운 국산영화」, 《조선일보》, 1959. 12. 31., 4면.

소는 구별될 필요가 있다. 1950년대에 시작된 뮤지컬영화의 대부분은 코미디 서사를 기본으로 하고 그 위에 음악적 요소를 끌어들이는 양상을 보여준다. 이는 악극단의 코믹 프로그램을 빌려오는 것 이상의 무언가가 영화의 기저에서 작동하고 있었음을 말해준다.

이 시기의 뮤지컬 코미디의 서사가 결혼으로 귀결되는 이야기를 통해 세대나 계급, 성차의 대립이 해소되고 하나의 공동체가 만들어지는 과정을 담고 있다는 것은 이 장르가 지향하는 바가 무엇인지를 가늠하게 해준다. 이들이 참조한 것으로 보이는 할리우드 뮤지컬은 유토피아에 대한 약속을 담고 있는 장르이다.[17] 문제가 해소되고 공동체적 가치가 실현될 것이라는 희망이 녹아있을 때 원활하게 작동될 수 있다. 국가건설기에 "약속된 미래라는 이상적 비전과 사회공동체로의 통합을 강조하는"[18] 북한영화 <신혼부부>(윤용규, 1955)가 뮤지컬 형식을 취하고 있었던 것에서 잘 나타나듯이, 뮤지컬영화에는 상하고저 간의 갈등이나 아픔이 해소되고 인물들 간의 결합이 가능할 것이라는 낙관적인 비전이 내포돼 있으며, 그러한 세계관이 음악이라는 정동적 요소를 통해 가동될 때 장르적 설득력이 커진다.

이러한 점은 코미디 장르의 속성과도 크게 다르지 않다. 기본적으로 코미디의 장편 서사는 갈등이 해결되며 차이가 봉합되는

17 토마스 샤츠, 한창호·허문영 옮김, 『할리우드 장르의 구조』, 한나래, 1995, 293쪽.

18 오영숙, 「제2장 전후 시기 남북한 영화의 변모와 위상(1954~1959)」, 『남북한 영화사 비교연구(정태수 책임편집)』, 국학자료원, 2007, 127쪽.

새로운 사회가 곧 오리라는 미래지향적인 믿음이 바탕이 되었을 때 가능해진다. 코미디적 세계 인식은, 삶의 현실에서 직면하게 되는 어떤 장애이든 간에 인간의 능력으로 극복할 수 있다는 확신에 기반한다.[19] 회복 불가능할 정도로 치명적인 상처는 없고, 갈등이 있다 하더라도 의지만 있다면 충분히 극복할 수 있는 것으로 제시된다. 근본적으로는 희망적이다. 어느 한 가치가 일방적으로 승리하기보다는 다른 쪽 가치를 대변하는 인물까지도 관용하면서 이상적인 조화를 성취하는 장르가 코미디이다. 통합의 가치를 중시하는 낙관적인 두 장르가, 새로운 국가 건설의 에네르기가 팽배하던 전후의 시기에 함께 출현했다는 점은 그냥 지나치기 어려운 의미를 갖는다.

즐길 수 있다 해서 쉽게 만들 수 있는 것은 아니다. 만들려는 의욕이 있다 하더라도 하나의 장르로서의 모양새를 갖추려면 단순히 장르문법을 취하는 것 이상을 요구한다. 그것은 어느 한 뛰어난 개인의 의지나 역량에 달려있는 것이 아니며, 당연히 외래 형식의 모방이나 베끼기로는 달성할 수 없는 것이기도 하다. 전후의 뮤지컬 코미디가 유토피아적 비전을 가동하고 대중의 공감을 얻을 수 있었던 데에는, 그것을 가능케 하는 시대정신이라는 토대가 마련되었기 때문일 것이며 그런 의미에서 이 장르의 부상 자체가 새로운 시대를 꿈꾸었던 이 시대 대중들의 사회심리에 대한 내밀한 기록일 수 있다.

19 이덕수, 『희극적 갈등양식과 셰익스피어 희극』, 영남대학교출판부, 2002, 186쪽.

3) 속물들의 경쾌한 수다

코미디는 일상적인 생활현장에서 살아가고 있는 인간들의 성정을 주로 그리는 장르이다. 비극이 슬픔과 고통을 표현하는 과거지향적 이야기라면, 코미디는 실제 세계의 문제와 오해들을 협상하는 법을 가르치는 현재지향적인 장르에 해당한다.[20] 이러한 성격의 코미디가 가능할 수 있었던 데에는, 이 시기가 앞 시대에 비해 이념의 무게로부터 상대적으로 자유로웠다는 점이 놓여 있다. 전후의 시대는 비록 반공주의의 그늘이 드리워져 있긴 했으나 대중들이 실감하는 이념에의 압박은 현저히 적었다. 해방 공간의 영화들은 강력한 시대정신으로 존재했던 민족주의의 산물이었고, 민족 수난 시기를 재현하는 것 자체만으로도 충분히 뜨거운 관심의 대상일 수 있었다. 그러나 전후 시대로 접어들면서 민족주의는 현저히 약화되었으며[21] 심지어 이승만 정권이 '민족'이라는 말을 불온시했던 상황이었다.[22] 이 시기에 빠르게 유입된 미국식 민주주의는 이념이기보다는 문화와 생활과 관련된 것, "특정의 지배질서나 정치체제가 아니라 특정의, 즉 미국식 생활 태도나 문화, 관습 등으로 전치되어" 대중들에게 전해지고 있었다.[23]

20 E. Valentine Daniel & John Chr. Knudsen edited, *Mistrusting Refugees*, University of California Press, 1995, p.131.

21 김경일, 『한국의 근대와 근대성』, 백산서당, 2003, 162쪽.

22 송건호, 「민족지성의 회고와 전망」, 김병익·김주연 편, 『해방 40년 - 민족지성의 회고와 전망』, 문학과지성사, 1985.

23 박찬표, 『한국의 국가형성과 민주주의』, 고려대학교 출판부, 1997, 314~315쪽.

집단이념에 대한 강박이 사라졌을 때 남는 것은 개인의 사적인 생활에 대한 감각이다. 나에게 부과한 권위적 행위 법칙에 복종하는 것이 아니라 나 자신이 부과한 법칙을 자유롭게 따르는 것을 자율성이라 한다면, 이러한 개인의 자율성이 현대의 특징으로 의식되기 시작한 때가 1950년대였다. 사적 영역은 그러한 자율성이 실현될 수 있는 장으로 상상되었으며 그 덕분에 일상생활에 대한 다양한 관심이 유발되고 사적 공간이 부상했다. 개별적 자아실현을 추구할 힘이 바로 사생활, 즉 일상생활의 제 조건들 속에 있다고 일반 대중들이 생각하게 되었음을 지적해 두자.

1950년대 영화들은 사회상을 생생하게 묘사하는 현실감각을 보여주었지만 그중에서도 코미디는 세태를 묘사하는 사실성과 속도감 면에서 특별한 능력을 보여주었다. 구태의연한 선악의 구도에서 벗어나 그리 잘날 것도 없는 세속적인 인물들의 욕망을 영화의 전면에 포진시키고 일상의 다채로운 문제들을 서사의 영역으로 끌어들여 무겁지 않게 그려냈다. 1950년대의 코미디가 당시에 '현대적 도회생리'[24]와 같은 시대상의 표정들을 풍부하게 구현했다는 평가를 받았던 것도 그러한 이유에서이다.

비록 현대문화의 세례를 받은 인물들의 방종과 속물성에 대한 경계를 촉구했다는 면이 있기는 했지만, 도덕적 엄격성에 대한 추진력은 크게 약화되었다. 욕망과 이기심을 솔직하게 드러내는 여사장(<여사장>(한형모, 1959))이나 '미국식 비즈니스'에 현혹

24 이청기, 「감각적 연출미 - 영화 〈유전의 애수〉를 보고」, 『조선일보』, 1956. 8. 1., 석간 4면.

되어 돈을 좇다가 결국 아들마저 잃은 주부(<돼지꿈>(한형모, 1961)), 인정도 눈물도 사랑도 없는 운수회사 사장(<백만장자가 되면>(정일택, 1959)) 등의 인물들은 선악의 이항대립으로부터 벗어나 있었고 자기희생과 헌신과 같은 통속적인 모럴에 얽매이지도 않았다. 코미디의 주인공들은 대개 윤리적 견결함과는 거리가 멀었으며 점잖음과도 동떨어져 있었다. 비단 주인공이 아니더라도 재산만을 탐하는 속물적인 위인에서부터 난봉꾼에 이르기까지 전 시대의 통념으로는 결코 이상적일 수 없는 이러한 인물들이 영화의 전면에 등장하여 이야기의 구심점을 형성하였다. 이전 시대의 영화들이 사악하고 타락한 힘들에 맞서는 윤리적으로 단호한 인물들을 즐겨 담아냈던 것과는 크게 달라진 모습이었다.

코미디에서 웃음은 대개 세속적 생태에 대한 풍자에서 비롯되는데, 그중에서도 가장 큰 웃음은 속물근성을 가진 인간들이 솔직하게 자신의 욕망을 드러낼 때 찾아온다. 윤리나 도덕 따위는 염두에 두지 않는 속물들의 수다는 웃음을 유발하는 가장 긴요한 요소였다. 웃음의 거처는 인물들이 자신의 속물적 내면을 적나라하게 드러내는 그 당당함에 있다. 가능한 한 능청스럽고 뻔뻔하게 자신의 속물성을 드러낼수록 큰 웃음이 유발된다. 비록 윤리적으로는 열등한 인물이지만 다른 이의 시선을 전혀 개의치 않고 자신의 심성을 부끄럼 없이 노출할 때, 그 인물은 오히려 현실적이고 생기 있는 인물이자 개성의 소유자로 보일 수 있었다.

1950년대 코미디는 이러한 속물성을 경쾌하게 담아낸다. 누구를 위해서도 희생할 줄 모르는 인색한 자본가, 미국물에 빠진 것을 자랑스레 내세우는 '얼치기 양행가', 물질을 우선시하는 타락한 상류층은 이 당시 영화들이 즐겨 찾던 풍자의 대상이다. 그 속물성은 때론 자본주의의 퇴폐와 향락에 관련된 것이기도 했고 때론 지나치게 미국적 사고를 추종하면서 나온 것이기도 했다. 이를테면 로맨틱 코미디 <여사장>의 주인공 신요안나(조미령 분)는 미국영화에서 그대로 나온 듯한 의상을 입고, 미국영화의 한 장면처럼 애완견을 데리고 거리를 산책하면서 자신의 애완견에게 양과자를 먹인다. 남들이 뭐라든 자신의 사적 소유권만을 거듭 주장하는 그녀는 미국식 개인주의에 지나치게 경도되어 있는 인물이다. 영화는 다소 보수적인 청년의 시선을 통해 그녀의 행동을 비판하고 그를 통해 공공선을 벗어난 자본주의와 개인주의가 어떤 문제를 낳는지를 보여주었다. 결과적으로 이 영화는 "한국식 민주주의에 대한 하나의 풍자"25 라는 말을 들을 수 있었다.

[사진-2] <여사장>

그러나 속물성을 풍자함으로써 획득되는 웃음은 공격적이기보

25 「[신영화] 청신한 '코메디' / 〈여사장〉」, 『서울신문』, 1959. 12. 24., 4면.

다는 따뜻한 쪽에 가깝다. 인물들의 반성이나 벌받는 쪽으로 서사가 진행되지 않는다. 식민지 시기에도 간혹 <미몽>(양주남, 1936)처럼 윤리적 굴레에 매이지 않는 인물들이 자신을 표현하는 영화가 있었지만, 궁극적으로 그것은 비극적인 처벌로 마감되는 것이었다. 그에 반해 1950년대 코미디는 계몽적 어투로 인물을 단죄하지 않는다. 윤리적 목소리로 단죄하기보다는 오히려 그들에게 자유로운 발화의 기회를 제공하는 일에 열중한다. 과거의 통념으로는 결코 이상적일 수 없는 인물들이 영화의 전면에 등장하여 이야기의 구심점을 형성하고 그들의 내면을 개방한다는 점도 그러하거니와, 그러한 모습을 명랑한 톤으로 담아내는 일은 앞 시대에는 보기 힘들었던 1950년대 한국영화의 인상적인 부분이다.

당시 대중들 사이에 유행처럼 회자되던 '민주주의'는 개인의 자유로운 목소리를 지칭하는 다른 말이었다. 자유란 타락이나 퇴폐, 방종, 허영과 같은 것들까지도 솔직하게 드러내는 당당함을 가리키는 것이기도 했다. 당시의 민주문화에 대해 논했던 어떤 이의 말은 이런 점에서 시사하는 바가 있다. 그에 따르면 "민주문화란 엄연한 사회악을 고의적으로 은폐함으로써 국민대중을 가장의 미궁 속에 몰아넣는 데서 생겨나는 것이 아니"다. 오히려 "악을 악으로 공개하고 국민대중으로 하여금 악에 대한 저항력을 강하게 하므로 각자의 정당한 비판정신을 창달시키는 데서만 진정한 민주문화가 개화된다는 것"[26]이다. 아무리 야비하고 부정

26 「키스 장면의 시비 / 영화 〈자유부인〉을 계기로 / 찬성론이 지배적, 일부 의원과 가정부인은 반대」, 『동아일보』, 1956. 6. 10., 3면.

적인 점이더라도 무엇이든 드러낼 수 있는 자유, 이것이 1950년대에 상상되던 민주주의의 한 모습이었다.

집단에 가려졌던 인간 개개인이 제 모습을 드러내고 속된 인간들이 자신의 욕망을 숨김없이 드러내는 솔직함과 적극성이야말로 전 시대에는 찾기 어려운, 1950년대에 새로 발견된 부분이다. 영화의 말미에는 그것이 부도덕한 향락일 뿐이라고, 무분별한 타락일 뿐이라고 결론짓지만, 그런 결말로 채 가려지지 않는 개인적인 욕망들이 영화 곳곳에 경쾌하게 펼쳐지고 있었다. 타자의 시선 같은 것은 아랑곳하지 않고 속물성까지도 부끄럼 없이 발화할 수 있는 자유가 시대정신이라 생각하던 때였다. 자신의 과오와 치부를 솔직하게 드러내는 것, 그리고 다양한 디테일들을 동원하여 그러한 속물들의 욕망이 예외적인 한 개인의 문제가 아니라 당대 대중들이 모두들 가지고 있는 보편적인 속성이라고 이야기하는 것은 이전의 영화들과 비교해 볼 때 변화이자 변혁이었다.

4) 평등에 대한 명랑한 상상

1950년대 코미디의 인상적인 또 다른 지점은 평등한 가족관계가 즐겨 표상된다는 점이다. 이를테면 <자유결혼>(이병일, 1958)에 등장하는 가족들에게는 이렇다 할 가부장적 위계가 존재하지 않는다. 할아버지에서부터 아버지와 어머니, 딸, 아들에 이르기까지, 어느 한 사람이 권위를 내세우는 법이 없으며 누구도 권위에 주눅 들지 않는다. 딸의 미래를 두고 잔소리하는 어머니가 있지만 그것은 그저 잔소리일 뿐이다. 아내의 방종에 대해 남편은 불평을 늘어놓지만 그 역시 투정에 불과하다. 연장자나 남성의 말이 결정적인 힘과 영향력을 행사하는 일은 드물다.

인물들의 행동을 결정하는 주요 동인은 외부의 권위가 아니라 자유의지이다. 결혼을 반대하는 부모 때문에 가출을 감행한 딸은 가족들에게 편지를 남기는데 그 내용인즉, "나의 일은 내 뜻대로 하겠다. … 난 내 의사대로 하겠다"는 것이다. '내 뜻', '내 의지'를 강조하는 대사는 영화 곳곳에 반복적으로 등장한다. 말괄량이 셋째 딸은 자신의 옷차림이나 행동방식에 대해 누군가 지적을 해도 기죽지 않는 모습이다. 그녀의 태도에는 누가 뭐라고 하든지 간에 내가 좋으면 그만이라는 당당함이 있다.

전통적인 사고관을 지닌 어머니가 자유의사를 내세우는 딸을 못마땅해하지만 실질적인 구속을 하지 않으며, 또 그렇게 할 능력도 없다. 그렇다고 해서 젊은 딸의 의견에 수긍하고 그것을 무조건 추종하는 것은 아니다. 누가 누구의 밑으로 종속된다거나 어느 누구의 견해가 우월하게 자리하는 일이 없이 부모와 자식이, 남편과 아내가 동등하게 자신의 가치와 입장을 이야기하는 일종의 탈위계적 대화가 이뤄진다. 덕분에 타자로 인식되곤 했던 여성이나 아이가 당당하게 자신의 견해를 밝히는 순간이 영화에 자주 담기게 되는데, 이 점이야말로 1950년대 코미디의 인상적인 부분이다.

1950년대에 이르러 한국영화에서 처음으로 로맨틱 코미디가 등장하고 자주 스크루볼 코미디의 형식을 취하곤 하는 것도 이러한 분위기와 무관하지 않다. <여사장>에서는 여성의 위치가 전대에 비해 격상했다는 사실이 영화의 곳곳에서 감지된다. 여성은 앞 시대에 비해 솔직하고 당당해졌으며, 아예 남성보다 우위를 점하고 있다는 농담이 나올 정도로 목소리가 커졌다. 사랑을 쟁취하기 위해 먼저 움직이는 것도 여성이었고, 구태의 사고방식이나 어떤 장애에도 아랑곳하지 않고 사랑을 향한 자기 의지를 관철하는 것도 여성이었다. 사랑이라는 이름으로 자기희생과 헌신을 하던 모습은 더 이상 없었다. 이야기의 핵심이 되는 로맨스를 좇다 보면 전통적인 여성상과 어느 정도 타협을 하게 되는 측면이 없지 않지만 1950년대 로맨틱 코미디의 대부분이 그 아슬아슬한 줄타기에서 성공한다.

조지 메러디스는 코미디가 생산되기 위해서는 활발한 지적 활동과 남녀 사이의 사회적 평등이 보장되는 사회, 즉 남자와 여자가 평등하게 대우받는 교양 있는 사회가 필요하다고 말한 바 있다.[27] 코미디의 번성 여부와 정도는 그 나라의 민주주의의 발전 여부를 판단하는 기준이 될 수도 있다는 것이다. 이러한 점은 1950년대의 로맨틱 코미디에도 적용될 수 있을 듯싶다. 남녀 사이의 사회적 평등이 보장되는 사회, 즉 남자와 여자가 대등하게 대우받는 사회를 상상할 수 있을 때 비로소 로맨틱 코미디가 생

27 George Meredith, "An Essay on Comedy", *Comedy: An Essay on Comedy by George Meredith and Laughter* by Henri Bergson, Wylie Sypher edited, Johns Hopkins, University Press, 1980, p.47.

산될 수 있다. 이 시기는 "나라가 해방되고 민주주의 세상을 맞이한 덕택에" 여성이 "오랜 구속의 사슬에서 해방되고 자유를 얻었고 남녀는 동권이 되었다"[28]는 의식이 팽배해 있던 때였다. '민주주의'라는 말과 함께 만인평등이라는 이상이 유행처럼 회자되고, 사회적으로 여성의 지위가 현격하게 격상되기 시작하고 있었다.

코미디는 이러한 시대 분위기를 실감하게 만드는 대표적 장르였다. 영화 속 자기 주도적인 여성의 연애담이 보여주는 경쾌함과 명랑함이 이러한 사회적 분위기와 맞닿아 있음은 물론이다. 때론 여성의 독립과 자유의 타당성을 이야기하기보다는 그 과정에서 빚어지는 폐단을 말하고 여성을 전통적인 자리로 귀환시키려는 영화도 없진 않지만, 그런 경우라 하더라도 여성의 지위가 달라지고 새로운 남녀 관계가 형성되고 있음을 보여준다는 점에서는 큰 차이가 없었다. 남성이 좋아하는 여성 스타일도 변하여 자신만만하고 독립적인 현대여성에 대한 매력이 어필되었던 사회 분위기를 반영하듯, 영화에는 과거에 사랑받던 '순정가련형'과는 다르게 남성과 대등한 목소리를 내는 '현대여성'이 로맨스의 주인공으로 자주 등장했다. 그리고 이러한 여성상이 시대의 진화를 보여주는 것으로 인식되었다.

아이의 경우도 사정은 비슷하다. 여성이 그렇듯이 아이 역시도 독립적인 자기 의지를 가진 어엿한 인간임이 강조된다. <자유결

28 마해송, 「한국여성의 비극」, 『여원』, 1956. 7., 154쪽.

혼>에서 막내인 중학생 광식이 어린아이를 때리는 상급생과 싸우게 되었을 때, 과외선생은 그것을 목격하고도 말리지 않는다. 왜 싸움을 말리지 않았느냐는 광식 모의 힐난에 과외선생 준철은, "광식 군은 오늘 제 결단대로 싸웠고 난 그 의지를 방해하고 싶지 않았다. 광식은 훌륭했다. 제 의지대로 싸웠기 때문이다"라고 답한다. 아무리 어린아이라도 제 결단과 자기 의지를 갖고 있다면 그의 뜻은 존중받아야 한다는 것이다. 이 경우 부모나 선생님은 아이에게 뭔가를 가르치고 훈계하는 존재가 아니라 동등하게 이야기를 나눌 수 있는 위치에 설 수밖에 없다. 덕분에 1950년대 코미디는 남한의 영화사 전체에서 건방지게 어른의 대화에 개입하는 가장 수다스러운 아이의 표상을 얻게 되었다.

1950년대 코미디 영화 속 아이의 모습은 이 당시 발표되었던 명랑소설 「얄개전」의 '얄개'와 많이 닮아 있다. 조흔파의 「얄개전」이 잡지 『학원』에 연재되던 1954년은 전쟁 직후였고 너나없이 힘든 때였지만 한편으로는 전후 복구에 대한 국민적 열망이 교육열로 표출되는 시기이기도 했다. 하는 짓이나 말이 짓궂고 조금은 되바라진 아이라는 의미의 '얄개'는, 그의 태도의 괴상함이나 버릇없음에도 불구하고 당시 학생들은 물론이고 교사나 아버지 독자들까지도 지지를 보내는 이상적 인물상이었다. 특히 "얄개는 전후 유입된 미국식 자유주의의 축복 속에 있"는 아이였다.[29] 아들이 낙제를 하든 말썽을 피우든 허허 웃어넘기는 아버지는 대학

29 박숙경, 「얄개전」, 『국민일보』, 2004. 4. 24.

의 영문과 교수이고, 얄개가 다니는 학교의 교장은 “학생을 때리는 일, 민주주의가 아닐뿐더러 하나님 도리에 맞지 않습니다. 뺨을 때리는 선생님 악마요”라고 말하는 미국인이다. 선생님은 매를 들지 않을뿐더러, 오히려 얄개에게 번번이 골탕을 먹기 일쑤이다. 1950년대 작품 속의 얄개는 가부장제나 전근대적 권위가 아예 존재하지 않는 공간에서 살고 있는 자유분방한 아이였다고 할 수 있다. 이러한 사정을 고려할 때, 선생님과 부모의 권위에 도전하는 듯하지만 결국 어른의 뜻에 따라 착한 제자이자 아들로 변화하는 1970년대의 <고교얄개>(석래명, 1976)를 비롯한 얄개 시리즈[30] 의 주인공은 1950년대의 얄개가 놓여 있던 것과는 정반대의 자리에 놓여 있는 셈이다.

그렇다면 이러한 변화가 그토록 빠르게 진행될 수 있었던 이유에 대해서 질문하는 것이 순서일 것이다. 이 질문에 답하기 위한 방편으로 당대의 교육의 문제를 점검해 보는 것이 우회적이나마 도움이 되리라 생각한다. 김병익의 회고에 따르면, 한국전쟁 직후 미국식 민주주의 교육은 주체적으로 선택할 수 있는 자유와 권리를 갖는 체제를 만드는 것으로, 여기서 핵심은 개성과 자율성을 확보하는 일이었다.[31] 해방 전까지의 교육이 학생 키우기가 아니라 길들이기에 중점을 두었다면, 미 군정기의 ‘새교육운동’이 내건 목표는 학생 개개인의 개성과 자율성을 신장하는 일에

30 1970년대 후반에 〈고교얄개〉가 큰 성공을 거두면서 얄개를 주인공으로 하는 영화들이 연이어 제작되었다. 〈얄개행진곡〉(석래명, 1977), 〈여고얄개〉(석래명, 1977), 〈대학얄개〉(김응천, 1982) 등이 그런 작품이다.

31 김병익 외, 『4월 혁명과 60년대를 다시 생각한다』, 창작과비평사, 2001, 18~67쪽.

놓여 있었다. 학교에서 강조된 덕목들은 자율·가치·준법정신·복종심·책임감 등이었으며, '민주 시민'이라는 모토가 새로운 교육지표로 부상했다.

그것이 당대에 얼마나 현실적인 실효성을 갖고 있었는지에 대해서는 논란의 여지가 많은 것이 사실이다. 단지 관념뿐인 개혁이었고 초등학교부터 학생들의 일상을 관리하고 통제하는 규율의 메커니즘은 여전히 존속했다.[32] 그러나 비록 그 시대 사람들의 삶은 얄개의 삶과 많이 달랐다 하더라도, 그것의 현실성 여부와는 상관없이 개성과 자율성이 하나의 이상으로 1950년대 대중들에게 받아들여지고 있다는 점이 중요하다. 얄개가 보여준 개성과 자율성은 민주주의의 다른 말이었고 당대인들이 곧 도달할 수 있으리라 믿었던 이상이기도 했다.

1950년대의 코미디의 부상을 가능하게 해준 가장 궁극적인 요인은 이렇듯 새로운 시대가 도래했다는 대중들의 믿음이다. 집단윤리에 갇히지 않는 자유로운 개인의 목소리가 허용되는 사회, 어떤 권위나 우상에 복종함이 없이 자기의사를 밝힐 수 있는 사회, 과거에 제 목소리를 내지 못하던 여성이나 어린이까지도 동등한 권리를 가지며 당당하게 자신의 생각을 주장할 수 있는 사회, 세속적인 삶도 존중받을 수 있고 속물들조차도 자신의 심사를 솔직하게 드러낼 수 있으며 그것이 오히려 인간적인 면이자 개성으로까지 받아들여질 수 있는 사회, 모든 개인이 동등한 발

32 임지현, 『이념의 속살』, 삼인, 2001.

언권을 갖고 공평한 대화를 나눌 수 있는 사회, 법 앞에 만인이 평등한 사회, 이런 것들이 전후 코미디 영화가 구사하는 이상적인 사회상이었다. 개인과 자유의지, 민주주의를 핵심 가치로 하는 이상적 사회와 그러한 사회를 가능케 하는 새 시대에 대한 기대가 코미디의 부상을 가능케 한 기반이었다는 것이다.

그리고 이렇듯 이상적인 비전이 놓여 있는 한 영화는 활기차고 명랑한 분위기를 가질 수 있었다. 작품마다 얼마간의 차이는 있어, <서울의 휴일>처럼 여성의 위상 변화를 매우 낙관적인 태도로 다루는 영화가 있는가 하면, 독립적이고 도도하던 현대 여성이 한 남자를 사랑하게 되면서 아내의 자리를 선택하는 <여사장>과 같은 작품도 있고, <자유결혼>처럼 신구 세대의 가치 충돌이 이상적으로 해결되는 영화도 있다. 정도의 차이는 있지만 그 어떤 경우이든 간에 영화는 행복한 비전을 제시하는 것으로 마무리된다. 슬픔이 있되 회복하지 못할 만한 것은 아니고, 좌절과 절망도 어렵지 않게 이겨낼 수 있는 것으로 그려진다. 결국 사랑으로 맺어지고, 한때 고난에 처할지라도 종국에는 행복하게 마무리된다. 세대와 계급의 간극조차도 별다른 무리 없이 메워진다. 과거의 상처가 치유되고 갈등이 해결되며 차이가 봉합되는 이상적 사회가 이제 곧 오리라는 미래지향적이고 낙관적인 믿음이 1950년대의 대중들에게 공유되고 있었고, 이러한 정서적 공유가 바탕이 되어 코미디는 가능할 수 있었다.

당연히 이 시기에 제작된 코미디가 당대의 사회적 현실을 온전하게 담아낸 영화라고 말하기는 어렵다. 보는 이의 관점에 따라

이들 영화의 사실성을 두고 의문을 가질 수 있다. 전시 상황이 불과 3, 4년 전의 일임에도 불구하고 영화 안에는 전쟁의 상흔이 전혀 등장하지 않기 때문이다. 스크린에 담긴 서울은 전쟁으로 인해 황폐해진 도시가 아닌 생기발랄한 변화의 공간이다. 거리는 움직임의 활기로 가득하고, 거리를 채우는 사람들의 표정은 밝다. 현대적 감각의 멜로드라마로 평가받으며 크게 흥행했던 <자유부인>(한형모, 1956)에서 백설희가 들려주는 노래 <아베크의 토요일>의 가사처럼, 사람들은 대개 설렘과 즐거움으로 조금은 들떠 있는 표정이다. 때론 클럽에서 흘러나오는 맘보 음악의 리듬처럼 흥겹거나 열정적이기까지 하다. 전후의 한국사회가 전쟁의 상흔과 극심한 빈곤에서 자유로울 수 없었던 만큼 영화와 현실의 간격은 매우 컸지만 영화는 그러한 격차를 고의적으로 지워버렸다. 영화 곳곳에 목격되는 미국식 건물과 소품, 의상, 생활방식들은 영화와 삶 사이의 간극이 얼마나 큰 것인지를 새삼스레 일깨운다. 그러나 중요한 것은 그러한 외관이 아니다. 영화가 묘사하는 리얼리티가 그 사회의 문화적 상상과 염원을 포함하는 것이라 할 때, 1950년대 코미디는 다분히 현실적이다.

이러한 새로운 영화적 현상들을 두고 무가치하거나 허망한 것이라고 비난한다면, 5·16쿠데타의 성공 이후 닥쳐온 역사적 불행 때문일 것이다. 1960년대의 한국영화에는 개인의 자유와 자기 의지에 대한 찬가가 빠르게 모습을 감추게 된다. 가령, 5·16 발생 후 불과 몇 달이 지나지 않아 발표된 <언니는 말괄량이>(한형모, 1961)는 1950년대의 로맨틱 코미디와 유사한 주제를 취하고 있으면서도 전혀 다른 방식으로 이야기를 마무리한다. 이 영화의 인상적인 부분은 후반부에 유도장에서 아버지가 딸과 대련을 펼치는 장면이다. 남자를 우습게 알며 조신한 아내가 되기를 거부하고 집을 나온 딸에 대해 아버지는 극단의 처방을 내린다. 딸을 유도장에 세우고 사정없이 메치기를 하는 것인데, 쉼 없이 이어지는 아버지의 공격에 딸은 마치 투항을 하듯 남편이 있는 집으로 돌아가겠다고 말한다. 아버지가 딸에게 가정주부의 역할과 책임을 강제적으로 교육하는 이 장면은, 1950년대 코미디 영화에서 즐겨 구사되던 민주적 의사 결정 과정과 근본적으로 성격을 달리 한다. 아버지가 딸을 승복시키는 이 장면에서 인상적인 것은 편집 없이 길게 숏이 이어지는 내내 화면의 중앙을 지키고 있는 태극기의 이미지이다. 엄한 아버지와 태극기가 한데 어우러지는 이 순간은 남성 중심의 군사적 가부장주의를 향해 나가기 시작한 1960년대의 현실을 예고한다.

쉽게 길들여지지 않는 오만한 여성이 결국 한 남성의 조신한 아내의 자리를 받아들이게 된다는 점에서 이 영화는 1950년대 후반에 제작되었던 <여사장>과 흡사한 구도를 지닌 것처럼 보일 수도 있다. <여사장>의 여주인공은 '여존남비'의 현판이 붙은 사무실의 사장에서, '남존여비'라는 액자가 붙여진 가정으로 들어가는 결말을 보여준 바 있다. 직장 여성이 가정주부가 된다는 설정으로만 보면 보수적 가치체계로의 회귀처럼 보일 수 있는 것이 사실이다. 그러나 놓치지 말아야 할 점은, 1950년대 <여사장>의 가정으로의 귀환이 순전히 자기 의지에서 비롯된 것이었다면, 1961년의 <언니는 말괄량이>는 철저하게 아버지의 의지에 따른 결과라는 점이다. 아버지가 딸을 규율하고 통제하는 모습은 1950년대 영화에서 아이가 자기 의지에 의거해 행동을 결정하던 것과는 그 성격을 근본적으로 달리한다. 1950년대 코미디에서 인자하기만 했던 아버지, 그래서 때로는 무력해 보이기까지 했던 아버지의 페르소나였던 김승호가 강력한 아버지로 돌변하여 딸을 가부장의 아내 자리로 돌려보내는 후반부는, 1960년대가 1950년대와는 다른 방향으로 진행되리라는 것을 앞질러 보여준다. 드센 독신녀건 참한 아내건 간에 그 어느 쪽도 내 의지에 따른 것일 뿐이라는 생각이 1950년대의 <여사장>에 깔려 있었다면, 1960년대의 <언니는 말괄량이>는 여성이 무언가를 깨우치기 위해서는 그것을 가르쳐줄 강한 남성이 필요하다는 사고가 가동되고 있다.

분명한 것은 1950년대의 코미디가 보여준 모습은 1961년 이후가 되면 다시 사라지게 될 한시적인 풍경이었다는 사실이다. 주지의 사실이지만, 개성과 자율성이라는 교육이념은 1961년을 넘어서면서 다시금 수정되어 국민의 사명감과 반공 교육을 강조하는 것으로 바뀌게 된다. 5·16은 학교 교육에서 그나마 싹을 틔우려던 개성을 죽이고 집단 규율을 강조하게 되는 전환점이었다.

1961년 박정희 체제가 들어서면서 1950년대 코미디가 보여주던 이상적 세계상은 더 이상 가동되지 못하며 장르 자체가 점차 세를 잃어가는 모양새를 보이게 된다. 이러한 점은 이 장르가 제공한 감정풍경이 보편적인 것이라기보다는 전후 시대의 특수성이었음을 반증해 준다. 웃음이 필요했던 일제 강점기였음에도 장편 서사의 코미디영화가 제작되기 어려웠던 것과 마찬가지로, 1960년대에 이르러 코미디의 세계관이 설득력을 얻기 힘든 세상을 맞이했다고 말하는 것이 옳을 것이다.

이후의 역사가 고스란히 보여주듯이 1960년대에는 더 이상 자율적인 개인이 강조되지 못한다. 개인의 자유의지라는 말은 이기주의로 번안되어 부정적인 것으로 취급되었고, 개인은 가부장제와 국가 자본주의의 시스템의 관리 아래 놓이기 시작했다. 권위주의적 발전국가 체제로 접어들면서 전후의 명랑 경쾌한 풍경은 빠르게 해체되고, 달라진 시대의 정서를 담을 서사적 틀과 감수성을 요구하게 되었다. 결국 1950년대 코미디 영화가 보여준 자유의지를 지닌 개인 내지 자기 결정권이라는 이상은 박정희 체제 이후에 곧 사라지게 될 한시적인, 그러나 의미심장한 1950년대의 고유성이라고 할 수 있다.

2. 1960년대의 멜로드라마적 정서와 감상성

1) 공공 감수성으로서의 슬픔

전후의 시대가 코미디의 부상을 특징으로 했다면, 1960년대는 멜로드라마가 지배하던 시대이다.[33] 무조건 관객을 울려야 먹힌다는 말[34]이 회자될 만큼, 눈물의 정서를 앞세운 영화들이 대거 제작되었다. 고급 멜로드라마라 할 만한 이른바 '멜로 리얼리즘' 영화[35]에서부터 "홍루파 「팬」의 손수건 적시기를 노린 최루탄조의 멜로드라마"[36] 내지 '신파'영화에 이르기까지, 수많은 멜로드라마가 쏟아져 나오기 시작했다. 전후에도 <미망인>(박남옥, 1955), <자유부인>이나 <자매의 화원>(신상옥, 1959)과 같이 여성 현실을 다룬 문제적인 멜로드라마가 만들어지기도 했지만 1960년대의 멜로드라마는 앞 시대에 비해 상대적으로 감상성이 더욱 강조되는 외양을 지니고 있다.

비단 장르로서의 멜로드라마만이 증가한 것은 아니었다. 당시는 한국영화의 황금기로 다양한 장르들이 시도되고 있었지만, 다

33 1950년대와 1960년대의 분기점을 명료하게 단정하기는 힘들다. 이 글에서 1950년대라 함은 전쟁이 끝난 때부터 5·16 군사 쿠데타가 일어난 1961년까지에 이르는 시기를 가리킨다. 1950년대를 이끄는 문화적 동력이 5·16 직전까지 이어지고 있었다고 판단되기 때문이다.

34 「드릴러·붐에의 길목/ 한국영화 최후의 보루 / 방황 멎고 조심스레 출발 / 울려야 팔린다는 제작자엔 아직 불통」, 『신아일보』, 1965. 6. 17., 5면.

35 〈아낌없이 주련다〉(유현목, 1962)는 1963년 대종상영화제에서 감독상을 비롯하여 조명상과 미술상을, 부일영화제에서는 최우수작품상과 감독상, 여우주연상을 수상한 바 있다. "화면과 그림이 좋고 카팅의 리듬의 살아있는 한편 전편을 적시는 흐뭇한 정감 등 고급 멜로드라마로서의 여건을 두루 갖"춘 영화로, '멜로 리얼리즘'의 실험을 훌륭하게 성공시킨 작품으로 평가받았다. 「영화평: 영상 살린 멜로드라마 〈아낌없이 주련다〉」, 『조선일보』, 1962. 11. 11., 4면.

36 「홍루파용 멜로드라마 〈신촌 아버지와 명동 딸〉」, 『조선일보』, 1964. 5. 5., 5면.

른 장르의 외양을 취한 영화라 하더라도 멜로드라마적 정서로부터 자유롭지 않았다. 이를테면 전쟁액션물로 분류되는 <빨간 마후라>(신상옥, 1964)는 "하늘을 사모하는 조종사들의 애(哀)와 환(歡)을 엮은 멜로드라마"[37]였고 1960년대 중반에 양산된 스릴러는 "멜로드라마와 드릴러의 한계를 애매하게 갖"고 있는, "눈물을 섞어 적당힌 얼버무"린[38], '사건(action) 있는 멜로드라마'에 가까웠다. <나는 죽기 싫다>(김묵, 1965)는 액션물로 분류되지만 "소위 '사나이의 의리'와 '주먹'과 '눈물'이 질펀한 신파활극조"의 성격을 지니고 있었다.

멜로드라마 장르의 문법과 거리가 먼 전쟁영화나 범죄영화에도 인물의 희생과 아픔을 극대화하는 대목이 어김없이 마련되어 눈물을 자아내는 경우가 많았다. 취하는 장르의 문법이 어떤 것이든 멜로적인 감상성이 비중 있게 결합되는 것이 통상적이었던, "한국영화라면 아예 멜로드라마를 연상할 만큼"[39] 슬픔의 정서가 영화 전반을 장악했던 때가 이 시기였다. 1960년대 평단에서 비판적으로 쓰이는 멜로드라마라는 용어는 "흡사 다양한 장르와 형식들을 아우르는, 어떻게 보면 한국영화 자체를 가리키는"[40]

37 「영화단평: 공중전 색채촬영에 새 맛」, 『동아일보』, 1964. 4. 10., 6면.

38 「드릴러 붐에의 길목 / 한국영화 최후의 보루 / 방황 멎고 조심스레 출발 / 울려야 팔린다는 제작자엔 아직 불통」, 『신아일보』, 1965. 6. 17., 5면.

39 「멜로드라마의 정리 / 감독별로 본 그 스타일」 / 멜로라면 펄쩍 뛰는 영상파도 아이들 시켜 관객 울리는 수법은 눈물파의 무기 / 진미는 터놓은 '상품파'에 / '흐뭇파'엔 비교적 흥행에 재미 본 감독들」, 『신아일보』, 1965. 7. 3., 4면.

40 오영숙, 「한국영화의 지도그리기: 두 개의 르네상스와 멜로드라마」, 『사이間SAI』 제4호, 2008, 449쪽.

것처럼 보이기도 한다. 그것은 하나의 장르명이라기보다는 존 머서가 말한 '멜로드라마적 감수성'이나 '파토스'의 개념[41]에 해당하는 것이라 할 수 있다.

이러한 현상을 두고, "신파의 눈물에는 이 이상 더 참을 수가 없다. 그러한 감상의 눈물을 흘릴진대 차라리 눈물 없는 목석이 되기를 원하겠다"[42]고 외치거나 "천편일률적인 '저능아'용 멜로드라마가 풍미하는 우리 영화계"[43]라는 말로 영화와 관객의 수준을 함께 비하하는 냉소적인 목소리가 나오는 것도 무리는 아니었다. 개인의 경험을 역사적이고 사회적인 범주 속에서 이해하려는 서사적 충동이 영화에 보이지 않기 때문이다. 사실적 재현이라는 규율에서 보자면 전 시대에 비해 오히려 퇴행했다고 말할 정도로 사회적 현실 묘사나 풍속 재현은 드물어지고 영화의 서사는 보다 추상화되었다. 그러나 "밤낮 비극만을 좋아하는"[44] 영화계를 개탄하는 목소리가 아무리 크다 해도, 그러한 비판을 무색하게 만들 정도로 "눈시울이 뜨거워지는 주인공의 비애와 쓰라린 인생의 고초 등 파란만장의 양념을 담은 멜로드라마"[45]의 비중은 오히려 증가했다.

민주주의를 향한 상상과 열망으로 추동되던 전후의 명랑하고

41 존 머서·마틴 싱글러, 변재란 옮김, 『멜로드라마: 장르, 스타일, 감수성』, 커뮤니케이션북스, 2011.

42 「서사여화(書舍餘話)-신파의 눈물」, 『동아일보』, 1965. 2. 6., 5면.

43 「영화단평: 용기 있는 도전과 비영화적인 실험 <순교자>」, 『동아일보』, 1965. 7. 8., 6면.

44 「66년의 영화계 / 그 전망을 말하는 좌담회」, 『대한신문』, 1966. 1. 6., 5면.

45 「영화평: 이대엽의 구수한 사투리 / <풋내기 애인>」, 『조선일보』, 1964. 5. 10., 5면.

밝은 정조가 힘을 잃고 그 자리를 멜로드라마적인 눈물의 정서가 채울 수밖에 없는 시대가 되었다는 것인데, 그러나 앞 시대와는 달리 생활 감각이 약화되고 눈물의 감상성이 증가했다는 점은 외려 영화가 시대현실에 민감하게 반응했다는 증거일 수 있다. 이 시기는 이야기를 제대로 하지 못하게 가로막는 공적인 힘과 마주해야 했던 때이다. 군사주의적 가부장제와 국가주도의 근대화가 1960년대 한국사회를 이끌어가는 가장 강력한 현실적 힘이었고 그 과정에서 민주주의의 동력이 현저히 힘을 잃어가고 있었다는 사실에는 이론의 여지가 없다. <7인의 여포로(돌아온 여군)>(이만희, 1965)의 검열 사건은 영화계 전체가 국가의 억압성을 실감하게 된 계기였다.

권위주의적 정치체제가 지배하는 시대에는 그에 상응하는 이야기 틀이 요구된다. 국가의 통제로부터 자유롭기 힘들 때, 현실과는 동떨어져 있는 서사가 오히려 공적 메시지와 불일치하는 목소리를 전할 수 있는 기회를 얻는 법이다. 영화계는 강압적 상황에 대처하는 방식으로 사회적 현실과의 직접적 연관 요소들과 결별해 버리는 길을 선택했던 듯하다. 일상적인 생활현장에 살아가는 인간들의 성정을 주로 다루는 코미디와는 다르게 멜로드라마는 시대성이나 사회성이 그다지 표면화되지 않는 장르이다. 보편적인 경험에 바탕을 두고 극복하기 어려운 불가항력적인 운명의 힘으로 인해 고통받는 인간의 격렬한 감정을 그려내는 데 능하다. 때문에 타협이나 이해를 통해 갈등이 어렵지 않게 극복될 수 있음을 보이는 코미디와는 매우 다른 서사와 감정풍경을 그려낸다. 1960년대에 멜로드라마가 잘 팔리는 문화상품이 되고 멜로드라마적 감성이 문제적 정서로 자리하며 공감을 얻을 수 있었던 밑바탕에는 전 시대의 이상이 한갓된 환상에 불과했음을 확인하면서 갖게 된 좌절감과, 자율성이 부정되고 자유가 제한당하는 폐쇄적 현실에 대한 불안이 놓여 있다. 그런 의미에서 멜로드라마가 제시하는 감정풍경은 강압시대의 집단 심리 내부로 들어가는 통로일 수 있다.

2) 열정적 사랑과 죽음의 판타지

멜로드라마가 사적이고 정서적인 코드에 집중하는 장르인 만큼, 사회드라마의 방식과는 구별되는 상징화의 길을 걸을 수밖에 없다. 그런 점에서 눈여겨보게 되는 것은 애정담이다. 대중영화에서 남녀의 사랑이야기는 새로울 바 없는 소재이고 더욱이 멜로드라마에서는 상투적인 레퍼토리에 속하지만, 1960년대의 사랑이야기는 보다 유별나 보인다. 그 치명적인 모양새 때문이다.

1963년에 데뷔하여 흥행 가도를 달린 정진우라는 감독이 있다.[46] 데뷔 당시 그의 나이는 24세로, 한국영화계의 가장 젊은 감독이었다. 1960년대에 그는 "국산영화의 습속(習俗)을 떨치"[47]고 "한 걸음 앞선"[48], "압도할 듯한 박력"[49]의 영화를 만드는 감독

46 1963년에 〈외아들〉로 데뷔했을 때 정진우의 나이는 24세로, 한국영화계의 가장 젊은 감독이었다. 그가 영화계의 중심으로 진입하여 흥행과 평단에서 두루 성공을 거두는 재능있는 감독으로 인정받는 데 걸린 시간은 매우 짧았다.

47 「새영화: 빛깔 진한 사랑의 그림 / 정진우 감독 〈밀월〉」, 『서울신문』, 1967. 2. 28., 8면.

48 「이 주일의 영화: 줄기찬 눈물 강요 / 〈울며 헤어진 염춘교〉」, 『경향신문』, 1966. 6. 13., 5면.

49 「연예수첩: 정진우 감독 최초의 사극제작」, 『신아일보』, 1969. 4. 5., 5면.

으로 평가받았다. 이만희와 더불어 우리 영화계에 파문을 던지고 새로운 출구를 제시하는 감독[50]으로 일컬어지기도 했다. 그렇듯 의욕적이었던 그가 연출한 1960년대의 영화들의 대부분이 사랑 이야기라는 점은 흥미롭다. 그의 관심은 온통 사랑담에로 향해 있으며, 매 영화마다 '사랑의 철학'을 펼쳐냈다.[51] 그의 영화에서 사랑 이외의 사안은 모두 부차적이다.

[사진-3] <배신>

사랑에 대한 집착은 그의 초기작에서부터 목격된다. 두 번째 연출작이자 흥행에 큰 성공을 거둔 <배신>(정진우, 1964)은 운명적 사랑의 원형적 서사를 보여준다. 고아 출신인 청년(신성일 분)은 우연히 마주치게 된 한 여인(엄앵란 분)과 순식간에 사랑에 빠지게 된다. 그러나 그 여인은 자신을 친아들처럼 돌봐 준 사람(장동휘 분)의 여자이다. 그녀와의 사랑은 은인을 저버리는 배신이고 커다란 대가를 치러야 하는 위험한 일이다. 그럼에도 청년은 사랑을 선택하고 여자와 함께 도망친다. 갈 곳도 숨을 데도 없고 죽음만이

50 「새바람 이는 방화가 / 감독들의 동정에 비친 67년의 전망」, 『대한일보』, 1967. 1. 14., 5면.

51 「근황: 최연소 감독 정진우씨 / '사랑철학'을 진한 색깔에 담아 / 신작촬영 거의 끝내 / 예술·흥행성을 겸하여」, 『서울신문』, 1967. 2. 2., 8면.

기다리고 있음을 모르지 않기에 잠시 번민하지만 두 사람은 사랑을 포기하지 않는다. 이후에 만들어진 <초연>(정진우, 1966) 또한 절친한 친구 사이였던 두 사람이 한 여자를 두고 목숨을 건 싸움을 벌이다 모두 죽음을 맞이하는 서사를 담고 있다. <배신>과 결이 다른 듯해 보이지만, 목숨을 거는 격정적 사랑이라는 점에서는 별 차이가 없어 보인다.

극적인 사랑에 집중하는 이러한 경향이 비단 정진우만의 예외적인 취향은 아니다. 같은 시기에 제작된 많은 영화들이 비슷한 사정을 보여준다. <배신>이 나온 지 얼마 지나지 않아 개봉되어 청춘영화의 대표작이 된 <맨발의 청춘>(김기덕, 1964) 역시도 사랑 때문에 동반 자살로 삶을 마감하는 젊은 남녀의 이야기이다. <밀월>(정진우, 1967)은 <배신>과 흡사하게, 아버지로 모시던 사람의 여자를 사랑하게 된 청년이 사랑 때문에 결국 죽음을 맞이하는 이야기를 들려준다. 전쟁 멜로드라마인 <남과 북>(김기덕, 1964)에서 남자(신영균 분)는 국가를 버리면서까지 찾아 헤매던 아내(엄앵란 분)가 이미 다른 남자와 결혼한 것을 확인하고는 갑작스레 자살로 생을 마감한다. <춘희>(정진우, 1967), <여(女)>(정진우·유현목·김기영, 1968)에 이르는 많은 영화들이 사랑으로 인해 파멸하거나 죽음에 이르는 과정을 담고 있다.

멜로드라마에서 사랑이라는 사건은 대개 극적인 속성을 갖지만, 1960년대의 사랑담은 매우 탈일상적인 면모를 보여준다. 우연히 만난 남녀가 첫눈에 사랑에 빠지고 순식간에 사랑이 그의 삶의 모든 것이 된다. 어떤 대가를 치르게 될지를 알면서도 사랑을 선택하고 그 때문에 모든 관계들과 단절되고 죽음에 이르게 된다. 주인공의 계급과 위치가 다르다는 등의 약간의 편차는 있지만 사랑 때문에 운명의 기로에 서게 된다는 이야기는 이 시기의 단골 서사였고, 사랑의 열정에 사로잡힌 대가로 세상과 절연하고 죽음을 맞이하는 비장한 장면은 이 시기 한국영화의 컨벤션이라 할 정도로 자주 목격된다.

덕분에 1960년대 영화의 애정 서사는 매우 드라마틱한 외관을 갖게 되었다. 다채로운 일상의 풍경이 펼쳐지는 경우는 드물며 생활의 묘사가 갖는 명랑성이나 활기를 찾아보기 어렵다. 대신에 그 자리를 채우는 것은 비애와 슬픔, 절망감과 같은 감정들이다. 예사롭지 않은 사랑을 향한 열정과 비극적 운명을 마주한 이들의 격렬한 감정만이 도포하고 있는 셈이다. 통상적으로 "희생자와 그들의 미덕에 초점을 맞추는 멜로드라마"[52]는 얼마간의 감상성을 보유하기 마련이지만, 1960년대의 멜로드라마는 가장 고양된 형태의 감정을 노정한다. '현대 멜로드라마'를 표방하는 경우에도 생활풍속과 세태에 대한 묘사가 풍성했던 전후의 영화들과는 매우 다른 풍경이다.

이러한 감정 과다는 이야기를 단순하고 통속적으로 만드는 요인이어서 당시 평단으로부터 비판을 받았지만, 비슷한 성격의 영화가 지속적으로 제작되었고 관객의 호응도 나쁘지 않았다. 그러나 매우 비현실적인 애정 서사는 단순한 이야기 기법의 차원만을

52 Linda Williams, "Melodrama Revised", *Refiguring American film genres: history and theory*. Ed. Nick Browne. Berkeley: University of California Press, 1998, p.66.

뜻하는 것으로 보이지 않는다. 현실을 가리거나 부정하는 서사가 설득력 있게 다가왔던 데에는 어떤 불가피한 사정이 있을 것이라는 이야기이다. 영화의 사실성이라는 측면에서 보자면 앞 시대보다 후퇴했다고 할 수 있을 이러한 감상적 드라마가 1960년대에 집요하게 되풀이되었던 이유를 고민해 볼 필요가 있다. 서사에 설득력을 제공하는 것은 공동체의 현실인 까닭이다.

에바 일루즈에 따르면, 사심 없는 사랑은 일탈이자 해방의 경험이다.[53] 계산이 없는 사랑, 무사무욕의 사랑은 쉽사리 보기 힘든 이타적인 관계를 만들어냄으로써 일상을 초월하는 경험을 제공한다는 것이다. 이러한 논의는 1960년대의 애정 서사에도 적용될 수 있을 듯하다. 현실적인 조건이나 상황을 돌보지 않고 사랑 그 자체를 향해 돌진하는 이 시기 애정담은 그것이 보여주는 맹목성 면에서 남다른 데가 있다. 사랑이 삶의 의미이자 삶을 내려놓는 이유가 되는 이야기는 일상적 삶의 활기와는 무관하고 현실 논리를 배척하는 것이지만, 그 비극적 사랑을 받아들이는 자발성은 예사롭지 않아 보인다.

여기서 눈여겨볼 부분은 격렬한 사랑을 고수함으로써 현실로부터 자유로워진다는 점이다. 사랑의 절대성이라는 신화를 실천하는 일은 운명의 속박을 넘어서는 일이기도 하다. 사랑과 죽음의 친연성 또한 그러하다. 인물들은 사랑의 순정함을 증명하는 징표처럼 죽음을 선택한다. 사랑에 대한 추구는 연인과의 절대적

53 에바 일루즈, 박형신·김형신 옮김, 『낭만적 유토피아 소비하기』, 이학사, 2014, 18쪽.

인 관계 이외에 다른 모든 것을 무화시키는 방향으로 나아가기 때문에 그 끝이 죽음으로 이어지는 것은 자연스러운 결과로 보인다. 죽음은 그것이 아무리 상투적이고 안이하게 다루어진다 하더라도 세계를 바라보는 하나의 방식일 수 있다. 목숨 건 사랑이란 그 어떤 한계를 초월하는 일탈의 다른 이름이다. 절대적 사랑은 삶을 파괴하는 계기가 되지만, 인간의 부단한 자기 계발을 통해 역사가 완성으로 나아간다는 계몽주의적 시선과는 다른 가치를 향하고 있다는 점에서 그 의미가 단순해 보이지 않는다.

1960년대를 지배한 멜로드라마적 정서나 격정적인 사랑담은 모두 감정 과잉을 특징으로 한다. 감정의 과도함은 감상성이라는 말로 요약될 수 있을 터인데, 비정상적이리만치 강한 감정적 애착을 뜻하는 감상성은 그동안 자주 폄하되고 무시당해 왔다. 감상성을 사실주의의 반대편에 두는 사고는 그러한 부정적 시선을 더 강화했다. 사실주의가 긍정적인 면과 부정적인 면 모두에 대한 균형적인 시선을 요구한다면, 감상성에는 그러한 균형 있는 시선이 부족하다. 감상성을 전면에 내세울 경우 복잡한 현실을 단순화하거나 서사의 논리가 무시될 수 있으며, 결핍을 은폐하거나 부정하는 방법으로 유용될 여지가 있기도 하다. 파시즘의 역사가 잘 보여주듯이 인종적 순수성에 대한 유토피아적 비전을 위해 동원되거나 애국심을 조장하는 기술로 쓰이기도 했던 것이 사실이다.

그러나 몇몇 예외가 있긴 하지만 1960년대 한국영화가 보여준 감상성의 대부분은 그러한 부정적 활용과는 결이 달라 보인다.

비이성적인 열정이나 잘못된 이상주의로 이끄는 것과는 무관해 보이기 때문이다. 그보다는 논리로는 도저히 이해할 수 없는 현실과 대면할 때 갖게 되는 방어 반응에 가깝다. 고통스러운 세상을 그대로 받아들일 수 없을 때, 그렇다고 해서 분노나 수치와 같은 부정적 감정을 인정하고 싶지는 않을 때 선택되는 것이 감상성이다. 두려움 때문에 연민이나 비애와 같은 상대적으로 안전한 감정으로 도망치려는 것일 수도 있다. 그런 점에서 상처와 대면하는 이상적 방법일 수는 없으나, 최소한 현실을 위조하고 포장하는 행위는 아니다. 이 시기 한국영화와 결합한 감상성은, 고통스러운 감정에 빠지고 싶지는 않으면서도 시대의 환부를 외면할 수 없을 때 선택하게 된 방어벽에 가깝다.

3. 사나이의 비애와 타락한 여성

토마스 엘새서의 지적처럼 멜로드라마에는 "급진적인 모호성"이 존재한다.[54] 때문에 멜로드라마적 감수성 자체를 수동적이거나 대항적이라고 단정적으로 규정하기는 어렵다. 그것은 전복적일 수도 있고 도피적일 수도 있다. 우리가 할 수 있는 최선의 일은 이 장르에 내재한 복잡한 가닥들을 구분하고 그러한 가닥들이 지시하는 시대의 속내를 읽어내는 것이다. 멜로드라마적 정서를 1960년대의 지배적인 문화형식으로 만든 심리적 현실을 밝히는 작업은 당시 자주 목격되는 캐릭터와 서사적 골격의 검토에서 시작될 수 있다.

1) 남성 최루물 시대

1960년대 영화에서 눈에 띄는 현상 중 하나는 남성성에 대한 관심의 증가이다. 앞 시대와 다르게 진정한 남자란 어떤 존재인가에 대한 질문을 던지는 영화들이 대거 등장하기 시작하였다. <돌아온 사나이>(김수용, 1960)를 필두로, <경상도 사나이>(민경식, 1960), <현상붙은 사나이>(김묵, 1961), <동경서 온 사나이>(박성복, 1962), <아내를 빼앗긴 사나이>(김화랑, 1962), 그리고 동명의 노래를 영화화한 <노란 샤쓰 입은 사나이>(엄심호, 1962)처럼, 제목에

---

54 Thomas Elsaesser, "Tales of Sound and Fury: : Observations on the Family Melodrama", *Home is Where the Heart Is*.(Ed. Christine Gledhill), London: BFI, 1987, p.47.

'사나이'를 넣은 영화가 1960년대에만 수십 편[55]이 쏟아져 나왔다는 점은 남성의 위상이 화두인 세상이 되었음을 알려준다.

남성성에 대한 관심은 1960년대 초부터 표면화된 것으로, 여성에 대한 관심이 압도적이던 1950년대의 영화와 결별하고 새로운 현실과 마주하게 될 것임을 예고한다. 남자다움에 대한 관심의 배후에는 제3공화국하에서 한국사회가 이른바 가부장적인 패러다임으로 전환하던 사정이 놓여 있다. 주지하다시피 이 시기는 '국민 만들기'라는 모토가 전일적인 지배 담론으로 자리하기 시작했던 때로[56], 무엇보다도 새로운 남성성의 내용을 요구했다. 박정희 정권이 내세운 가부장적 국가주의는 군대와 노동이라는 두 가지 영역으로 남성을 징발해 냈고 이 두 영역을 견뎌낸 자만이 비로소 남성으로서의 자부심, 자신감 그리고 우월감을 얻을 수 있다는 담론이 양산되고 있었다.[57]

하지만 남성성에 대한 관심 자체를 국가 이념에 호응하려는 의지로 받아들이기는 어려워 보인다. 스크린에 재현된 그들의 모습은 사회적 요구에 부응하는 남성상과는 뭔가 달랐다. 남성성에 대한 관심이 표면화되고 남자다움의 핵심 기제인 책임감 문제가 비중 있게 등장하는 건 사실이지만, 스크린 위에 재현된 대부분의 남성들은 박정희 정권이 요구하던 남성상과 유사한 듯하면서도 뭔가 달랐다.

55 1960년대에 제작된 한국영화 가운데 '사나이'라는 단어를 직접 제목에 넣은 작품은 40여 편에 이른다. 한국영상자료원 DB(http://www.kmdb.or.kr/) 참조. 2023년 11월 13일 접속.

56 문승숙, 이현정 옮김, 『군사주의에 갇힌 근대: 국민만들기, 시민되기, 그리고 성의 정치』, 또하나의문화, 2007.

57 권인숙, 『대한민국은 군대다』, 청년사, 2005, 35쪽.

가령 책임 있는 남자가 되려는 시도는 대개 실패나 죽음으로 마감된다. <배신>과 <맨발의 청춘>의 사나이(신성일 분)가 할 수 있는 일이란 고작해야 사랑하는 여인과 함께 죽는 것이다. <떠날 때는 말없이>(김기덕, 1964)의 남자(신성일 분)는 어리석은 오해로 아내를 죽게 만들고 딸까지 잃을 상황에 처한다. <내 주먹을 사라>(김기덕, 1965)의 남자는 굳은 의지에도 불구하고 자신이 그토록 지켜주고 싶어 했던 어린 소년의 죽음을 막지 못한다. 자괴감에 사로잡히거나 눈물을 흘리는 것, 혹은 위악적인 모습으로 파멸해 가는 것밖에 그들이 달리 할 수 있는 일이 없어 보이기도 한다.

외관상 패기가 넘쳐 보이는 청춘 멜로드라마의 남자들도 국가의 징발로부터 멀리에 위치해 있기는 마찬가지였다. 애초부터 그러한 영역에 들어갈 마음이 없거나, 진입할 의지가 있다 해도 그럴 능력이 부족한 인간들이었다. 청년은 사내다운 매력을 뽐내는 듯도 하지만 결정적으로 가부장적인 남성상의 목표에 도달하지 못한다. 이상적인 남성이 되기 힘든 어떤 한계를 지니고 있기 때문인데, 남을 책임지는 남자가 되려는 마음과 그러한 마음을 실천하는 일은 엄연히 다른 문제인 것이다.

전체적인 서사는 다소 허술한 모양새를 보이곤 하지만 이러한 서사의 빈틈을 채우는 것은 감상성이다. 한때 의욕적으로 보이던 남자들이 갖게 되는 좌절의 경험과 그로부터 비롯되는 비애가 파토스의 주 원천으로 자리하며 강한 감상성을 유발한다. 덕분에 현실성이 약화되고 진짜 문제는 가려지기도 하지만 그럼에도 불구하고 이들 영화의 시선이 당대 현실을 향해 있다고 말한다면 그것은 정서의 차원에서 그러하다. 1960년대 스크린의 감정풍경의 상당 부분을 차지하는 것은 남성의 무력함과 열패감이다. 감상성을 여성적인 정동 구조로 여기던 통념을 깨버릴 정도로 1960년대 영화의 감정 과잉의 풍경을 생산함에 있어 남성 주체의 역할이 매우 크다.

멜로드라마의 중요성은 이데올로기적 실패에 있다는 제프리 노웰 스미스의 논법[58]에 기대어 말하자면, 1960년대 멜로드라마의 의미 있는 부분 중의 하나는 가부장제가 제대로 가동되지 못하는 현실을 보여준다는 점이다. 한때 자신만만하고 의욕적으로 보이던 사내가 갖게 되는 좌절과 상실감, 그로부터 비롯되는 비애가 파토스를 형성하는 멜로드라마는 강한 남자가 되어야 한다는 압박하에 있으면서도 그런 이상에 다가가는 데 실패한 자들의 비가이다. 이는 가부장적 국가주의가 요구하는 남성상이 얼마나 큰 심리적인 부하로 다가왔는지를 보여 줌과 동시에, '남성 만들기'라는 국가의 과제가 당대인들의 심리적 현실과 괴리되어 있는 정도를 드러낸다.

캐슬린 맥휴는 1948년에서 1960년대 후반에 이르는 시기의 한국 멜로드라마에 "강한 남성 캐릭터의 부재"와 "남성의 좌절"이 특징적으로 드러난다고 지적한다.[59] 비슷한 맥락에서 김경현

58 G. Nowell Smith, 「Minnelli and Melodrama」, *Screen*, Volume 18, Summer 1977, p.118.

59 Kathleen Mchugh, "South Korean Film Melodrama: State, Nation, Woman, and the Transnational Familiar", Edited by Kathleen Mchugh and Nancy Abelmann, *South Korean Golden Age Melodrama*, Wayne State University Press Detroit, 2005, pp.17~42.

도 한국전쟁 직후부터 군사독재 기간으로 이어지는 기간에 제작된 남한영화들의 모든 영역에 남성 인물들의 결핍감과 마조히즘이 핵심적 요소로 자리하고 있다고 말한다.[60] 이러한 지적은 적절하지만, 여기에는 좀 더 세밀한 시기 구분이 첨가되어야 할 듯 싶다. 남성의 좌절이 서사의 핵심적 사안이 되는 것은 해방공간이나 1950년대가 아닌 1960년대부터 자주 목격되는 현상이기 때문이다. 1950년대가 여성의 높아진 위상에 집중하였던 시기였던 것은 분명하지만, 여성의 위치 고양이 곧바로 남성의 좌절을 의미하지는 않는다. 오히려 가부장제의 위계로부터 자유로울 수 있었기에 강한 남성이 되어야 한다는 강박이나 억압이 적었던 때였다. 그에 비해 1960년대는 가부장제의 강화와 더불어 남성 정체성이 위기에 처한 시대라 할 수 있다.

2) 가족의 결핍과 비애

이야기가 비극으로 끝나고 남성 주체가 비애를 느껴야만 하는 원인이 명료하게 밝혀지는 경우는 드물다. 거침없이 행동하던 그가 결정적인 순간에서 갑작스레 무력해지는 모습이 그저 드라마틱하게 제시되는 것이 고작이다. 다만 몇몇 단서들로 암시되는 것은, 과거 세대의 비극이 젊은이들의 상처의 원인이라는 사실이다. 그가 세상과 맞서기도 전에 좌절해 버린 원인은 상처투성이

60 Kim KyungHyun, *The Remasculinization of Korean Cinema*, Duke University Press, 2004, p.5.

인 그의 내면에 있으며, 그 상처의 대부분이 가족의 부재 내지 결핍과 연결되어 있다.

남성성에 관한 관심을 표면화하면서도 이상적인 남성 만들기의 실패나 죽음으로 귀결되는 이유로 자주 동원되는 것이 부모의 과거이다. 1960년대 중반에 양산된 '청춘 멜로드라마'의 주인공들이 대부분 고아인 것은 그러한 점을 잘 보여준다. 부모를 잃고 누나와 함께 힘겹게 살아가는 <위험한 청춘>(정창화, 1966)의 청년이나, 암흑가의 세력 다툼으로 고아 신세가 된 <무정가 일번지>(이봉래, 1966)의 건달, 죽은 부모를 대신하던 큰형마저 잃게 된 <내 주먹을 사라>의 두 아이의 처지는 크게 다르지 않다. <흑맥>(이만희, 1965)에서 서울역 변두리 어둠의 세계에서 왕초 노릇을 하며 살아가는 청년, <오인의 건달>(이성구, 1966)의 형제처럼 서로를 의지하며 살아가는 다섯 건달, 뒷골목에서 살아남기 위해 안간힘을 쓰는 <불타는 청춘>(김기덕, 1966)의 청년, 사랑하는 여인의 수술비를 마련하려 범죄를 저지르는 <내일은 웃자>(박종호, 1967)의 젊은이, 굶주림으로 홀어머니가 사망한 뒤에 자포자기의 심정으로 건달이 된 <폭로>(정진우, 1967)의 청년, 부모에 이어 형마저 잃고 천애 고아가 된 <상하이부르스>(김기덕, 1969)의 남자에 이르기까지, 영화들이 즐겨 들려주는 이야기는 태생적 불우함으로 인해 거리에서 떠도는 젊은이들에 관한 것이었다.

1960년대 한국영화가 고아 내지 결손가정의 청년들에게 갖는 애정은 매우 각별하다. 청춘 멜로드라마에 국한됨이 없이 장르를 불문하고 고아 청년의 이야기는 흔한 레퍼토리로 자리한다.

[사진-4] <오인의 건달>

<흑발의 청춘>(김기덕, 1966)과 같이 "불안하면서도 퇴폐적인 분위기"[61]의 영화나, 전쟁고아를 거둔 일본인의 미담을 담은 <이 땅에도 저 별빛을>(김기덕, 1965), 전쟁고아 축구팀의 자활 실화를 다룬 스포츠 영화 <맨발의 영광>(김수용, 1968)과 같은 계몽적 성격의 영화에서도 고아를 향한 관심은 골고루 확인된다. 가장 빈번하게 고아를 끌어들이는 장르는 멜로드라마지만, 그 외에도 전쟁영화와 스릴러, 심지어는 <비무장지대>(박상호. 1965)와 같은 세미다큐멘터리에 이르기까지 고아가 스크린의 중심부를 차지했다. 편모나 편부 슬하의 상황을 자주 등장시켜 결손가정의 아픔을 담아내는 것 역시도 고아에 대한 관심이 확장된 형태로 보인다. "화면에 나타나는 청춘상이 모두 국적 불명의 고아"[62]라는 지적이 나올 정도로 부모의 부재로 인해 고난을 겪고 있는 고아들이 대학생이나 건달의 모습으로 스크린에 대거 입성하던 때였다.

61 「새영화: 애정 깡패의 전매품 〈흑발의 청춘〉」, 『신아일보』, 1966. 11. 10., 4면.

62 「영화에서 본 청춘상」, 『대한신문』, 1967. 1. 9., 4면.

가족의 결핍으로 인해 마음의 상처나 그 상처에 발목이 잡혀 사회화되지 못하는 사정은 가난한 고아에만 국한되지 않는다. 가족 공동체의 유대감이나 따뜻한 기억이 부재한다는 조건에서 보자면 부자냐 가난하냐의 여부는 상관이 없었다. 빈부의 차이를 막론하고 많은 인물들이 정상적인 가족 관계를 경험하지 못한 이유로 성숙한 어른으로 성장하는 데 어려움을 겪는다. 청춘의 불우가 가족의 결핍에서 기인하는 것으로 재현하는 이러한 경향을 가리켜, 당대의 한 비평가는 "사상의 빈약"[63]이라고 지적하였지만 비슷한 사정을 보이는 영화가 양산된 것은 그것이 제작자 개개인의 역량의 문제가 아님을 말해준다.

고아에 대한 이러한 관심은 다소 유난스러워 보이기도 한다. 전쟁고아의 문제가 심각한 사회적 이슈였던 1950년대에 고아에 관심을 두는 영화가 오히려 적었던 것을 감안한다면 더욱 그러하다. 1950년대 중후반기에 "우리의 생활 주변에 넘쳐흐르고 있는 제재, 전쟁미망인의 문제, 전쟁고아, 상이군인, 북한에서 온 피란민, 이러한 현실의 한 토막도 없다는 것은 작가들의 현실에 대한 도피, 무성실을 노정한 것은 아닐까?"[64]라고 유두연이 말하고 있을 정도로, 고아가 대중서사의 핵심적 부분으로 들어오지 못하다가 1960년대에 이르러 그에 대한 관심이 노골적으로 영화에 반영되었다고 할 수 있다.

63 「신영화: 병든 청춘의 풍속도 / 이형표 감독 〈아름다운 수의〉」, 『한국일보』, 1962. 1. 18., 7면.

64 유두연, 「병신년 문화계의 회고: 영화 / 난마상태의 일년 / 무질서한 제작기업의 연속(하)」, 『경향신문』, 1956. 12. 19., 4면.

가족의 부재가 젊은이들의 성장을 가로막는 장애라는 점은, 세대 간의 갈등을 서사의 주된 골격으로 다루는 국외의 청춘영화와는 변별되는, 한국 청춘물의 고유한 지점이다. 그 고유성의 지반은 네이션의 현실과 연관된다. 불우한 가족사는 한국전쟁으로 대변되는 끔찍한 내셔널 역사에 대한 집단적인 기억과 교차한다. <오인의 건달> 안에 반복되는 최희준의 주제가는 그들이 맞이하게 된 불행이 "이것도 저것도 타고난 팔자" 탓이라 말하고 있지만, 사실상 그들의 불우한 '팔자'는 자신의 의지와는 무관하게 경험하게 된 전쟁이라는 끔찍한 현실과 그로 인해 생긴 15만여 명의 전쟁고아를 가리키는 하나의 기호이다. 가족 구성원의 상실과 고아라는 상태는 전쟁과 분단의 메타포이자 그것이 가져온 트라우마의 일부로 자리한다.

버팀목이 되어줄 아버지가 부재한 상황이나 그런 인물들이 가지고 있는 고아의식은 1960년대 영화의 성격을 해명하는 중요한 단서를 제공한다. '고아의식'이 한국문화사의 문제적인 논제어로 등장하기 시작한 것은 김윤식의 논의를 통해서이다. 김윤식은 이광수의 문학을 국권 상실 시대의 '고아의식'에 의거하여 세밀히 고찰하였고,[65] "식민지 시대의 문화예술은 일정하게 고아의식과 부의식 상실감이 드러난다"고 지적한 바 있다.[66] 국가를 아버지로 인식하는 한국의 전통적 사고를 참조하여, 국가라는 절대적 존재를 상실한 피식민지인의 심리를 개념화한 것이 김윤식이 말

65 김윤식, 『이광수와 그의 시대』, 한길사, 1986.

66 김윤식, 『한국근대문학사상비판』, 일지사, 1978, 9쪽.

하는 고아의식이었다면, 1960년대 한국영화에 문제적으로 등장한 '고아'라는 기호는 이와 비슷하면서도 맥락을 조금 달리한다. 신생독립국으로서 새로이 출발한 후에 가지게 된 고아의식은, 독립하였음에도 불구하고 자기 주권을 갖지 못한 이 시기 국가/민족의 상황에 대한 자각을 반영한 것이라 할 수 있다.

한편으로, 고아 청년의 많은 경우가 건달로 설정되고 있다는 점은 텍스트의 의미를 좀 더 복잡하게 만드는 부분이다. 당시 청춘영화의 아이콘이었던 배우 신성일의 페르소나는 그러한 점을 잘 보여준다. 거의 대부분의 청춘영화나 멜로드라마에서 신성일은 부모 없이 외롭게 자란 신세로 설정되며, 액션영화에서도 유사한 페르소나를 되풀이한다. 이를테면 <맨발의 청춘>의 주인공인 고아 청년 두수는, 어찌 보면 성실한 노동과는 무관한 자리에 있으며 다소 들떠 있거나 쉽게 분노를 터뜨리는 미성숙한 존재이다. 영화 속 대사를 직접 빌리자면, 그는 "모든 사람들이 송충이보다도 더 싫어하는 건달, 깡패"이자 "쓰레기"이고 시대가 요구하는 남성이 되지 못하는 "이 사회의 암"적인 존재이다. 게다가 아버지 혹은 어머니의 부재가 내면의 어둠으로 자리하고 있어 자기 비하의 모습을 자주 보이곤 한다.

고아 건달의 불우함은 연민을 자아내는 원인이지만, 반면 그는 멋진 사나이의 요건을 갖추고 있기도 하다. 세상에 순응하지 않는 인간인 까닭이다. 그는 조직폭력배의 일원이기는 하지만 매순간 조직의 규범을 어기면서 마음이 시키는 대로 행동한다. 조직원들의 대부분이 양복 차림인 데 반하여 그만이 점퍼와 청바지

[사진-5] <맨발의 청춘>

차림을 하고 있음은 그의 자유로운 성정을 상징적으로 드러낸다. 서열이 생명인 조직폭력배의 집단적 규율로부터 한 발짝 벗어나 있는 모습이다. 그는 구태여 조직의 충성스러운 구성원이 될 마음이 없으며 윗사람에게 복종하려 하지도 않는다. 누군가에게 머리를 숙이는 일은 하지 않는다. 누구보다도 무시당하는 것을 못 견뎌 하는 자존심의 소유자이다. 엄격한 상하관계로 맺어진 조직원이 아니라 지배와 예속의 관계로부터 자유로운 자리가 그가 있고자 하는 곳이다. 더 나아가, '뼈 빠지게' 힘들여 노동하거나 악착같이 일하지 않아도 클럽이나 파티와 같은 도시의 문화를 자유로이 즐기는 여유를 지닌 예외적인 존재이기도 하다.

영화계는 앞다투어 건달의 멋진 포즈들을 제공했다. "우리의 청춘은 깡패로만 대변되는 것인지 3년 전부터 이른바 청춘영화의 주인공들은 천편일률적으로 국적 불명의 뒷골목 사나이"[67]라는 식의 평론이 실릴 정도로 건달 캐릭터는 사랑받았다. 스포츠머리에 점퍼 차림으로 연신 껌을 씹어대는 신성일은 자유로운 영

67 「영화단평: 깡패 소재의 멜로드라마 〈흑발의 청춘〉」, 『동아일보』, 1966. 11. 8., 6면.

혼을 지닌 낭만 건달의 아이콘이었고, 순박한 건달 박노식과 위험해 보이는 반항 건달 김희라 또한 집단적 규율에 구속받지 않는 페르소나를 지니고 있다는 점에서 매한가지였다. 어떤 권위로부터도 자유로운, 멋진 삶을 사는 건달은 관객이 쉽게 감정을 이입할 매력적 대상이었다.

이렇듯 조직과 관계하면서도 자유로운 행보를 취하는 '독고다이'적인 모습은 1960년대에 양산되었던 스파이 스릴러에서 '제임스 본드'를 흉내 내던 많은 주인공들의 특성들과도 연계되는 지점이다. 제임스 본드의 한국식 짝퉁들은 냉전 이데올로기 수호를 위해 복무하되, 조직의 규율에 얽매이지 않는 무한한 자유를 구가한 바 있다.[68] 건달이나 한국판 제임스 본드는 누구에게도 구속받지 않는 자유인의 환상을 제공한다는 점에서 서로 닮아 있다. 일탈한 자가 자유로운 법이다. 불우한 태생으로 마음의 어둠을 갖고 있는 건달이나 냉전 이데올로기에 복무하는 '짝퉁 제임스 본드'는 네이션의 어두운 현실을 상기시키지만, 그들이 구가하는 자유는 국가가 좌초시켰던 민주주의의 이상이 봉합선 사이로 삐져나와 대중과 교통하는 순간을 제공하며 관객을 매료시켰다. 이들의 모순된 면면에 대한 비판의 소리가 적지 않았음에도 영화계는 은밀하게 낭만과 자유로움을 서사에 끼워 넣는 데 열심이었다.

덕분에 영화에는 이중적인 동일시 기제와 판타지가 작동하고

68 오영숙, 「1960년대 첩보액션영화와 반공주의」, 『대중서사연구』 no.22, 2009, 39~69쪽 참조.

있는데, 이는 국가의 요구에 노골적으로 저항하지는 않으면서도 예속적 상황에서 벗어나 자기 삶의 주인이 되고 싶었던 대중들의 복잡한 마음이 투영된 판타지로 보인다. 공적인 질서가 어떤 만족스러운 해답을 제공하지 못할 때, 마음의 상처와 불우를 치유할 가능성이 희박할 때 자유로운 일탈의 판타지는 매혹적인 도피처일 수 있다. 그러나 여전히 그 현실의 기저에는 전쟁과 분단이라는 결코 가릴 수 없는 상처가 놓여 있다. 그를 둘러싼 상세한 사정을 알기 위해서는 그 불우한 청년의 옆에서 그를 돕는 여성의 존재에 관한 검토가 동반되어야 할 듯싶다.

3) 타락한 여성의 희생과 슬픔

1960년대 멜로드라마에서 고아나 건달만큼이나 주목을 요하는 것은 그 곁에 있는 '타락한 여성'69이다. 화류계 여성이나 매춘부, 미혼모와 같은 타락한 여성에 대한 한국영화의 관심은 매우 큰 편이다. 그들이 없이는 1960년대 영화가 제대로 가동될 수 없다고 할 정도로 서사에 비중 있는 역할을 수행한다. <육체의 고백>(조긍하, 1964) <잃어버린 태양>(고영남, 1964) <학사기생>(김수용, 1966) <강명화>(강대진, 1967) <미워도 다시한번>(정소영, 1968)

69 여기서 '타락'은 통상적인 도덕적 기대나 사회적 규범에서 벗어나는 섹슈얼리티 경험을 가리키는 것으로 사용한다. 당연히 '타락' 여부와 그것이 함의하는 내용은 시대에 따라 달라질 수 있다. 각 시기마다 성적 규범이나 윤리가 함의하는 내용이 다르기 때문이다. 이 글에서는 당대 사람들의 통념상 용인되지 못하는 섹슈얼리티 경험을 한 여성을 가리키는 말로 '타락한 여성'을 지칭하며, 작품 내에서 그 여성의 행위를 타락으로 규정하는지 여부를 중요한 준거로 삼았음을 밝혀둔다.

등의 본격 멜로드라마는 물론이고, <표류도>(권영순, 1960)와 같은 문예물, <검은 머리>(이만희, 1964) <빨간 마후라>, <원점>(이만희, 1967)과 같은 액션물에 이르는 많은 영화들에서 메인 서사나 서브플롯을 가리지 않고 이들의 존재가 스크린에 등장하는 것을 목격할 수 있다. 유현목을 비롯하여 신상옥, 임권택, 이만희, 정창화, 김수용, 강대진과 같은 1960년대의 대표 감독들 역시도 중심인물이 타락한 여성인 이야기를 스크린 위에 펼쳐낸 바 있다.

'타락한 여성'에 대한 애정이 얼마나 컸는지는 그들을 주인공으로 한 외국의 소설이나 영화를 번안한 작품이 여러 차례 제작되어 좋은 반응을 얻었다는 사실에서도 확인된다. 리오 톨스토이의 소설 『부활』을 번안한 <카츄샤>(유두연, 1960)는 개봉관인 국제극장에서만 10만 명의 관객을 동원했고[70] 영화 <애수(Waterloo Bridge)>(머빈 르로이, 1940)[71]를 옮긴 <애수>(최무룡, 1974)는 국제극장에서 개봉되어 관객 51,942명이라는 나쁘지 않은 흥행 성적을 거두었다. 알렉상드르 뒤마의 소설 『춘희』는 다섯 차례나 번안작이 만들어질 정도로 한국영화가 애정을 보였던 작품이었다.[72] 그 가운데 신상옥의 <춘희>(신상옥, 1959)는 국제극장에서만 11만여 명의 관객을 모은 흥행작이었으며 정진우의 <춘희>(정진우, 1967)

70 톨스토이의 『부활』을 번안·각색한 〈카츄샤〉에서 여주인공 옥녀(김지미 분)는 대학생 원일(최무룡 분)의 아이를 갖게 된 후에 고향 마을에서 쫓겨나 서울로 올라온다. 생계를 위해 서울의 카바레에서 여급으로 일하게 되나, 살인 미수 혐의로 법정에 서게 되고 결국 숨을 거두기에 이른다. 한국영상자료원 DB(http://www.kmdb.or.kr/) 참조. 2023년 10월 11일 접속.

71 한국에는 1952년 10월에 동아극장에서 개봉했다.

72 〈춘희〉는 한국에서 다섯 번이나 영화화된 바 있다. 1928년 이경손이 감독한 무성영화를 시작으로 하여, 신상옥 감독이 1959년과 1975년에, 정진우 감독이 1967년에, 김재형 감독이 1982년에 동명의 제목으로 영화를 만들었다.

는 아카데미극장에서 개봉하여 168,660명의 관객을 동원하며 그해 한국영화 흥행 3위를 기록했다.

'타락한 여성'이 가장 빈번하게 등장하는 것은 사랑담이다.[73] 주인공 남성의 연인이나 가족으로 등장하면서 그의 삶에 큰 영향을 미치거나 도움을 주는 존재로 자리한다. <울려고 내가 왔던가>는 고아 출신의 건달 청년(김진규 분)을 사랑하는 기생(도금봉 분)의 헌신적인 이야기이고, <아낌없이 주련다>는 고아 청년(신성일 분)을 사랑하다 죽음을 맞이하는 전쟁미망인 바(bar) 마담(이민자 분)의 이야기를 담고 있다. <예라이샹>은 마찬가지로 고아 출신의 가난한 고학생 청년(신성일 분)을 사랑한 접대부(문정숙 분)의 희생적인 사연을 펼쳐낸다. <맨발의 청춘>이나 <떠날 때는 말없이>처럼 유복한 집안의 여성이 고아 청년과 사랑을 나누는 경우도 있지만, 대부분은 타락한 여성에게 연인의 자리가 부여된다.

[사진-6] <예라이샹>

73 여기에 해당하는 영화로는 〈울려고 내가 왔던가〉(김화랑, 1960), 〈내 청춘에 한은 없다〉(박상호, 1961), 〈아낌없이 주련다〉, 〈상한 갈대를 꺾지마라〉(강대진, 1962), 〈청춘은 목마르다〉(박상호, 1964), 〈잃어버린 태양〉, 〈죽자니 청춘 살자니 고생〉(권철휘, 1964), 〈빨간 마후라〉, 〈나는 왕이다〉(임권택, 1966), 〈예라이샹〉(정창화, 1966), 〈길잃은 철새〉(김수용, 1967), 〈밀월〉(정진우, 1967), 〈피해자〉(김수용, 1968) 등이 있다. 한국영상자료원에 필름이 남아 있지 않은 경우는 일간지와 월간지를 비롯한 각종 언론자료와 시나리오를 참조했음을 밝혀둔다.

두 사람의 인연은 대개 동병상련의 처지에서 오는 안타까움과 연민으로 시작된다. 고아거나 고아와 다를 바 없는 불우한 처지의 두 사람이 마치 남매나 모자 관계처럼 서로의 곁을 지키며 힘이 되어주는 과정에서 사랑이 싹트게 된다는 설정이다. 여자에게 청년은 "부모나 돌봐줄 사람이 아무도 없는 … 갈 데 올 데 없이 된" 상처 입은 "새"(<예라이샹>의 문정숙 대사)이고, 청년에게 여자는 "무자비한 현실에서 버림받은 나를 따뜻하게 이끌어"준 사람이자 "산다는 보람과 … 내일의 희망을 갖게" 해주는(<울려고 내가 왔던가>의 김진규 대사) 존재이다. 가족의 결핍에 따른 서로의 상처를 확인하는 과정에서 두 사람의 신뢰 관계가 형성된다.

청년에게 쉼터로 제공되는 여자의 집이 1950년대 영화에서처럼 "서구화, 근대화와 연결된 매혹적인 스펙터클로서 전시되는"[74] 공간이 아니라 간결하고 소박한 한옥집일 때가 많은 것은, 그녀의 존재가 '가정' 내지 '가족애'와 긴밀하게 연결되어 있음을 말해준다. 두 사람에게 서로는 깨진 가정을 보완해 줄 존재이며, 두 사람의 결합은 잃어버린 가족의 복원을 의미한다.

이때 둘 간의 사랑은 육체적이기보다는 정신적 유대에 가깝다. 타락한 여자에게 청년이 이끌리는 것은 마음의 상처를 치유해 줄 심성의 소유자이기 때문이다. 아픔의 치유가 사랑의 이유이자 가치를 이룬다. 이와 관련하여 인상적인 점은 타락한 여자가 고아 청년에게 어머니 내지는 손위 누이 역할을 한다는 사실이다. 청

74 주유신, 「〈자유부인〉과〈지옥화〉: 1950년대 근대성과 매혹의 기표로서의 여성 섹슈얼리티」, 『한국영화와 근대성: 〈자유부인〉에서 〈안개〉까지』, 도서출판 소도, 2005, 13~46쪽.

년이 그녀를 '마담'이나 '여사'로 부르거나 존칭을 쓰는 경우가 빈번한 것에서 잘 나타나듯이, 여자가 남성보다 연상으로 설정되는 경우가 많으며 그렇지 않다 하더라도 여자의 성숙한 모습이 강조되는 것이 일반적이다. 이러한 연상연하 관계가 이뤄지는 주된 이유는 청년의 의존성에 있다. 여자에게 경제적이고 정서적으로 기댈 수밖에 없는 처지라는 것인데, 이는 청년의 대부분이 대학생이거나 건달처럼 일하는 사람과는 거리가 먼 상황에 있다는 점과 관련이 있다.

그런 점에서 여자가 사랑을 나누는 데 머물지 않고 남자가 성장하는 것을 목표로 삼는다는 점은 놀랍지 않다. 가령 <울려고 내가 왔던가>의 기생 성실(도금봉 분)은 전쟁으로 고아가 된 청년 태현(김진규 분)을 만나면서 그의 "성공을 위해 모든 것을 희생하겠다고 굳은 약속을"(영화 속 대사) 한다. 건달로 살아가는 태현이 "남들이 감히 쳐다도 못 볼 만큼 훌륭한"(영화 속 대사) 사람이 되는 것이 꿈이라며, 좋은 교육 환경을 제공해 줄 윤 사장(최남현 분)의 집으로 그를 떠나보낸다. 결국 청년은 그 집의 사위가 될 상황에 놓이게 되고 여자는 그 모습을 눈물을 흘리며 지켜보다 떠나게 된다. 그러나 그녀에게 후회의 기색은 없다. 남자의 성공이 그녀가 바라던 바였기 때문이다. <나는 왕이다>에서 고학생 청년(신성일 분)이 학업에 열중하도록 무엇이든 돕겠다는 말을 되풀이하는 바 마담(이민자 분)이나, <예라이샹>에서 장래가 촉망되는 법학도 청년을 위해 위악적으로 타락해 가는 클럽 여급(문정숙 분)도 다 같은 마음가짐이다. 남자가 새로운 인간으로 성장하는 것이 자신의 소망임을 밝히며, 그 과정인 남자의 교육을 위해 어떤 희생도 감수하겠다는 의지를 보여준다.

남성이 더 나은 사람이 되려면 학업에 정진해야 한다는 여성의 생각은, 전통적인 젠더-섹슈얼 정치학에서 크게 벗어나지 않으며, 강한 나라를 위해서는 현대 교육을 통해 새로운 시민—종종 젠더화된 남성—을 생산해야 한다는 국가적 요구와도 긴밀히 연관돼 보인다. 이러한 네이션 강화 프로젝트가 작동되기 위해 필요한 것은 여성의 희생이다. 그를 반영하듯 영화는 남자의 성장을 위해서 여성이 희생하는 자발적 과정을 보여주는 일에 집중한다. 어머니나 손위 누이가 그러하듯 여자는 남자에게 힘이 되어주는 역할을 자처하며, 집이 없는 청년에게 방을 내주고 아플 때면 보살펴 주며 경제적으로 원조한다. 청년의 성장에 물적, 정신적 토대를 제공하는 헌신적인 원조자의 역할을 수행하는, 결코 수동적이지도 의존적이지도 않은 이러한 모습은, 이 여성을 국가의 대리인으로 볼 여지를 남기기도 한다.

그러나 그녀의 이러한 역할이 가능한 이유는 경제적인 능력, 즉 타락이라는 대가를 지불하고 얻은 직업이 있기 때문이다. <울려고 내가 왔던가>에서 기생(도금봉 분)이 전쟁고아인 건달 청년(김진규 분)을 지원하고 <예라이샹>의 접대부(문정숙 분)가 4·19로 부상당한 고아 출신의 대학생 청년을 보살필 수 있었던 것은 모두 그녀가 화류계 생활을 하면서 벌어온 돈 덕분이다. 남자의 성장을 가능케 하는 궁극적 기반이 여성의 타락에 있기 때문에 그가 교육 과정을 마치거나 약속된 미래에 더 가까워질수록 그녀가 더욱 타락하게 되는 것은 당연한 귀결로 보인다.

두 사람이 결혼과 같은 결실을 맺는 경우는 매우 드물다. 남자의 성공을 위해 타락한 여성이 스스로 떠나거나 죽음에 이르는 것으로 이야기는 마무리된다. 때문에 1960년대의 멜로드라마의 애정담은 한결 비극적인 모양새를 얻게 되었다. 사랑 때문에 더 나락으로 떨어지고, 남자의 성공을 위해 아낌없이 희생했으나 그 희생이 결국 연인을 잃는 이유가 되는 드라마는 매우 큰 슬픔을 자아낸다. 그러나 청년의 좌절과 상실감도 그에 못지않다. 자신을 위해 헌신하고 종국에는 희생되는 연인을 그저 바라보고만 있어야 하는 남성은 무력감과 자책으로부터 자유로울 수 없다. 자신을 위해 모든 것을 바친 사람을 희생양으로 삼는 성장담에서 행복한 사람은 없다. 행복은커녕 더 큰 심리적 고통을 안게 된다는 점에서는 남녀가 다르지 않다. 당대의 평론은 이러한 불행을 가리켜 "암울(暗鬱)한 센티멘털리즘"이라고 말했거니와[75] 비극적인 이들의 사랑담은 빠르게 변해가는 현대 풍속의 묘사와 세태풍자가 주를 이루던 1950년대의 이른바 '현대 멜로드라마'의 사랑담과는 다르게, 매우 감상적이면서 어두운 풍경을 보유한다.

타락한 여성이 주연의 자리를 점거하며 꾸준히 관객의 공감을 얻은 시대적 맥락이 무엇인지에 답하기 위해서는 그녀의 타락의 배후에 식민지 경험이나 전쟁이 놓여 있다는 사실에 다시금 주목할 필요가 있다. 영화 속에서 불우의 진원지에 대해 직접적으로

75 「저변청춘의 통고-신성일 주연 〈불타는 청춘〉」, 『주간한국』 통권77호, 1966. 3. 13., 23쪽.

언급하는 대목은 드물지만, 고아와 건달, 타락한 여성의 존재 자체가 네이션의 아픈 현실을 상기시킨다. 네이션의 고통은 직접적으로 제시되기보다는 이들이 겪은 고난을 상상하는 과정에서 유추의 방식으로 재구성된다. 여성의 타락이 성적 욕망이나 방종과 연관된 경우가 드물다는 점도 그러하다. 이를테면 접대부의 직업은 자신의 욕망 때문이 아니라 시대적 상황에 따른 것, 가족 부양과 같은 생존의 필요에 의해 불가피하게 선택된 것이다. 그녀의 타락은 개인의 불행이 아닌 네이션의 불우임을 드러내며, 그들의 불행은 네이션의 공동 운명과 연결된다. 고아 청년과 타락한 여성이 맺어가는 가족과 같은 관계에도 전쟁과 분단으로 이산된 가족의 아픔이 반영되어 있다.

이런 상황에서 남녀가 발랄한 태도로 세상과 관계를 맺고 애정의 행복한 결합을 보여주었다면 그것이야말로 허위일 것이다. 멜로드라마는 사랑의 비애를 실현함으로써 한국적 근대화의 심리적 현실에 다가간다. 전쟁으로 부모를 잃은 남자에게 여자와의 사랑이 잃어버린 가족의 복원을 의미하는 것이었다면, 남자의 성장과 성공적인 사회 진입을 위해 여자가 물러나게 되는 결말은 성장을 요구하는 근대화의 배후에 전쟁의 기억과 상처가 억압된 채로 감춰져 있음을 드러낸다.

1960년대 영화에는 1950년대와는 다르게 여성을 탈 성적 존재로 바라보는 남성의 시선이 전면화된다. 타락한 여성은 성적으로는 정숙하지 않지만 누구보다 고결하다. 영화의 말미에 그녀는 '훌륭한 사람'이라는 찬사를 받거나 종교인보다 더욱 속 깊은 믿음을 보여주는 존재임이 밝혀지곤 한다.[76] 그녀는 도덕적 가치를 지닌 인물로 재현되며 시련과 헌신의 과정을 통해 그 도덕적 가치는 더욱 강조된다. 희생자와 그들의 미덕에 초점을 맞추는 것이 멜로드라마의 관례이긴 하지만[77] 시대의 무고한 희생자에서 더 나아가 당대인의 마음속에 이상적 존재로 부각되는 과정은 유난해 보일 정도이다.

네이션의 불행으로 인해 희생된 자들이라 해서 모두 슬픔이나 애도의 대상이 되지는 않는다. 주디스 버틀러는 한 사회문화적 맥락 내에서 슬퍼할 수 있는 대상에는 위계가 존재한다고 주장한 바 있다.[78] 지위가 높은 사람이나 장소 또는 사물은 더 많이 기억되고 공개적으로 애도될 수 있는 반면에 사회적 약자들은 공적 영역에서 애도의 서사로서 성공적으로 동원될 수 없다는 것이다. 이런 점에서 보자면 고아 청년이나 건달, 타락한 여성은 국가가 정당한 애도의 대상으로 받아들인 존재가 아니다. 도덕과 윤리의 이름으로 보수적인 시선에 의해 낙인찍히며 공동체에서 소외되어 온 이들이다. 지위나 사회적 수용 가능성과 관련하여 감정이나 기억이 위계화되듯이, 그들의 기억이나 감정은 사회문화적 맥락에서 인정받지 못했으며 적절하고 건강한 애도를 받을 권리를 부정당했다.

76 〈피해자〉에서 요정 마담으로 일하고 있는 고아 출신 정숙(문정숙 분)은 종교인들보다 더욱 신실하고 거룩한 종교 정신을 보여준다.

77 Linda Williams, Ibid., p.66.

78 Judith Butler, *Precarious Life: The Powers of Mourning and Violence*, Verso, 2004, pp.19~49.

인상적이게도 영화는 사회에서 주변화된 사람들을 스크린에 호출하고 국가의 불행으로 파괴당한 그들의 삶을 구현한다. 순정했던 여인이 타락하는 순간은 연민을 자아낸다. 그녀가 남자를 구제하기 위해 희생한 대가를 받기는커녕 스스로 물러나거나 나락에 빠지게 된다는 설정은 강한 슬픔을 유발한다. 이 연민과 슬픔이 '파시즘적 민족주의' 내지는 '신파적 민족주의'가 호소하는 눈물[79]과는 그 성격이 근본적으로 다르다는 점은 말할 것도 없다. 1960년대는 전쟁과 분단의 트라우마가 가시화되고 있었지만 그것의 치유나 극복이 시작되기도 전에 냉전이나 발전국가 체제하에서 지워지거나 억눌려야 했던 때이다. 이런 통제된 상황에서 영화는 불행한 역사의 과정이 낳은 아픔과 상실감을 대면할 기회를 마련하고 고통을 드러낼 권리마저 박탈당했던 이들에게 슬퍼할 자격을 부여하는 것을 하나의 임무로 삼았던 듯하다. 이렇듯 역사의 배후에서 희생되거나 지워진 존재들에 대한, 작지만 사소할 수 없는 애도의 장을 제공했다는 점이야말로 1960년대 멜로드라마가 지닌 문화적 가치일 것이다.

79 이호걸, 『눈물과 정치』, 따비, 2018.

4. 수치의 경험과 기억

1) 파토스로서의 수치심

1960년대의 한국영화에서 장르를 불문하고 폭넓게 목격되는 감정 중 하나는 수치심이다. 가족드라마에서 통속 신파물, 청춘영화, 전쟁영화, 계몽영화, 모더니즘 영화에 이르기까지, 수치의 감정이 한국영화 전반에 비중 있게 등장하고 있음을 목격할 수 있다. 이 시기 영화들에 사생아나 건달, 혹은 미혼모, 기생, 마담, 바 걸, 창녀와 같은 타락한 여성이 스크린의 중심부로 대거 등장했던 것도 수치심 유발을 위한 서사적 전략의 일환일 수 있다. 사회에서 인정받지 못하고 무시당하는 정도로 따지자면 누구에게도 밀리지 않을 사람들이기 때문이다.

이를테면 <울려고 내가 왔던가>는 건달이 된 고아 청년(김진규 분)과 타락한 여성(도금봉 분)의 사랑을 다룬 멜로드라마이다. 청년은 한국전쟁으로 부모를 잃고 밑바닥 인생을 살아왔다. 그가 사랑하게 되는 여인 역시도 전쟁통에 고아가 되어 부모 대신에 어린 동생을 건사하기 위해 기생이 된 여자이다. 건달 혹은 기생이 될 수밖에 없었던 불가피한 사정이 있었음에도 불구하고 두 사람은 자신의 불우한 처지에 대해 부끄러움을 갖고 있다. 모두 다 스스로가 못난 탓이라는 생각을 갖고 있는 까닭이다.

가족 멜로드라마에서도 수치심은 파토스를 유발하는 기제로 자주 호출된다. <박서방>(강대진, 1960)이나 <마부>(강대진, 1961)에서 주인공인 아버지(김승호 분)는 늘 수모를 당한다. 천한 직업이나 가난 때문에, 혹은 교양이 없다는 이유로, 그도 아니면 신체적 장애로 인해 업신여김을 당하거나 무시당하기 일쑤이다. 수치심의 정도가 자기 정체성에 균열을 일으킬 만큼 심각한 것은 아니지만, 그것의 치유 문제가 서사의 중심에 놓일 정도로 수치심이 비중 있게 다뤄진다.

주인공이 괜한 자존심을 내세우며 사랑하는 여자를 때리는 폭력적 행동이 이 시기 영화들에 흔하게 목격되는 것도 같은 맥락일 것이다. 가령, 멜로드라마인 <떠날 때는 말없이>에서 주인공 명수(신성일 분)는 회사 사장 딸인 미영(엄앵란 분)의 호의에 대해 반감을 표한다. 자신을 도우려는 미영의 희생적 행동에도 분노로 응대한다. 두 사람이 결혼한 뒤 어려운 살림에 보탬이 되려고 집에서 부업으로 재봉일로 시작한 아내에게 남자는 고마움이나 미안함을 표하기보다는 분노로 응수한다. 수치심에 사로잡힌 그에게는 호의조차도 달갑지 않다. 그의 내면에 자리한 열등감 때문인데 결국 그는 근거 없는 오해로 아내를 죽게 만든다. 수치를 딛고 일어서려는 노력마저 더 큰 모욕의 경험을 불러오는 계기가 되는 것은 비단 이 영화만의 사정이 아니라 이 시기 영화들에서 자주 목격되는 서사 관습이다.

문예영화도 예외는 아니다. 하대받는 인물을 이야기의 주체로 하는 소설들이 이 시기에 즐겨 영화화됐던 것 역시도 수치심을 육화시키려는 한 방도로 보인다. <일월>은 "사람이 아니라는 시선 속에 살아야 했고, 죽어서까지 천대받았던 존재"(대사의 일부)인 백정의 이야기를 담고 있고 <메밀꽃 필 무렵>(이성구, 1967)은 장돌뱅이의 이야기를 담은 소설을 호출한 문예영화이다.80 두 작품의 원작은 시대적 배경이나 맥락이 서로 다르지만, 영화는 원작에 비해 수치를 당하는 장면을 늘이고 그것이 낳은 감정적 반향의 비중을 늘리는 공통된 모습을 보여준다.

흥미로운 점은 주변 인물들의 태도이다. <표류도>에서 여자의 살인이 자신을 모욕한 상대에 대항하는 행위임이 밝혀지는 순간, 그 행위는 "일종의 자기 보존의 본능에서 온 정당방위"라고 변호된다. 주체가 자신의 육체를 통제할 정신과 의지를 상실케 할 정도로 수치심은 심각한 감정이므로 살인마저도 이해될 수 있다는 것이다. 그만큼 수치의 경험과 감정이 당대의 사람들에게 널리 이해받고 있었음을 가늠케 하는 대목이다. 이 시기 영화들에 자주 등장하는 것은 괜한 수치심에 사로잡혀 여자의 뺨을 때리는 남자의 모습인데, 이 순간 여성은 화를 내거나 실망하기보다는 오히려 그의 진정성을 더욱 절실하게 깨닫는 듯한 태도를 보인다. 심지어는 그 폭력을 자신을 향한 사랑의 징표로 받아들이며 행복하다는 말을 하기도 한다.

서사의 뼈대를 이루는 사건 이외에도, 맥락 없이 자조적인 말들을 내뱉는 순간이 빈번하다는 점은 자아를 위협할 정도로 수치심이 인물을 지배하고 있음을 드러내 준다. 하시라도 인물들을 위태로운 상황에 처하도록 만들고 때론 죽음과 파멸의 상황으로 이끌 만큼 수치심은 위험한 감정이지만, 그러한 감정이 당대의

80 〈일월〉은 황순원이 『현대문학』에 1962년에서 1964년에 걸쳐 연재한 동명의 장편소설을 영화화한 작품이고, 〈일월〉과 같은 해에 〈메밀꽃 필 무렵〉은 이효석이 1936년에 『조광』에 발표한 동명의 단편소설을 원작으로 한다.

집단적 정서로 자리하고 있고 그 감정을 충분히 납득할 수 있다는 공감대가 당시의 대중에게 형성되던 때라고 할 수 있다.

수치심의 치유에 대해 외견상 가장 긍정적인 해법을 제공하는 것은 계몽적 성격의 영화이다. <쌀>(신상옥, 1963)이 대표적 경우이다. 영화는 전쟁이 낳은 수치심을 전면에 내세우며 출발한다. 첫 장면은 상이군인과 '타락한 여성'의 대화로 이뤄진다. 전쟁으로 육체가 절단 내지 훼손당한 상이군인들과 그들 못지않게 전쟁으로 고통받고 있는 화류계 여성들이 벌이는 설전은, 당시에 수치심이 너 나 할 것 없이 안고 있던 문제적 감정임을 드러낸다. 이후의 서사를 채우는 것은 전쟁으로 절름발이가 된 상이군인 용이(신영균 분)가 고향으로 돌아와 황무지를 근대적으로 개척하는 일에 뛰어들게 되고 그러한 과정을 통해 자존감을 회복하기까지의 지난한 여정이다. 용이는 댐 사업을 성공시킴으로써 자신이 결핍된 주체가 아니라 마을의 지도자이자 가족의 가장으로서 적합한 인물임을 재확인하게 되고 결과적으로 마음의 상처를 치유하게 된다. 이 영화가 제시하는 것은, 전쟁이 낳은 중요한 문제가 자존감의 훼손에 있으며, 그것의 치유와 극복이 긴요한 과제라는 것, 그리고 그러한 과제는 근대화 운동을 통해 가능하다는 비전이다. <쌀>은 국책영화는 아니었지만, 전후의 남성 주체성의 재건을 위해 이 영화가 제시하는 해결법은 이후 박정희 정권이 내걸게 되는 농촌계몽과 발전 담론, 근대화 정책과 일맥상통하는 면이 있다. 외관상으로 보자면 <쌀>은 주인공의 수치심이 치유되는 것으로 이야기가 마무리된다는 점에서 근대화라는 비전으로 전쟁의 트라우마를 지우거나 가리기에 성공한 영화로 보인다. 이것을 국가의 시선에서 말하자면, 조국 근대화의 정당성을 설득하기 위해서는 우선 처리해야 할 대중감정이 수치심이었음을 알려준다.

하지만 <쌀>처럼 계몽적 어법을 취한 경우를 제외하면, 대다수의 영화는 수치심으로 무너져가는 사람들의 이야기로 구성된다. 박경리의 동명 장편소설을 영화화한 <표류도>는 법정 장면까지 마련하면서 수치심이 유발하는 치명적 고통을 역설하고 있다. 전쟁통에 남자를 잃고 사생아를 낳아 키우는 마담(문정숙 분)은 고결한 성격의 소유자이지만 한 남자를 우발적으로 살해하게 된다. 살인은 그 남자가 자신에게 모욕적 언사를 퍼붓는 순간에 벌어진다. 여자의 대사를 그대로 빌리자면, 그 순간에 경험한 수치는 너무나 고통스러운 감정이기에 "땅이 흔들리고 하늘이 무너져 내리는" 정신착란의 상태로 치닫게 되었다는 것이다. 모욕의 경험은 온전한 정신 상태를 유지할 수 없는 자기 파괴적 상태로 이끌고 살인을 불사할 정도로 치명적인 것임이 법정이라는 공개적 장소에서 분명히 명시된다.

당연히 관객의 입장에서 스크린 속의 수치의 경험을 목격하는 것이 즐거운 일일 수는 없다. 아리스토파네스에 따르자면, 수치심은 자신이 모든 것을 통제할 수 없다는 사실을 인정하면서 나오는 고통스러운 감정이다.[81] 그 감정의 바탕에는, 이전에는 그렇게 생각하지 않았지만 지금의 자신은 무력한 존재일 뿐이라는

81 마사 C. 누스바움, 조계원 옮김, 『혐오와 수치심』, 민음사, 2015, 335쪽.

아픈 자각이 놓여 있다. 주인공의 자조적 태도나 누군가를 위해 수치의 상황을 감내하는 순간은 정서적 호소력을 높이지만 동시에 관객을 불편하게 하는 요인이 되기도 하다. 이런 위험에도 불구하고 대중이 즐겨 찾던 영화들에 이렇듯 부정적 감정이 편재할 수밖에 없었던 이유는 무엇일까.

2) 수치심의 기원

어떤 연유에서 수치심이 1960년대의 스크린에 넘쳐나게 되었는지에 답할 차례이다. 위에서 살펴보았듯이, 개인이 갖게 되는 수치심은 민족적 역사에서 기인하는 집단적인 수치심에 대한 거울상으로 존재한다. 그리고 수치심이 심화될수록 부끄러운 자아에 대한 응시라는 문제로 전환되는 궤적을 보인다. 수치심의 재현 방식과 수위에 있어서도 다양한 편차가 존재하며, 자기 응시라는 대처법이 당대의 대중영화 일반에 한결같이 구현된다고 말하기는 어렵다. 1960년대는 외견상 무국적인 영화라 할 만한 작품들이 대거 등장했던 시기이다. 수치심이 이 시기의 문제적 감정이라면, 한국적 상황과 가장 멀리 떨어져 있는 영화를 원안으로 하는 작품을 살펴보는 작업도 나름의 의미가 있을 듯하다. 수치심의 기원을 탐색하기 위한 우회적인 방법으로, 왜색 짙은 영화라는 이유로 가치 폄하되었던 작품을 들여다보기로 하자.

1960년대 중반기의 대표적인 흥행작인 <맨발의 청춘>은 당시 저널에서 말하듯이 이른바 '국적 불명의 청춘영화'[82]에 속한다.

82 「문예영화「붐」/ 윤색되는「관객의 눈」/「쿼터」에 매력 느낀 제작자에 자극」,『중앙일보』, 1966. 3. 5., 5면.

일본 청춘물을 그대로 표절했다는 혐의에서 자유롭기 어려운, 그래서 아직까지도 논란이 되고 있는 작품이다. 잘 알려져 있듯이 후지와라 신지(藤原審爾)가 쓴 동명의 단편소설을 영화화한 <진흙투성이의 순정(泥だらけの純情)>(나카히라 고, 1963)이 원안이다. 건달인 사내가 상류층 출신의 여성을 만나 더없이 순정한 사랑에 빠지지만 두 사람의 결합을 막는 현실의 벽 앞에서 결국 자살을 선택한다는 줄거리는 두 영화가 공유하는 바이다. 인물 설정과 내러티브의 흐름, 의상이나 카메라 워크를 비롯한 세세한 디테일에 이르기까지 <맨발의 청춘>이 일본의 원작에 많은 빚을 지고 있음을 확인할 수 있다. 게다가 클럽이나 파티를 비롯하여 한국의 현실과 무관한 풍경들이 비중 있게 등장한다는 점에서 적지 않은 비판을 받았다. 그러나 이 영화는 높은 흥행 성적을 거두었고 많은 아류작을 낳으며 청춘영화가 1960년대의 대표적 장르가 되도록 이끌었다.

그런 한편으로 <맨발의 청춘>만의 고유한 특징이 존재하는데 그것은 이 작품이 당대의 중요한 심리적 현실과 맞닿아 있음을 보여주는 단서가 된다. 그와 관련하여 눈길을 끄는 것은 주인공의 감정이다. 주인공 두수(신성일 분)가 집요하게 되풀이하는 것은 세상이 자신을 무시한다 싶어 행하는 위악적인 몸짓이다. "깔보지 마", "모욕하지 마", "무시하지 마"와 같은 말들의 빈번한 등장은 두수의 내면에 놓인 깊은 상처를 암시한다. 두수는 스스로를 쓰레기로 혹은 송충이보다 못한 존재라고 부를 만큼 낮은 자존감을 갖고 있다. 건달 생활은 그에게는 소속감보다 자격지심을 자극하는 요인이며, 자신에게 찾아온 순정한 사랑은 그에게 내재한 수치심을 일깨우는 계기가 된다.

<맨발의 청춘>과 원안인 일본 작품의 차이는 많은 유사성에 비하면 사소한 부분에 불과해 보이지만, 정작 중요한 것은 미세한 차이가 갖는 맥락이다. 의식적이든 무의식적이든 새로이 첨가되거나 변형을 통해 만들어지는 사소한 차이가 의미심장한 문화적 기호로 읽힐 수 있다. 모든 사회는 "제각기 자기 고유의 형상, 목적, 의미를 가지고 있"으며 "그러한 것들을 제도, 예술, 학문을 통해 표현"하기 마련이다.[83] 비록 이 영화가 '베끼기'의 산물이라 하더라도, 영화제작 과정에서 어떤 방식으로든 당대의 경험을 응시하고 그 의미를 반영하고 재구성하는 작업이 이뤄진다. 한국의 청춘영화를 논한 연구들은, 일본영화의 모방에도 불구하고 이 장르의 생산과 소비가 한국사회의 특수한 사회변화와 밀접한 관련을 맺고 있음을 입증해 보인 바 있다.[84]

[사진-7] <맨발의 청춘>

83 돈 미첼, 류제헌·진종헌·정현주·김순배 옮김, 『문화정치 문화전쟁』, 살림, 2011, 122쪽.

84 청춘영화의 한국적 맥락에 대한 논의로는 이우석과 정수완의 논의를 참조하라. 이우석, 「1960년대 청춘영화 형성과정에 대한 연구」, 중앙대학교 석사학위논문, 2004; 정수완, 「1950~60년대 한일 청춘영화 비교 연구」, 『영화연구』 26호, 2005, 323~340쪽.

그런 의미에서 <맨발의 청춘>에서 보이는 원작과의 차별성은 좀 더 세밀하게 독해할 필요가 있다. '표절'이라 부를 만큼 유사하게 만든다 하더라도 베끼기 과정에서 당면한 시대현실이 개입할 수밖에 없다. 통제된 사회에서라면 오히려 모방과 표절을 알리바이 삼아 어떤 절실한 현실의 윤곽을 드러내는 이미지와 서사가 만들어질 수 있기도 하다. 앞서 <맨발의 청춘>에서 만연하고 있는 수치심을 지적한 바 있거니와, <진흙투성이의 순정>과 갈라지는 차이들 가운데 수치심과 상호 연관되어 보이는 몇 가지 대목들은 주목할 필요가 있어 보인다. 이들은 임의적인 차이라기보다는 1960년대 한국 사회와의 연관성을 들여다보게 할 어떤 의미 있는 국면들을 제시한다.

우선 언급할 것은 불우한 가족사이다. <진흙투성이의 순정>에서 청년 지로가 야쿠자의 길을 걷게 된 데에는 "아버지가 넝마주이고 어머니는 접대부"(지로의 대사)가 될 수밖에 없었던 가난이 놓여 있다. 그에 비해 <맨발의 청춘>에서 두수의 사정은 좀 더 복잡하다. 두수 역시 경제적으로 여유로운 편은 아니지만, 그에게 빈곤 자체가 큰 문제가 되는 것처럼 보이지 않는다. 실제로 영화 속에서 두수는 부자가 되고자 하는 욕망을 내비치지 않으며, 현대적 클럽을 자유롭게 오가는 그에게 경제적 결핍이나 곤란을 느끼게 하는 부분은 없다.

두수에게 진짜 문제는 부모의 부재라는 불우한 상황이다. 일본 원작인 <진흙투성이의 순정>은 남녀 결합의 장애로 신분과 빈부의 격차를 설정하고 있지만, <맨발의 청춘>은 그보다 더 문제적인 조건으로 부끄러운 이력의 부모를 둔 고아라는 처지를 더하였다. 이러한 태생적 한계가 빈곤이라는 계급적 문제에 앞서 그를 감정적으로 힘들게 만드는 진짜 문제라는 것이다. 두수의 대사를 그대로 가져오자면, "아버지는 형무소살이 하다 죽었고, 엄마는 갈보였다." 이러한 처지는 일본 원작보다 주인공의 내면을 더욱 어둡게 만든다. 많은 돈을 번다 해서 해결될 수 있는 사안이 아니기 때문이다. 자력으로는 결코 회복될 수 없는 한계가 계속하여 그를 세상과 불화하는 상황에 처하게 만든다는 것인데, 그렇기에 <진흙투성이의 순정>의 주인공 지로가 보여주는 밝고 명랑한 이미지를 두수는 결코 취할 수가 없다.

<진흙투성이의 순정>의 마지막 장면은 지로의 관을 뒤따르는 사람들의 행렬을 보여준다. 가족과 야쿠자 조직원들의 애도 속에 지로의 장례식이 치러짐을 알리는 이 장면은 지로와 두수의 차이를 분명히 한다. 야쿠자 지로에게는 비록 가난하지만 가족이 있고 한 식구처럼 지내는 조직원들이 있지만, 두수에게는 그러한 존재들이 부재한다. <맨발의 청춘>에서 의형제처럼 지내는 똘마니(트위스트 김 분)가 두수의 시체를 실은 손수레를 홀로 끌고 가는 마지막 장면은 두수의 외로운 처지를 다시금 강조한다.

원작에 없던 인물이 추가되었다는 사실도 주목을 요하는 부분이다. 영화 속 인물의 대부분이 일본의 원작에서 그대로 가져왔지만, 새로운 인물이 등장하기도 하는데 재키가 그런 경우이다. 재키는 두수와 같은 곳에 거주하는 접대부 여성의 아이로, 과거 양공주로 일하던 시절에 '양키'와의 사이에서 얻은 혼혈아이다.

재키의 엄마는 남편 없이 홀로 아이를 양육하기 위해서라면 '부정한' 직업도 마다할 수 없는 처지이다.

어린 혼혈아 소녀 재키가 등장하는 시간은 짧지만, 전쟁 혼혈아인 그녀의 존재는 두수의 불우한 삶에 시대적 맥락을 부여한다. 재키의 개입을 통해 두수가 거주하는 남루한 공간은 가난을 상징하는 보편적인 의미에서 더 나아가 한국전쟁으로 대변되는 국가적 불행이라는 컨텍스트를 얻게 된다. 게다가 '갈보'였던 두수의 어머니는 양공주나 접대부로 일해야 하는 재키 엄마와 병치되면서 보다 분명한 비유적 의미를 갖게 된다. 영화는 재키가 두수를 아빠라 부르며 쫓아오는 장면까지 삽입하여 아비 없는 혼혈아 소녀의 결핍감을 강조하는데, 사실상 이러한 결핍감은 두수에게도 해당하는 것이면서 나아가, 분단과 전쟁에 따른 대규모의 이산으로 당대 한국인이 품고 있던 '뿌리 뽑힘'의 정서와 연결되는 것이기도 하다. 어린 혼혈 소녀는 두수의 거울과 같은 존재이며, 아비 없는 두 사람의 처지는 결핍 상태인 국가의 운명을 지시한다. 두수가 이웃의 고아 소녀를 바라보는 것에는 단순히 연민이나 동정에서 더 나아가 자신의 운명 역시 이 혼혈아의 운명과 다르지 않다는 비감이 녹아 있다. 혼혈 소녀의 등장은 두수가 갖는 불우함의 저변에 전쟁이 놓여 있음을 암암리에 드러내면서, 결국 전쟁으로 인한 트라우마가 두수의 내면을 잠식하는 주 원인임을 드러낸다.

이와 관련하여 그냥 지나치기 어려운 점은 두 영화에 삽입되는 노래의 성격 차이다. <진흙투성이의 순정>에서 자살하기 직전에 지로는 노래를 부르는데, 일본 대중가수 무라타 히데오(村田英雄)의 노래 <오쇼(王将)>[85]가 그것이다. 당대에 크게 히트한 유행가인 이 노래의 가사는 다음과 같다.

불면 날아갈 듯한 장기알 위에
걸어둔 내 목숨을 웃을 테면 웃어라
내가 태어난 곳은 오사카의 八百八橋[86]
달은 알고 있겠지, 나의 기개를

이리저리 살 방도를 강구하던 나의 마음
허물어진 쪽방에서 올해도 저물었다
푸념도 하지 않는 나의 아내 고하루
억지로 짓는 미소가 애처롭고도 귀엽다

내일 도쿄에 나가면
무슨 일이 있어도 이겨야 한다
환히 불 켜지는 쓰텐카쿠에
나의 투지가 다시 타오른다.[87]

85 이 곡은 무라타 히데오가 1961년 11월에 발표한 노래로, 150만 장의 매출을 기록한 그의 최대 히트곡이었으며 이 곡으로 1962년 제4회 일본 레코드 대상 특별상을 수상했다. 일본 위키피디아(https://ja.wikipedia.org/wiki) 2023년 11월 16일 접속.

86 노래말 속의 八百八橋(핫빠쿠야바시)는 오사카의 지명으로, 빈민 지역을 가리킨다.

87 노래말의 일본어 원문은 다음과 같다.(번역: 필자)

吹けば飛ぶような 将棋の駒に
賭けた命を 笑わば笑え
うまれ浪花の 八百八橋
月も知ってる おいらの意気地

あの手この手の 思案を胸に
やぶれ長屋で 今年も暮れた
愚痴も云わずに 女房の小春
つくる笑顔が いぢらしい

明日は東京に 出てゆくからは
なにがなんでも 勝たねばならぬ
空に灯がつく 通天閣に
おれの闘志が また燃える

오사카 빈민가 출신으로 어둠의 세계에 몸을 담게 된 사내의 심리를 담은 이 노래는 살 방도를 찾아 야쿠자가 될 수밖에 없었던 지로의 마음을 표현한다. 자신의 처지를 대변하는 듯한 이 노래를 지로가 홀로 부르면, 곁에서 노래를 듣던 여주인공은 감정이 북받친 듯 눈물을 터뜨린다.

그러나 <맨발의 청춘>은 이와는 유다른 선택을 보인다. 자살하기 직전에 주인공이 노래를 부른다는 점은 원작과 다르지 않지만 연인과 함께 부르는 그 노래의 성격에서 차별화된다. 두 사람이 합창으로 들려주는 노래는 <고향의 봄>이다.

> 나의 살던 고향은 꽃피는 산골
> 복숭아꽃 살구꽃 아기 진달래
> 울긋불긋 꽃대궐 차리인 동네
> 그 속에서 놀던 때가 그립습니다

한국인의 국민 동요라 일컬어지는 이 노래는 1923년에 이원수가 작사하고 홍난파가 작곡한 것으로, 식민지기에 조국을 떠나 만주, 연해주 등지에서 독립운동을 하는 운동가들이 일본에 빼앗기기 전의 조선을 그리워하는 심정을 우회적으로 표현한 곡이다. 더구나 이 노래를 부르는 때가 두 사람의 사랑이 싹트던 첫 데이트의 순간과 죽음을 목전에 둔 절박한 상황임을 감안한다면, 이 노래의 등장이 점하는 효과에 대한 해명이 필요해 보인다.

서사의 가장 중요한 순간에 두 남녀가 함께 부르는 곡이 왜 하필 이 노래였는지를 알려주는 단서는 영화 안에 존재하지 않는다. 두 사람에게 고향에 대한 그리움이 언급된 적은 없으며, 고향으로 상징되는 따뜻한 유대가 강조되지도 않았다. 사실상 고아인 두수에게는 고향에 대한 기억 자체가 부재하며 그가 즐겨 찾는 클럽의 음악이나 요안나가 전공으로 하는 클래식 음악 역시도 고향의 정서와 무관하다. 게다가 두 사람 모두 '국적 불명'의 '수입된 청춘'이란 말을 들을 정도로[88] '한국적인' 생활 패턴과는 다른 삶을 살아가는 인물들이다. 텍스트 내부의 단서로는 그저, 영화의 전반부에 요안나가 이 노래를 읊조리면 옆에서 듣고 있던 두수가 그 노래가 어떤 곡이냐고 질문하는 장면 정도가 제공되어 있을 뿐이다. 그렇기에 두 사람이 클라이맥스에서 고향에 대한 그리움을 담은 이 노래를 부른다는 점이 일견 뜬금없어 보이기도 한다.[89] 그러나 바로 이러한 뜬금없음이 오히려 이 영화의 고유성을 더 강렬하게 드러낸다. 일본영화를 모방하는 와중에 끼어든 이러한 부분들은 전체 맥락에서 도드라지고 갑작스럽다는 점에서 시대의 마음자리를 노출하는 일종의 증상이라 할 수 있다.

이 점에서 앞에서 언급한 바 있던, 두수의 아버지가 "형무소살이 하다 죽었다"는 사실을 상기할 필요가 있다. 두수에게 고향이라는 것이 있다면 그것은 안락하고 따뜻한 정서적 공간과는 거리가 멀다. 오히려 그곳은 아버지라는 존재와 겹쳐 있는 곳, 외면할 수도 지울 수도 없는 낙인을 부여한 곳, 그에게 복구되기 어려

88 「[영화에서 본 청춘상] ② 수입청춘형 / 출발부터 표절 「붐」 / 비뚤어진 행동을 통념화 할 기도도 / 화중 인물 역시 「국적」이 모호」, 『대한일보』, 1967. 1. 9., 4면.

89 노래를 제외하면 영화에서 실제로 고향이 언급되는 경우는 없다. 서울이 아닌 공간에 대한 그리움도 마찬가지로 부재한다.

운 흉터를 남긴 곳이다. 그가 고향을 떠올린다는 것은 아버지라는 존재와 마주하는 일이고, 결국 열등감을 자극하는 자기 내면의 상처와 마주하는 일이 된다. 그러므로 절명의 순간에 놓인 청춘 남녀가 고향을 노래하는 의미는 단순할 수 없다. 거기에 덧붙여 천애 고아라는 그의 처지와 이웃에 사는 양공주의 혼혈아 딸의 불우까지 포개어 놓으면, 이 고향의 노래는 식민지 경험부터 한국전쟁과 분단의 상흔에 이르기까지 그 함축적 의미가 확장될 여지를 갖는다.

앞에서 살펴보았듯이 <맨발의 청춘>은 일본 원작과는 다르게 아버지를 빈민층 출신이 아니라 형무소에서 죽은 사람으로 설정한 바 있다. 그러한 변화가 야기하는 효과는 무엇일까. 영화 안에서는 그에 관한 구체적인 사연이 제공되지 않지만, 비슷한 시기에 제작된 다른 영화들을 겹쳐 놓을 때 서로의 비어 있는 정보를 채울 수 있다. 한 예로 <산천도 울었다>(강찬우, 1965)는 아버지의 형무소살이가 의미하는 바를 헤아리게 해준다. 사연은 이러하다. 이 작품의 주인공인 남자는 한국전쟁기에 가족을 잃었다. 피란길에 아내의 죽음을 목도해야 했고, 이후에 모종의 사건으로 형무소살이를 하게 되면서 딸아이의 생사마저 알지 못하는 처지에 놓이게 되었다. 가족을 지키지 못했다는 자괴감에 빠진 그는 "딸을 딸이라 부를 자신을 잃어버린 인간"이자 "전과자란 딱지가 붙은 쓸모없는 쓰레기"라는 말로 자신을 비하한다. 자기 모멸감이 너무 커서, 스스로를 세상에서 아예 유배시켜 "형무소에서 일평생을 마치고 싶은 심정"이다. 그를 증명이라도 하듯, 그는 유치장에 다시 갇히기 위해 고의로 죄를 저지르게 된다.

그가 이렇게까지 하는 이유가 가족을 지키지 못한 부끄러움 때문이라는 것인데, 엄밀히 따지자면 그러한 부끄러움은 다소 과장된 것이다. 개인의 잘못이 아니기 때문이다. 근본적인 원인이 전쟁의 비극에 있음에도 불구하고 그는 부끄러움과 자기모멸을 떨치지 못한다. 오랜 세월이 흘러 그토록 찾아 헤매던 딸과 해후하는 순간이 와도 그는 딸 앞에서 자신이 아버지임을 밝히지 못한다. 사연은 다르지만 <어느 여배우의 고백>(김수용, 1967)도 비슷한 사정이다. 이들 영화의 강력한 파토스는 과도한 자괴감에서 비롯된다. 자신이 저지른 잘못이 아님에도 모든 것을 스스로가 못난 탓으로 돌리며 깊은 부끄러움으로 자학하는 부모의 이야기가 발하는 감정적 효과는 제법 크다.

그 외에도 1960년대 한국영화에는 자신에 대한 부끄러움을 내면 깊숙이 지니고 있는 부모 세대의 모습이 자주 목격되지만, 어머니의 경우에는 감정의 밀도가 더 높은 편이다. 절름발이 어머니(황정순 분)가 등장하는 <육체의 고백>이 그런 경우다. 그녀는 홀로 세 딸을 키우기 위해 양공주가 되어야 했던 여성으로 여왕이라는 호칭을 얻을 만큼 단단한 성격의 소유자이다. 그러나 그녀의 마음 깊은 곳에는 "더러운 육체"를 지닌 "몹쓸 년"이라는 부끄러움이 있다. 자신이 양공주라는 사실을 자식들에게 들켜버린 어머니가 자신처럼 '몸 파는 계집'이 된 딸과 마주하여 나누는 대화는 너무도 처절하다. "전 더러운 년이에요."(딸의 대사) "아냐, 이 엄마는 너보다 몇 배는 더 더러운 어미야."(어머니의 대사) 누가 더

더러운지를 겨루는 모녀간의 대화는 보는 이마저 힘들게 만들 정도로 참혹하다. 영화는 결국 어머니가 자살하는 것으로 마감된다.

자기모멸에서 기인하는 자학의 감정이 청년세대만이 아니라 부모 세대에도 공유됨을 감안한다면, 이 시기에 세대와는 상관없이 자기모멸감이 사회적 감정으로서 존재하고 있었다고 할 수 있다. 그리고 그러한 자기모멸감의 배후에 전쟁과 이산의 현실이 놓여 있음이 새삼 확인된다. 전쟁의 상흔은 그와는 무관해 보이는 외양의 영화에도 간접적으로나마 드러난다. 이를테면 청춘 멜로드라마로 높은 흥행 성적을 거둔 <초연>은 외관상 현대판 대학생들의 연애담으로 보인다. 부유한 기업가의 자제인 남성(신성일 분)과 어려운 환경의 고학생인 여성(남정임 분)의 애정사가 서사의 골격이지만, 두 사람의 결합에 근본적인 장애가 되는 것은 여주인공의 가난한 환경이 아니다. 영화 속 대사로 분명히 밝히고 있듯이, 그녀가 가족이 뿔뿔이 흩어진 떠돌이 집안 출신이기 때문이다. 그 배후에는 전쟁이라는 불가항력적인 사건이 있지만, 떠돌이 처지는 그녀에게 일종의 낙인으로 자리한다. 요컨대, 1960년대 영화에서 전쟁의 상흔은 때론 고아로, 때론 고학생으로, 때론 건달로, 때론 '38따라지'로, 때론 양공주나 미혼모 및 접대부와 같은 '타락한 여성'으로 모습을 바꾸며 표상된다. 영화마다 양상과 성격 면의 차이는 보이지만 그 어떤 모습이든 간에 주요 인물의 심리적 결핍감과 수치심은 자신의 의지와 상관없이 떠안게 된 전쟁과, 그것이 야기한 분단 현실의 고통과 긴밀하게 연관되어 있다.

일본영화의 표절작 <맨발의 청춘>에서 목격되는 차이들이 일회적인 것에 머물지 않고 당대의 영화들에서 반복된다면, 그리고 그것이 재현되는 상황과 맥락상에 뜻밖의 동일성과 상응성이 드러난다면, 그러한 차이는 한 시대의 전형이라 할 만한 것을 형성하며 문화적 의미를 획득하게 될 것이다. 그런 점에서 위에서 언급한 차이들이 당대의 한국영화들에서 두루 목격된다는 점은 주목할 부분이다.

3) 전쟁 기억과 부끄러움

수치심은 1960년대 한국영화 전반에 걸쳐 편재적으로 등장하지만, 시기별로 편차가 존재한다. 1960년대 초반에는 치유의 비전을 보여주는 영화가 등장하곤 했다면, 1960년대 안쪽으로 깊숙이 들어갈수록 그러한 가능성을 찾기가 어려워진다. 수치의 양상은 심화되고 치유의 가능성 자체를 부인하는 영화가 자주 등장한다. 주인공은 사소한 모욕에도 민감하게 반응할 뿐만 아니라, 누군가 모욕을 가하기도 전에 이미 스스로가 모멸감에 사로잡혀 자기 파멸적인 모습을 보인다. 그 가운데서도 감정적 밀도와 생생함에 있어 선두에 서는 것은 전쟁 기억을 직접 다룬 영화들이다. 태평양 전쟁과 한국전쟁에 대한 경험을 담은 영화가 그 대표적인 예다.

집단 기억이 국가 형성의 기초를 이루는 만큼, 갓 출발한 신생국에 있어서 식민지 경험과 전쟁은 무엇보다도 예민한 사안이다. 그에 대한 기억은 한 나라의 공적 경험에 다가가려는 시도라는 점에서 국가 정체성 만들기의 문제와 긴밀한 관계를 갖는다. 태평양 전쟁이나 한국전쟁과 같은 고난의 경험은 오랫동안 살아 움직이는 기억으로 존재한다. 전쟁이라는 비참한 상황만이 아니라 네이션의 자기 결정권이라는 중대한 사안과 결합되어 있는, 쉽게 지울 수 없는 상처인 까닭이다.

<현해탄은 알고 있다>(김기영, 1961)는 태평양 전쟁기를 배경으로 한 작품이다. 학병으로 전쟁에 참가한 엘리트 출신 조선 학도병 아로운(김운하 분)은 일본인인 동료 병사들에게 온갖 수모와 모욕을 당하지만 대항하지 못한다. 그는 부당한 학대 행위를 무기력하게 감내하는 다소 수동적인 인물에 해당한다. 그가 하는 일이라고는 연인인 일본인 여성 히데코(공미도리 분)에게 아픔을 털어놓는 것이 고작이다. 심지어 군대에서 혼자 탈출하려다 조선인 동료를 위기에 처하게 만들기도 한다.

[사진-8] <현해탄은 알고 있다>

식민지기 학병의 문제를 다루고 있는 영화들을 비교해 보면, 수치심을 다루는 방식 면에서 1960년대 초반과 중후반기가 서로 차이가 난다. 가령 <사르빈강에 노을이 진다>(정창화, 1965)는 <현해탄은 알고 있다>와 마찬가지로 조선인 학도병을 주인공으로 삼고 있지만 수치의 양상이 보다 심화된 모습이다. 수치의 근원을 외부로부터 가해지는 폭력성에 두었던 <현해탄은 알고 있다>와는 달리 <사르빈강에 노을이 진다>는 자기의 내부로 설정하고 있기 때문인데, 그만큼 문제가 심각해 보인다. 주인공인 조선인 학도병 마쓰모토(신영균 분)는 일제에 충성을 맹세하며 일본군에 자원입대하여 태평양 전쟁에 참가한다. 그러나 버마 전투를 경험하게 되면서 그는 심한 자기모멸감을 갖게 된다. 그의 괴로움은 일본이나 일본인 때문이 아니라, 자신이 품어 왔던 친일 사상의 모순됨을 직접 목도한 것에서 비롯된다. 미망에 사로잡혔던 이가 자신의 우매함을 확인했을 때 갖게 되는 수치심은 타인에게 받는 모욕보다 더 본질적이고 위협적이다. <현해탄은 알고 있다>와 다르게 주인공의 죽음으로 영화가 마무리된다는 점은 그 위협성을 강조한다.

두 작품은 문제의 결을 달리하지만, 수치심에 사로잡힌 청년을 보여준다는 점에서는 대동소이하다. 이때 주인공이 처해 있는 수치스러운 상황을 목도하는 것은 고통스럽다. 수치의 적나라한 폭로는 관객마저도 예외 없이 그 현장에 끌어들여 함께 모욕당하게 만드는 효과를 낳는다. 모욕적인 말이나 욕설을 들으며 쉴 새 없이 구타당하는 모습을 목격하거나, 동료의 신발창에 묻은 똥을 강아지처럼 핥고 그 오물을 삼키는 주인공을 대면하는 일은 괴롭기 그지없다. 그러나 영화는 줄곧 극심한 모욕의 상황에 주인공을 몰아넣기만 할 뿐, 그로부터 벗어날 여지를 제공하지 않는다. 그만큼 끔찍한 상황과 관객의 심리적 거리는 줄어들어, 수치로 인한 고통이 등장인물의 체험에 그치지 않고 관객에게 여과 없이 그대로 전달된다. 관객에게 영화 관람의 시간은 등장인물의 수치 경험에 동참하는 끔찍한 시간이 된다.

한국전쟁의 기억은 태평양 전쟁을 배경으로 한 경우보다 문제의 심각성 면에서 앞선다. 감정적 강렬함은 다소 약해져 있지만, 내면과 기억이라는 사안이 개입되기 때문이다. 1960년대 중후반에 등장하는 이른바 모더니즘 계열이라 칭해지는 영화들이 그러한 면모를 잘 보여준다. <안개>(김수용, 1967)와 <장군의 수염>(이성구, 1968), <시발점>(김수용, 1968)과 같은 영화가 여기에 해당한다. 이들 영화의 주인공은 하나같이 전쟁기의 부끄러운 기억에서 벗어나지 못하는 모습을 보여준다. 그들은 전쟁의 기억이 불현듯 현재에 침입하여 부끄러운 자기와 대면하게 되는 순간을 매번 맞이해야 한다.

이를테면 <안개>에는 전쟁이 끝나고 십여 년이 지났음에도 여전히 그때의 기억에서 벗어나지 못하는 남자가 등장한다. 휴식차 고향 무진으로 내려온 남자(신성일 분)는 전쟁기에 다락방에 숨어 있던 비겁했던 자신에 대한 기억과 재차 마주치게 된다. 과거의 자아와 현재의 내가 함께 걸어가며 이야기를 나누는 장면이나 현재의 순간에 과거의 내가 불쑥 끼어드는 식으로 전쟁 기억과의 대면은 이뤄진다. 이때 현재의 '나'는 과거의 '나'가 던지는 냉소를 고스란히 받아내는 일밖에는 그다지 할 수 있는 일이 없어 보인다. 뿐만 아니라 과거의 자신을 닮은 한 여자에게 비겁한 짓을 되풀이하는 현재의 못난 자신을 확인하는 괴로움마저 떠안아야 한다. 여기에 덧붙여, 아내의 의지대로 움직이는 자립적이지 못한 지금의 수동적인 처지까지 영화의 앞뒤에 배치하여 그가 느낄 자괴감을 더욱 강조한다. 과거와 마찬가지로 여전히 삶의 주인이 되지 못하는 지금의 현실과 그로부터 비롯되는 부끄러움이야말로 이 영화가 진정으로 전하고자 하는 전언으로 보인다.

<장군의 수염>이나 <시발점>도 비슷한 경우이다. 영화는 전시에 동료 병사의 죽음을 방조했던 기억 때문에 마음에 손상을 입은 자를 서사의 중심부로 끌어온다. <장군의 수염>은 한 남자(신성일 분)의 자살로 시작한다. 그가 자살한 이유를 두고 형사들이 추적을 해나가는 과정이 서사의 골격을 형성하는데, 영화 후반부에 이르면 그가 오랫동안 괴로워했던 이유가 모종의 기억 때문이었다는 사실이 드러난다. <안개>와는 다소 다른 방식이지만, 부끄러움에 따른 자의식이 전쟁 기억과 긴밀한 관계를 갖는 문제적인 집단 감정임을 보여준다는 점에서 대동소이하다.

이 영화에서 눈길을 끄는 것은 그 남자가 여자(윤정희 분)와 함께하는 '고해 게임'이다. 두 사람은 자신의 부끄러운 기억을 서로에게 털어놓는 이 게임을 통해 친밀한 관계를 형성하기 시작한다. 한국전쟁기에 중공군에게 겁탈당한 기억을 안고 있는 여자와 전쟁통에 좌익인 형을 죽게 만들었다는 아픔을 지닌 남자는 트라우

마로 자리한 전쟁의 기억을 서로에게 고백함으로써 가까워진다. 그러나 각자의 아픈 기억을 공유하는 과정은 상처를 치유하거나 두 사람이 행복하게 결합하는 결말로 이어지지 못한다. 여자는 고해 게임을 되풀이하는 남자에게 지쳐 떠나버리고, 결국 남자는 고독하게 지내다 자살하게 된다.

<시발점>도 사정은 크게 다르지 않다. 한국전쟁기를 배경으로 한 이청준의 1966년 단편소설 「병신과 머저리」를 영화화한 작품이다. 검열로 인해 배경을 대동아전쟁으로 변경하고 제목을 '시발점'으로 바꾸어놓았지만, 전쟁의 체험이 낳은 부끄러움을 인물의 주된 감정으로 끌어들였다는 점에서는 같은 성격을 보인다. 두 형제가 있다. 형(신성일 분)은 전쟁에 참가한 세대이고 동생(이순재 분)은 그렇지 않다. 전쟁 체험 세대와 전쟁 미체험 세대가 전쟁을 바라보는 서로 다른 시선과 갈등을 보여주면서 영화의 서사는 진행된다.

이때 형제 사이의 간격을 가장 크게 만드는 것이 수치심의 유무이다. 형을 오랫동안 괴롭혀 온 것은 전쟁에서 동료 병사를 죽게 만들었다는 기억이다. 정전 이후 일상으로 복귀하여 유능한 의사가 되었지만 소녀 환자의 죽음을 계기로 그는 더욱 깊은 번민의 늪으로 빠져들고, 돌연 의사직을 그만두고 자신의 전쟁 기억을 기록하는 소설을 쓰기 시작한다. 반면 동생은 무기력감에 빠져 있지만 자신의 환부가 어디인지를 잘 모른다. 그런 동생이 형의 감정이나 행동을 이해하지 못하는 것은 당연해 보이기도 한다. 하지만 형이 써 내려간 소설을 읽으며 동생은 마침내 형의 감

정을 이해하기 시작한다.

이들 영화가 노정하는 것은, 자기 분열의 대가를 치르더라도 전쟁의 상처를 정면으로 마주해야 한다는 문제의식이다. 인물들이 느끼는 감정은 그러한 상처가 정동적으로 번안된 것이라 할 수 있다. 한국전쟁과 관련된 수치심의 잦은 출현은, 어두운 과거와 좌절당한 현재라는 두 시간대로부터 벗어나려는 욕망을 동반한다. 그러나 그것을 치유할 방도는 쉽사리 제시되지 않는다. 수모와 굴욕의 감정이 많은 파토스를 자아내는 경우라 하더라도 사정은 마찬가지다. 여성의 헌신적인 사랑이나 사회적 지지를 받기도 하지만, 그조차도 상처 입은 주체를 구원하거나 회복시키기에는 역부족이다. 자신과 유사하게 수치스러운 기억을 가진 여자와의 교감마저 실패하고 결국은 자살을 택하는 <장군의 수염> 속 남자처럼 1960년대 중후반으로 들어갈수록 영화는 치유의 가능성으로부터 멀어진다. 나아가 <안개>가 보여준 바와 같이, 현재나 미래는 과거의 기억만큼이나 어두울 뿐만 아니라 어떤 경우는 더 암담해 보이기도 한다.

어두운 과거에서 벗어나려는 시도는 현실에서의 또 다른 좌절이나 상실의 경험과 만나게 할 뿐이다. 유일한 희망인 듯 보였던 사랑조차도 어두운 과거에서 벗어날 계기가 되지는 못한다. 그런 점에서 보자면, 이 시기 영화들에 자주 등장하는 죽음의 모티브는 수치심의 자기 파괴적 성격을 구현하는 장치라 할 수 있다. 절망에 빠져 갑작스럽게 자살하거나 죽음에 이르는 내러티브의 빈번한 등장은 수치심의 근본적 치유의 불가능성을 지시하는 징

후이다. 짐작건대, 1960년대 중반에 건달 캐릭터가 스크린에 자주 호출되었던 데에는, 건달이야말로 "죽음의 문턱을 드나드는 세계"(<맨발의 청춘> 속 대사)에 거주하는 존재이기 때문일 것이다. 죽음으로 치닫는 건달영화나 자기 분열적이고 파괴적인 스릴러가 빈번하게 제작되었던 것도 같은 맥락으로 읽힌다.

무엇보다 한국전쟁은 단일한 내러티브로 구성되기 어려운 전쟁이다. 전쟁이 낳은 트라우마적 기억들은 그 고통의 크기와 깊이만큼이나 손쉬운 내러티브 형성을 방해한다. 민족의 동질성을 유달리 강조하는 한민족에게 있어 분단이 고착화되었다는 사실은 적지 않은 충격이었으며, 한국전쟁의 경험은 이 나라의 멘탈리티에 큰 변화를 초래할 수밖에 없다. 분단에 대한 아픔과 죄책감, 안타까움, 그리고 희생자 의식이 종전 이후로 오랫동안 한국인들을 괴롭혀 왔다. "동족끼리 총질했다는 사실이 관객에게 주는 정신적 중압감이나 고통은 한국영화에서 커다란 문제"라는 이영일의 말은[90], 한국전쟁이 한국인에게 얼마나 큰 트라우마적 경험이고 기억이었는지를 가늠케 한다.

그대로 방치된 트라우마는 어느 순간 터져버려 삶 자체를 위태롭게 만들 수 있지만, 상처를 조금씩 드러내 구체화한다면 그로부터 회복될 계기를 맞이할 수도 있을 것이다. 하지만 그러한 드러냄이 가능하기까지에는 용기만이 아니라 시간이 필요하다. 한국전쟁의 서사화가 가능하기 위해서는 어느 정도의 시간적 거리

90 한국예술연구소 편, 『이영일의 한국영화사 강의록』, 도서출판 소도, 2002, 65쪽.

가 요구된다. 전쟁의 경험으로부터 시간적으로 그리 떨어져 있지 않았던 전후의 경우는 그 상처와 정면으로 마주하는 일보다는 새로운 시대에 대한 기대가 우선했다. 그렇게 보자면, 한국전쟁의 의미를 객관적으로 사유할 수 있는 시선을 얻을 수 있던 시기가 1960년대 말 즈음이었으리라 추측해 볼 수 있다. 한국전쟁에 대한 기억이 "현재의 삶에 개입하며 과거의 트라우마가 바로 현재의 삶의 질곡임을 드러"[91]내는 <귀로>(이만희, 1967)나 <안개>, <장군의 수염>, <시발점>과 같은 영화들의 등장으로 이어졌다는 사실은, 이 시기에 전쟁 기억을 대면할 수 있을 만큼의 비판적 거리감이 생겼음을 반증한다.

한국전쟁이라는 극한의 상황이 놓여 있는 한, 한 개인이 주체로서 져야 할 죄와 책임의 문제가 그 안에 들어설 여지는 많지 않다. 한국전쟁의 성격 자체가 단순한 내전이 아니라 대리전의 형태였기에 근본 원인이 외부에 있었으며, 비난받아야 할 것이 있다면 그것은 국민을 지키지 못한 국가의 무능일 것이다. 그럼에도 인물들은 애써 자신의 잘못을 만들고 스스로에게 형벌을 가한다. 자신에게 벌을 주는 방식은 다양하다. 일상의 터전을 버리는 것일 수도 있고(<시발점>) 사랑하는 가족을 스스로 떠나거나(<옥합을 깨뜨릴 때>(김수용, 1971)) 세상으로부터 자신을 고립시키는 것일 수도 있다(<장군의 수염>). 전쟁이 지니고 있는 압도적인 상황 속으

91 1960년대 후반기에 이르러 한국전쟁의 기억을 담아낸 일련의 영화들이 출현하는데 그들 중 많은 경우가 소설을 원작으로 하는 이른바 문예영화들이었다. 이길성, 「1960년대 후반기 영화에 재현된 전쟁의 기억」, 한국현대매체연구회 편, 「한국영화와 민주주의」, 선인, 2011, 359쪽.

로 개인적인 윤리의 영역이 개입해 가는 방식은 여럿이지만 부끄러움으로 전쟁을 기억한다는 점에서는 대동소이하다.

전쟁 재현은 수치심이라는 감정을 매개로 하여, 역사적 패배라는 봉합되지 않은 상처를 드러낸다. 치유할 방도가 쉽사리 제시되지 않는 것은 전쟁의 기억이 트라우마의 차원에 존재하기 때문일 것이다. 그러나 위협으로 다가오는 트라우마에 대처하는 가장 좋은 방법은 자신을 정면으로 바라보는 것이다. 부끄러운 자신에 대한 응시는 고통스럽지만, 그 과정은 불안을 극복하기 위한 첫 걸음이다.

4) 자기의식과 수치심

수치심은 자신의 부족과 한계를 알게 하는 감정이다. 마리오 자코비에 따르면 수치심은 자존감과 자기 확신의 부족에서 기인한다.[92] 자신이 열등하며 무가치하고 무력하다는 생각에서 나오는 몹시도 부끄러운 감정이다. 게다가 수치심 자체가 특정한 행동에 국한되지 않고 그 사람 전체와 관련되어 있는 까닭에, 여타의 감정들보다 더 많은 고통을 유발할 수밖에 없다. 그럼에도 불구하고 1960년대 한국영화가 수치심을 지속적으로 전시하고 그것의 손쉬운 치유를 부정하는 방식으로 진행되고, 관객이 그러한 영화를 반복적으로 찾았다는 것은 무엇을 의미하는가?

92 Mario Jacoby, *Shame and the Origins of Self-Esteem*, Routledge, 1994, p.59.

이러한 문제와 관련하여 우리는 수치심이 최소한 자기 자신의 존재에 대한 의식과 자각이 전제되어 있을 때 야기되는 감정이라는 점을 상기할 필요가 있다. 수치심이 자아 정체성의 정립이라는 문제가 내재된 감정이라는 앤서니 기든스의 언급[93]이나 타자의 관점에서 자신을 보고 타자의 관계 속에서 자신의 존재를 생각할 때에 발생하는 감정이라고 했던 타자 레인의 논의도[94] 같은 맥락에 놓여 있다. 수치심이야말로 개인 존재의 상호 주관적인 태도를 가장 직접적으로 드러내는 것이며 온전한 '자기'가 되려는 관심이 바탕에 깔려 있는 감정인 것이다. 그런 의미에서 자신의 부족과 한계를 알게 하는 수치심이 1960년대 한국영화에 만연했다는 점은 이 시기에 주권 없는 주체의 상황에서 벗어나 자기 결정권을 갖고자 하는 집단적 욕망이 매우 강했음을 말해준다.

1960년대는 식민지 경험과 전쟁, 분단의 의미를 둘러싸고 진지한 고민이 본격화하던 때다. 4·19와 5·16, 한일회담 등으로 이어지는 일련의 과정은 극복되지 못한 식민의 기억을 되살렸고 국가의 운명에 대한 자각을 일깨웠다. 해방의 기쁨을 충분히 실감하기도 전에 치러야 했던 전쟁이 내 것이 아니었다는 자각은 뼈아픈 것이었다. 특히나 과거사에 대한 일본 정부의 반성과 법적 조치가 누락된 한일협정은 신생독립국임에도 불구하고 여전히 종속되어 있는 국가의 운명을 환기시켰다. 무엇보다도 그것은 국

93 앤서니 기든스, 『현대성과 자아정체성』, 새물결, 2001, 127쪽.

94 Tarja Laine, "Shame and Desire: Emotion, Intersubjectivity, Cinema", *Rethinking Cinema* No.3, 2007, p.19.

민적 자존심과 직결되는 사건이었기에, 조인을 목도하는 과정에서 국민들은 큰 굴욕의 감정을 가질 수밖에 없었다.

더욱 문제적인 부분은 휴전선이 일시적인 것이 아니라 영속하게 될지도 모른다는 두려움이 전국민적으로 공유되기 시작했다는 점이다. 휴전선이 실질상의 국경선의 개념으로 변하기 시작하면서 현실적으로는 인정해야 하지만 마음속 깊게는 도저히 인정할 수 없는 상황에 빠지게 되었다.[95] 전쟁의 결과물인 분단이 돌이킬 수 없는 자명한 사실로 고착화되어 가는 현실은 김윤식의 말에 따르자면, "인격 분열증에 걸리지 않을 도리가 없는"[96] 큰 고통이었다. 1964년 10월 도쿄올림픽에서 이뤄진 신금단 부녀의 상봉 장면은 <눈물의 신금단>(한복남 작사·작곡, 황금심 노래)이라는 유행가로 만들어질 만큼 분단의 아픔을 전 국민적으로 실감하는 계기였다. 이 시기에 "정상적인 사고나 정서, 생활의 질서를 지니기가 어려"웠다는 이영일의 말[97]은 그 고통의 깊이를 가늠케 한다. 그만큼 자조와 조소가 섞인 시선으로 국가의 역사와 운명에 대해 질문할 수밖에 없던 시대가 1960년대였다는 것인데, 수치심은 국가의 역사와 운명을 확인하면서 갖게 되는 자연스러운 감정일 수 있다.

비록 영화라 하더라도 수치스러운 상황을 지켜보는 것이 즐거울 수는 없는 경험인 만큼 고통을 가리거나 고통의 원인 자체를

95 김윤식, 『한국소설사』, 일월서각, 1997, 87쪽.

96 김윤식, 『운명의 형식』, 솔, 1997, 212쪽.

97 이영일, 「한국영화의 한계점을 극복하라」, 『실버스크린』, 1964. 1, 59~60쪽.

부인하려는 시도가 대중영화에서 이뤄지곤 한다. 아시아를 배경으로 냉전적 대결 구도를 설정하던 스파이 스릴러는 자유 이데올로기와 승리의 판타지로 분단의 상처와 수치심을 가리려 한다. <쌀>과 같은 계몽적 성격의 영화는 근대화라는 물신을 내세워 고통을 역전시키고 상처의 치유가 가능한 것으로 내러티브를 고안해 냈다. 국책영화인 <팔도강산>(1967~1971) 시리즈가 대중적으로 큰 성공을 거둘 수 있었던 것은 가족의 통합과 모범적 근대화를 전면에 배치하여 전쟁으로 인한 분단과 이산의 고통을 지워버렸기 때문이다. 이들 영화가 트라우마적 현실을 가리기 위해 내세우는 방도들은 서로 다르지만, 고통을 지우는 물신적 내러티브를 구성하고 있다는 점에서는 대동소이하다. 물신이 동원되는 이유는 고통의 진짜 원인을 가리기 위해서이겠지만, 이러한 내러티브는 애도의 필요성 자체를 부정하는 방어적인 환상을 제공한다는 점에서 근본적으로 위험하다.

그러나 일부 영화들을 제외하면 1960년대의 많은 영화들은 물신적 내러티브의 실패를 그려낸다. <일월> 속의 백정의 아들(박노식 분)은 "부닥쳐서 감당 못 할 거라면 모른 척 외면하고 사는 게 속 편한 일"처럼 생각될 수도 있지만, 그렇다고 벗어날 수 있는 것은 아니다. "헤매고 다녀봐야 결국은 자기 자신이 해결해야 할 문제"이므로 다소 혼란스럽더라도 "참고 견뎌나가는 것"이 필요하다고 말한다. 그의 대사는 수치심이 그토록 자주 호출되었던 이유를 함축적으로 제시한다. 1960년대의 혹독한 검열과 규제 때문에 한국영화의 대부분이 수치의 근원에 대한 사회적 이해보다는 그로 인한 개인의 내적 고통을 보여주는 데 머무르는 것이 사실이지만, 고통의 치료는 그 원인을 응시하는 일로부터 출발한다. 과거의 상처를 건드리지 않고 덮어두는 것이 능사는 아니다. 고통을 은폐하거나 회피하는 것으로는 문제의 극복이 불가능하다.

수치심의 무대화는 탈종속적인 국가의 길을 발견하고자 했던 집단적 자의식 내지 욕망의 발현으로 이해되는 부분이 있다. 식민지 시기부터 유예되던 주인의식을 다시금 상상함으로써 트라우마로부터 벗어나려 한 우회적이지만 절실했던 시도로 보이기도 한다. 성찰의 과정을 통해서 자신의 결핍을 확인하고 인정하는 것, 그러한 결핍이 발생한 원인을 이해하는 것으로부터 고통의 치유는 시작될 수 있다. 과거의 어둠으로부터 벗어나려면 오히려 되돌아보는 일을 멈춰서는 안 된다는 것이 1960년대 한국영화의 진정한 전언처럼 보인다. 그런 의미에서 수치의 폭로와 전시는 참담한 현실을 개선할 가능성을 꿈꾸던 마음의 산물이며, 궁극적으로는 자기 성찰의 행위일 수 있다.

5. 여성의 복수와 남성의 울분

1) 1960년대 여성 복수극

일반적으로 복수심은 무고한 피해자가 자신에게 가해진 악에 대해 갖는 분노와 증오를 전제로 한 감정이다. 복수는 부당한 폭력으로 고통받던 무력한 사람이 자신이 당한 일에 대해 직접 보복함으로써 사적 정의를 실현하는 행위이다. 그 이유가 개인적 원한에 있든 집단적 소명에서 비롯된 것이든 간에, 법의 질서가 제 역할을 하지 않거나 정의에 대한 피해자의 기대치를 충족시키지 못할 때 벌어지는, 법에 반하는 행위가 복수이다. 공정한 사법제도가 제대로 가동되지 못함을 보여주는 사적 응징이라는 점에서 복수 서사는 세상을 해석하는 방법일 수 있다. 복수의 정당성은 불의가 주는 고통을 이해하고 악을 제거하여 질서를 다시 세우려는 각 시대의 집단적 상상력에 뿌리를 두고 있기 때문에 복수의 서사가 구성되는 방식과 맥락도 역사적으로 차별화될 수밖에 없다.

한국에서 복수극을 담은 영화가 비중 있게 제작되기 시작한 것은 1950년대 중반의 일이다. 이 시기 인기를 끌었던 궁정 사극의 대다수가 복수극이라 해도 과언이 아닐 정도로 복수를 모티브로 한 시대극이 유행했다. 대원군 시대에 부모의 원수를 갚으려는 젊은이들의 '복수애화'인 <젊은 그들>(신상옥, 1955), 신라시대 김추의 복수담을 담은 <마의 태자>(전창근, 1956), 조선 말엽의 당파 싸움 속에 희생된 집안의 원수를 갚으려는 별아기의 복수담을 담은 <처녀별>(윤봉춘, 1956), 후삼국 시대의 실존인물인 궁예가 어미를 죽인 자들에게 복수하는 이야기인 <왕자 미륵>(이태환, 1959)을 비롯한 복수 사극이 제작되었다.[98] 역사적 사실과는 거리가 먼 시대극 <봉선화>(김기영, 1956)나 공상 스릴러 <투명인의 최후>(이창근, 1960)에 이르기까지 복수담은 전후 한국영화가 즐겨 찾는 서사로 자리했다. 다양한 시대를 배경으로 삼았지만 어느 시대의 어떤 역사가 재현되었는지 여부에 큰 의미를 두지는 않았다. 중요한 것은 복수의 정당성과 그 행위의 통쾌함이었다. 복수를 향한 인물의 강렬한 사적 욕망을 표출하고, 그 목표를 향해 나아가는 과정에서 서사적 긴장감과 쾌감을 얻을 수 있었다.

대중적 서사에서 복수를 행하는 자는 감정적으로 설득력이 큰 인물이다. 복수극의 주인공은 대부분 온순하고 평화롭던 사람으로, 오랫동안 괴롭힘을 당한 과거를 갖고 있다. 복수는 고통 끝에 나온 억누를 수 없는 분노로부터 출발한다. 복수하는 사람은 양면적이어서 사랑이나 가족의 유대와 폭력적인 충동이 공존한다. 그래서 희생자인 동시에 괴물이 될 수밖에 없지만 가해자와 같은 악인이 되지는 않는다. 복수의 과정에서 야만적으로 행사하더라도 사법 제도의 부재 및 비효율성이 복수 행위를 정당화하는 까닭이다.

통상적으로 복수는 남성의 몫으로 인식된다. 강간 복수극을 제외하면, 복수의 역할은 주로 남자에게 주어지곤 했다. 분노의 감

98 전후의 복수를 모티브로 한 시대극에 관해서는 다음 글을 참조하라. 오영숙, 『1950년대, 한국영화와 문화 담론』, 소명출판, 2007, 131~142쪽.

정이나 신체적 공격성이 남성의 영역에 속한 것으로 여겨지기 때문일 것이다. 가부장제 사회는 새로운 여성 주체성 모델의 급진적이고 위협적인 잠재력을 탐구하기보다는 여성의 수동성이라는 안전한 포지셔닝을 반복하면서[99] 공격적인 여성이라는 개념이 의식에 들어오는 것조차 허용하지 않아 왔다. 복수극 영화의 주인공이 대개 남성인 것은 그러한 통념의 반영일 것이다.

그러나 1960년대 중반이 되면서 남성의 복수담은 현저히 줄어든 대신 여성 복수극이 제작되기 시작한다. <처녀별>이나 <내일없는 그날>(민경식, 1959)과 같은 몇몇 예외를 제외한 대부분의 영화에서 복수 주체의 자리가 남성에게 주어지고 복수의 과정이 영웅적 행위로 재현되던 1950년대와는 다른 상황이다. 고통에서 행동으로, 그리고 복수의 실행으로 나아가는 과정은 자신이 운명의 주인공이 되는 과정이기도 한데, 피해자-영웅인 복수자의 자리가 주로 여성에게 할당되면서 생겨난 풍경들은 제법 이채롭다. 영웅담과는 거리가 먼 호러와 스릴러의 형식을 취하고 있으며 비인간의 모습으로 복수를 주도하는 까닭이다.

괴물화된 여성의 복수라는 모티브의 출현을 알린 것은 <마의 계단>(이만희, 1964)이다. 심리스릴러 붐의 초기작에 해당하는 이 영화는 본격적인 복수극의 모양새를 취하지는 않지만, 신분 상승을 위해 자신을 살해했던 연인(김진규 분)에게 치밀하게 복수를 행하는 여성(문정숙 분)을 등장시켰다. 죽은 줄 알았던 그녀가 환

99 Belinda Morrissey, *When Women Kill: Questions of Agency and Subjectivity*, Routledge, 2003, p.25.

영처럼 나타나 남자를 두려움에 떨게 하고 결국 몰락으로 이끄는 과정이 펼쳐진다. 모든 이상한 정황들이 결국 그녀의 복수에서 비롯된 것이었음이 영화의 말미에 밝혀지지만, 다소 갑작스러운 면이 있고 이야기의 긴밀도도 떨어진다. 그러나 감정이 없는 듯한 그녀의 무표정한 얼굴이 서사적 설득력이 약한 부분을 메우고 있다.

그다음 해에 나온 <불나비>(조해원, 1965)는 복수에 나선 여성의 심리를 좀 더 비중 있게 다룬 심리스릴러이다. 여주인공을 가리키는 은유적 제목인 '불나비'만큼이나, 복수를 행하는 여성 주체의 비인간적 면모를 지시하는 말들이 영화에 포진한다. 남자들에게 복수를 가하는 민화진(김지미 분)은 매혹적이지만 정체를 도무지 알 수 없는 여자로 묘사된다. 등장인물들의 말을 빌리자면 그녀는 "모든 남성이 숭배하는 비너스"이지만 "연애병 환자"이고 "아편 꽃"이며, "노예에 대해 냉정하고 잔인한 중세기의 여왕"과 같은 존재이다. "누구나 다 정신병자가 되"게 만드는 치명적인 여자라는 것이다. 복수 주체인 여성을 곤충으로 호명하는 영화 제목처럼, 그녀는 이해할 수 없는 사고와 행동의 소유자이자 인간과는 거리가 먼 공격성을 보여준다.

화진이 자신의 치명적인 매력을 무기 삼아 주변 남자들을 파멸시키는 냉혹한 '팜므 파탈'임이 영화 초반에 여러 사람의 말을 빌려 전해지지만, 서사가 진행되면서 그러한 말들과는 배치되는 진실이 드러난다. 그녀는 오랫동안 아버지와 오빠를 비롯한 남성들의 폭력에 노출되어 있었고 그녀가 했던 기이한 행동들은 남성들의 폭력에 맞서기 위해 취한 가면이자 의도적 타락이었다는 것이다. 일련의 살인은 그녀 본래의 성정에서 비롯된 것이 아니라 폭력적 남자들에게 복수하기 위한 것이었음이 영화의 말미에 밝혀지고, 그녀의 복수를 통해 남성들의 유아적 판타지가 폭로되고 내파된다. 남성들의 병적인 집착과 강박이 문제의 근본 원인이라는 이러한 설정[100]은 <여왕벌>(김수동, 1967)에도 비슷하게 되풀이된다. 여주인공 영란(김지미 분)은 무자비한 곤충으로 불리지만 실상은 남성 중심 사회의 폭력성에 희생된 피해자다. '불나비'나 '여왕벌'이라는 명칭은 여성을 연상시키지만, 그것은 정신병리적 환자인 남성이 여성에게 사후적으로 부여한 낙인에 불과한 것임이 밝혀진다.

복수의 서사를 보다 극한으로 밀고 나간 것은 동물로 변신한 여성의 복수담이다. 그 동물 중 대표적인 것이 고양이다. 고양이로 변신한 여성이 자신을 괴롭혔던 가족들에게 복수하는 <살인마>(이용민, 1965)를 필두로, 고양이 인간, 즉 '묘녀(猫女)'가 공포스러운 표상으로 등장하는 영화들이 십여 년에 걸쳐 하나의 유행처럼 제작되었다. <이조괴담>(신상옥, 1970), <묘녀>(홍파, 1974), <정형미인>(장일호, 1975), <흑묘>(김시현, 1974) 등이 그런 작품으로, 대개가 호러나 스릴러의 형식을 취하고 있다.

고양이는 한국의 민담에서 친숙한 동물이 아니다. 동물 변이

100 남성들의 이러한 비정상적인 정신 상태는 1960년대 중반에 양산된 스릴러 장르가 일반적으로 보여주는 특징이기도 하다. 당시 스릴러 장르의 정신병리적 측면에 관해서는 다음의 논의를 참조하라. 오영숙, 「1960년대 스릴러 영화의 양상과 현실인식」, 『영화연구』 33호, 한국영화학회, 2007.

이야기는 창조 신화를 비롯하여 전통적인 민담에 널리 퍼져 있는 것이지만,[101] 여우나 뱀과 달리 고양이는 예외적인 편이다. 이국적이거나 이물스러운 존재, 그래서 불길하거나 왠지 꺼려지는 대표적인 동물이 고양이라 할 수 있다. 그러나 바로 그 낯섦이 고양이-인간의 표상에 한층 더 음산하고 긴장된 분위기를 부여했다. 영화는 고양이를 둘러싼 세간의 통념들, 가령 고양이가 불행을 가져오는 요물이라거나 어두운 과거를 환기시키는 불길한 동물이라는 생각을 적극 활용하여 두려움과 공포감을 극대화하고 있다.

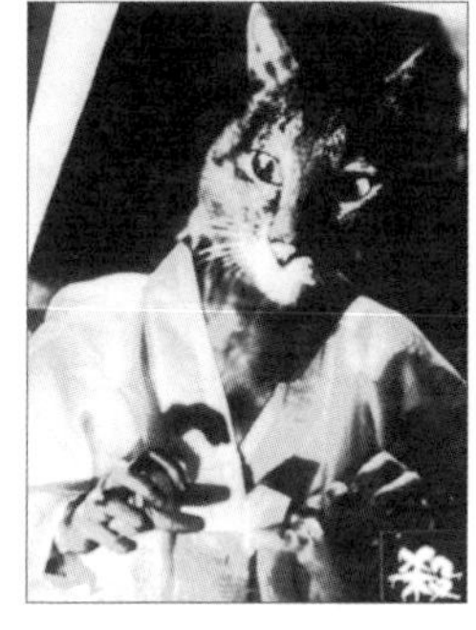

[사진-9] <살인마>

고양이에 빙의된 여성의 복수담을 다룬 초기작 <살인마>는 1960년대 중후반에 제작된 복수극의 원형을 제공한다. 억울하게 죽임을 당한 여성 애자(도금봉 분)가 10년 후에 고양이로 환생하여 무자비한 피의 앙갚음을 벌이는 것이 전체적인 줄거리다. 잔인한 복수극을 통해 그동안 덮여 있던 억울한 사연이 드러나고 주변인들이 과거에 저지른 악행들이 밝혀지게 된다. 고양이

101 Alison Peirse and Daniel Martin, eds., *Korean Horror Cinema*, Edinburgh University Press, 2013, pp.3~4.

의 서늘한 눈빛으로 무자비한 복수를 행하는 묘녀 도금봉도 공포스럽지만, 그녀의 시어머니(정애란 분)가 고양이에 빙의되어 보여주는 몸짓과 행동은 더욱 압도적이다. 무기력하게 희생당했던 여성이 고양이의 신체를 빌려 적극적인 공세에 나선다는 설정도 그렇고, 복수극을 통해 과거의 악행들이 다시금 표면화되는 과정도 의미심장하다. 세간의 화제가 될 만큼 많은 여성 관객이 영화를 보았으며[102] 흥행 성적이 좋은 편이어서 1980년대에는 이를 리메이크하여 <목없는 여살인마>(김영한, 1985)가 제작되기도 했다.

한편 <이조괴담>은 시대극과 결합된 공포물이다. 다른 반인반묘 영화들과 마찬가지로 악행에 대한 복수담 형식을 취하고 있지만, 사적인 영역이 아닌 실제 역사로 장을 확장시켰다. 연산군이 남편을 살해한 데 이어 자신을 범하려 하자 아내인 야화는 고양이에게 원한을 갚아 달라 부탁하며 자살한다. 그 후 궁궐 안에서는 기묘한 일들이 이어진다. 야화의 피를 마신 고양이가 궁궐 내부의 상궁의 몸을 빌려 궁내의 사람들을 살해하고 장녹수의 몸으로 들어가 연산군의 목숨까지 빼앗고자 한다. 연산의 폭정이 도를 넘어도 두려움 때문에 누구 하나 나서지 못하는 상황에서 고양이의 힘을 빌려 펼치는 무자비한 복수극은 공포를 넘어선 복잡한 감정을 유발한다.

비슷한 시기에 나왔던 여우-인간 표상도 사정은 크게 다르지 않다. 인간이 되고 싶었던 구미호나 천년호의 이야기는 친숙한

102 「새영화: 납량용의 괴기 취미 / 이용민 감독 〈살인귀〉」, 『서울신문』, 1965. 8. 21., 5면.

민담이지만, 그들의 사적 욕망을 역사의 장으로 호출한 복수극이 만들어졌다. 그 대표적인 예가 <천년호>(신상옥, 1969)다. 천년호가 인간으로 변신하여 사람이 되고자 했던 자신의 꿈을 좌절시킨 신라 왕조에 복수한다는 이야기를 담고 있다. <이조괴담>과 <천년호>는 서사 구성에 있어서 많은 특성을 공유한다. 복수의 대상이 되는 연산군과 진성여왕은 사사로운 욕망 때문에 폭정을 일삼은 지도자이며, 지도자의 폭정에 맞서거나 제어할 남성이 부재하다는 점에서 두 작품은 닮아 있다. 이처럼 과거의 업이 복수로 돌아오고 동물로 변신한 자가 복수를 수행하여 세상의 부당함을 해소한다는 설정은 많은 여성 복수극이 공유하는 지점이다. 복수극은 사적 영역과 공적 영역을 가리지 않고 진행되었으며 복수의 대상은 무차별적이고 방식은 잔인한 양상을 보여주었다.

여기서 주목할 점은 전도된 듯한 남녀의 역할이다. <살인마>와 <이조괴담> 및 <천년호>에서 남자 주인공은 우직하고 나름의 능력을 소유하고 있으면서도 악행을 해결하지 못한다. 상황을 타개할 결정적인 힘이 그에게는 없다. 공적 공간을 배경으로 하는 시대극인 경우에는 남성의 무능이 보다 극명하게 드러난다. <천년호>의 원랑(신영균 분)은 뛰어난 장군으로 전투를 승리로 이끌며 여왕의 총애를 받고 있다. 그러나 여왕의 과도한 욕심으로 아내와 아들이 사지에 몰리게 되면서 원랑은 번민하기 시작한다. 그는 여왕의 명을 과거처럼 온 마음을 다해 따르지는 않지만 그렇다고 거스르지도 못한다. 여왕의 횡포 앞에 속수무책인 상태로 그저 괴로워하고 있을 뿐이다.

<이조괴담>도 사정은 비슷하다. 남성들은 대개 폭군이 부당하게 행사하는 권력의 힘에 맞서지 못하고 무기력하게 희생당한다. 그들의 나약함은 체제의 강압성이 클수록 더욱 노골화된다. 탈출의 가능성은 없으며, 감옥과 같은 세상을 견디는 수밖에 달리 방도가 없다. 다들 능동적으로 행동하지 못하고 반응만 할 뿐인 무능한 남성들이다. 이러한 남성 캐릭터는 일반적인 액션 히어로가 아니라 필름 누아르나 멜로드라마에서 왕왕 목격되는 '리액션 히어로(reaction hero)' 내지는 '인액션 히어로(inaction hero)'[103]에 가깝다. 마치 멜로드라마적인 희생자와 유사한 존재라 할 수 있다.

그러나 여성의 경우는 다르다. 여성은 고양이나 여우의 몸을 빌려 제반 악행에 적극적으로 대응하는 행보를 보여준다. <이조괴담>의 고양이-여성은 연산군의 횡포를 방관했던 궁내의 무능한 신하들을 처단하며 권력자에게 직접 위협을 가하고 있고, <천년호>에서 여우에 빙의된 여화는 무기력한 남편을 대신하여 진성여왕에게 복수를 하여 결국 여왕을 폐위시킨다. 진실 파악은 물론이고 상황 대처 능력도 없는 남편과는 다르게 매우 적극적인 모습이다. 폭정 아래 억압받고 있다는 상황은 남녀 모두가 같지만, 상황에 대처하는 방식은 극명하게 대조된다.

당연히 이성이나 자제력을 상실한 동물-여성은 공포스럽다. 그들이 내는 동물 울음소리는 잔인한 공격의 전조이고, 노려보는

103 Thomas Elsaesser, *European Cinema and Continental Philosophy: Film As Thought Experiment*, Bloombury Publishing USA, 2018, pp.191~192.

서슬 퍼런 눈빛이나 지체 없이 달려들어 물어버리는 몸짓은 매우 위협적이다. 그러나 그들의 동물적인 괴력은 정체된 상황을 변화시킬 유일한 힘이다. 부당한 권력으로 비정상적 상태에 놓여 있는 왕조는 이들 여성의 복수극을 계기로 정상화된다. 비록 자신도 의식하지 못한 상태에서 동물의 몸에 빙의되어 벌어진 일이라는 알리바이가 제공되긴 하지만, 동물-여성의 복수극은 통쾌하다. 마냥 희생자로 머물러 있을 것 같았던 여성이 적극적으로 변하여 동물적 공격성으로 공적 영역의 문제들을 해결해 낸다는 설정은 다분히 역설적이다. 그럼에도 역설적인 이러한 설정이 개연성을 획득할 수 있었던 것은 비인간적인 권력과 가부장제에 대한 상상적 대응이라는 맥락을 품고 있기 때문일 것이다.

한편 1970~80년대가 되면 여성 복수극의 통쾌함은 힘을 잃고 복수자의 내면이 보다 복잡해진다. 이를테면 1980년대 중반에 제작된 <여왕벌>(이원세, 1985)에는 복수를 행하는 여성이 등장하지만 그 복수는 능동적이기보다는 자신도 분명히 의식하지 못하는 상태에서 이뤄지는 행위이다. 영어강사 미희(이혜영 분)는 밤마다 백인 남자를 찾아 이태원 거리를 헤매고, 여왕벌마냥 수컷을 죽음으로 이끈다. 그러나 왜 그래야 하는지에 대해서는 그녀 자신도 잘 모른다. 어린 시절에 엄마가 흑인 남성에게 성폭행당하는 걸 목격한 트라우마적 기억이 궁극의 원인으로 암시되어 있지만, 그녀 자신은 그 사실을 자각하고 있지 않다. 이때의 복수는 마치 곤충의 기계적인 몸짓처럼 심정적 동기와는 무관한 맹목적인 행위일 따름이다. 의식하고 행동하지 않으므로 그 행동을 제어하기도 어렵고, 물러서는 법을 모르니 연민이나 타협이 개입될 여지도 없다. 자기 파괴라는 대가를 치러야 하는 것이기 때문에 통쾌하기보다는 고통스러운 자해에 가깝다. 인간과 다른 타자성(alterity)[104]의 정도가 큰 편이어서, 그만큼 관객이 동일시할 여지가 적다. 이에 비한다면 고양이나 여우로 변신하여 행하는 1960년대의 여성 복수담은 오히려 더 인간적으로 보일 정도다.

2) 남성의 울분과 여성 괴물

동물-여성은 불편한 존재다. 이들은 인간과 젠더 정체성을 교란시키며 사회가 부여한 경계를 넘나들기 때문이다. 노엘 캐롤에 따르면, 공포물이 유인하는 두 가지 기본적인 감정은 두려움과 혐오감이다.[105] 동물-여성이 소유한 이물스러운 신체적, 정서적 상태는 그들을 위협적인 존재로 만든다. 로빈 우드가 지적했듯이, 노동자나 외지인을 비롯하여 사회에서 주변화되고 소외된 타자는 대중문화 안에서 괴물의 형상으로 귀환한다.[106] 따라서 오랜 역사 동안 타자 지위에 있던 여성이 괴물화한 표상으로 현현하는 것은 새삼스럽지도 낯설 바도 없다. 여성 괴물이 갖는 혐오

104 타자성(alterity)은 동일성(sameness)과는 거리가 있는 다름(otherness) 내지 차이(difference)를 의미하는 인류학적 용어이다. 이 글에서는 정체성 구성에 있어서 자아와 구분할 때 사용하는 비-자아라는 의미만이 아니라 관습적인 틀을 넘어서거나 위반하는 괴이함을 의미하는 말로 사용하였다. Rebecca Merkelbach, *Monsters in Society: Alterity, Transgression, and the Use of the Past in Medieval Iceland*, Walter de Gruyter GmbH & Co KG, 2019, pp.11~20.

105 Noel Carroll, *The Philosophy of Horror: Or, Paradoxes of the Heart*, Routledge, 2003, pp.35-38.

106 로빈 우드, 이순진 옮김, 『베트남에서 레이건까지』, 시각과언어, 1995, 96~123쪽.

스러운 외양이나 폭력성은 한국영화에만 국한되지 않는 보편적인 현상일 수 있다.

그러나 1960년대 복수극의 대부분의 주체가 여성으로 설정되는 젠더적 치우침을 보이고, 그 여성의 모습이 비인간의 모습으로 등장하는 것은 그냥 지나치기 어려운 심리적 동인이 작용하는 것으로 보인다. 복수하는 여성들이 동물의 의장을 취하거나 혐오동물로 명명되고 있는 이유가 간단할 수는 없지만 그 배후에 놓인 사회적 맥락을 읽어내는 일은 가능할 것이다.

우선은 개인 자유의 제한과 여성 억압의 정도가 거세지고 젠더 경계가 엄격해지는 사회일수록 여성 복수자의 동물적인 면이 커진다는 사실에 주목할 필요가 있다. 폐쇄성과 억압이 큰 시대일 때 여성-동물은 더욱 위협적으로 형상화되며 비인간적 속성은 강화된다. 공권력의 통제 정도가 심해지면서 복수극에 이성이나 의식이 개입할 여지가 줄고 복수자의 공격성과 맹목성이 더욱 심해지는 모양새이다. 그런 점에서 남성을 압도하는 여성의 공격성과 잔인성은 과도하게 억압된 현실 세계가 낳은 판타지일 수 있다.

이러한 상황과 관련하여 여성의 괴물성이 남성의 무력감과 긴밀한 관련을 맺고 있다는 점이 강조될 필요가 있다. 동물-여성의 복수담은 여성에 대한 고정관념을 깨뜨리는 한편으로 남성 정체성의 위기를 목도하게 만든다. 이는 상징적으로 표현되기도 하지만 남성 주인공을 구성하는 방식으로도 드러난다. 이를테면 <살인마>의 남편 이시목(이예춘 분)은 아내를 억울하게 죽게 만든 가족 내 음모의 진상을 전혀 알지 못한다. 그는 가장으로서의 자존감을 지키지 못하는 존재로, 위태로운 상황에 직접 맞서기보다는 겁쟁이와 같은 모습을 보인다. 가정의 주인은커녕 자기 결정권조차 갖지 못한 듯이 보이기도 한다. 영화의 복수자 여성이 싸우는 직접적 대상도 자신을 버린 남편이 아니라, 남편과 자신을 이간질한 후처와 그에 동조한 시어머니다. 복수의 대상도 주체도 되지 못하는 남성은 상황 자체에서 소외된 모습이다.

남자에게 문제를 해결할 실질적인 통제권이 없다는 사실은 여러 영화들에서 확인된다. <이조괴담>에서 아내를 탐하는 연산군의 횡포에 제대로 맞서보지 못하고 죽임을 당하는 윤필우(최광호), 아내와 자식을 살해하려는 진성여왕의 계략을 눈치채지 못하고 그저 충성을 다할 뿐인 <천년호>의 원랑(신영균 분)은 정도 차이는 있어도 무기력하다는 점에서 매한가지다. 남성들은 대개 사태의 내막을 알지 못하며, 상황을 해결할 능력도 없다. 상황 대처 능력이 떨어지는 무능이나 무지를 보여준다. 사건 해결에 적극적으로 나설 수 없을 뿐만 아니라 모두 열패감에 사로잡힌 심리적 불구의 처지에 놓여 있다.

사실상 이러한 남성 표상은 비슷한 시기에 스크린을 채웠던 남자 주인공들의 모습과 상통하는 면이 있다. 1960년대 중반부터 본격화한 정신병리적인 심리스릴러의 단골인물은 심리적 혼돈이나 분열로 인해 세상과 소통하지 못하거나 불화하는 남성들이었고,[107] 멜로드라마는 좌절감과 수치심으로 고통스러워 하는 남자들로 가득했다. 장르를 불문하고 엇비슷한 성정의 남자들이 포

107 오영숙, 앞의 논문, 41~74쪽.

진하고 있는 셈이다. 1970년대에 접어들면 아예 어른이 되지 못하거나 퇴행한 남성들이 스크린의 전면에 배치되는 상황이 된다. 남자들은 연인은커녕 제 몸 하나 지킬 능력조차 없다. 할 수 있는 일이라고는 수치심이나 죄책감으로 괴로워하거나 자기 파멸적 길을 걷는 것뿐이었다.

동물-여성은 이러한 남성상들과 정반대 편에 놓여 있다. 자기 모멸로 점철된 남성들과는 달리, 동물-여성은 뒤로 물러서지 않는 적극성으로 사태에 대응한다. 남성의 무능이나 무기력이 클수록 여성-동물의 비인간적 면모가 강화되는 형국이다. 동물-여성의 강력한 공격성과 무자비함은 사적 영역은 물론이고 공적 영역의 문제를 해결할 유일한 힘으로 극화된다. 이런 일련의 정황 속에서 새삼 확인되는 것은 남성의 의존성이다. 암담한 현실에 대처하기 위해서 필수적인 것은 주체의 자기 지배이지만, 남성에게는 그런 힘이 결여되어 있다. 남성들은 문제의 심각성을 알고 있지만 그것을 제대로 표현하지도, 문제를 해결하지도 못한다. 무력한 남성 대신에 상황을 정상화하는 일은 여성의 몫이다. 그녀의 분노심은 정의의 저울이 균형을 되찾게 만들 힘이 되지만, 복수를 실행하기 위해서는 자신의 정체성이 붕괴되는 위험을 감수해야만 한다. 인간이 아닌 동물이 되어야만 하는 까닭이다.

이러한 상황을 이해함에 있어 유용한 것은, 여성 괴물은 “여자의 욕망이나 여성 주체성에 대해 이야기하기보다는 남성의 공포에 대해서 이야기한다”[108]는 바바라 크리드의 논의이다. 그녀의

108 바바라 크리드, 손희정 옮김, 『여성괴물』, 도서출판 여이연, 2008, 31쪽.

논지에 기대 말하자면, 동물의 공격성보다는 식물의 성격에 가까울 여성을 공격적이고 무자비한 괴물로 만든 전제 조건에 남성의 무능이 있다. 잔인한 복수극을 야기한 근본 원인이 남성의 나약함에 있다는 것이다. 동물-여성은 비극적이고 절망적인 상황에 정체되지 않으려는 남성의 위악이자, 여성에게 덧입혀진 오명이라 할 수 있다.

여성을 공격적인 동물로 만든 궁극적 힘을 한마디로 요약하자면, 공적인 분노로 표출되지 못한 남성의 울분이다. 울분이란 몹시 억울하고 분한 마음이 가득하면서도 그것을 제대로 발화하지 못하는 답답한 상태를 말한다. 울분을 토하거나 터뜨리고 싶지만 스스로의 무능과 비겁만을 새삼 확인하게 되는 상황에서, 결국 공적인 분노로 표출되지 못한 남성들의 울분이 여성의 몸을 통해 발화하고 있었다고 할 수 있다. 국가의 이상에 부응하지도, 시대에 맞서지도 못한 남성의 무력함이 여성들을 뱀, 벌레, 곤충, 고양이로 만들었다는 것인데, 대부분의 여성 복수극이 동물-여성의 죽음으로 마감되는 것은 남성의 의존성이 폭로되지 않게 하려는 것, 그러한 의존성이 확인되는 것에 대한 불안과 두려움의 발현으로 보인다. 남성 헤게모니의 지층에 눌려 있는 여성 고유의 정동을 빌려 표출된 남성의 불안, 그것이 여성을 혐오동물로 만든 핵심적 힘이다.

그렇지만 강력하고 위험한 여성의 등장 자체가 남성 중심주의로부터의 탈주를 의미하지는 않는다. 여성 괴물이 능동적이고 적극적인 모습을 보인다고 해서 이 영화가 남성 중심의 가부장제를 부정하고 있다고 말하기는 어렵다. 영화들은 대개 서사를 이끄는 행위 주체의 자리를 여성에게 일임하면서도 가부장제의 젠더 위계 자체를 부정하지 않는 애매한 태도를 보여준다. 여성이 동물로 변화하기까지의 사연을 제공하여 정당성을 부여하고 관객의 공감을 끌어내지만, 어김없이 그녀들의 죽음으로 이야기가 마감되는 것도 같은 맥락으로 보인다.

그러나 적어도 이들 영화는 국가와 민족을 남성으로 젠더화하는 근대국가의 이데올로기[109]를 지지하지 않는다. 여성을 수동적이고 피학적인 존재로 보는 시선도 거부한다. 설사 그런 지지에 대한 욕망이 담긴 경우라 해도 결국 귀결하는 곳은 남성 중심 가부장제의 균열을 드러내는 실패의 드라마다. 영화의 "쾌락은 당대 대중들의 욕망이나 바람을 어떤 식으로든 담아내"[110]기 마련이다. 비인간적이고 기괴한 모습의 여성 복수 주체의 형상에는 애매하고 모순적인 시선이 개입되어 있지만, 국가가 원하는 것과는 다르게 세상을 보던 대중감정과 정서가 노정되어 있다는 점만큼은 분명해 보인다.

109 황영주, 「남성의 얼굴을 가진 근대국가: 젠더화된 군사주의, 자본주의, 그리고 민주주의」, 『한국정치학회 기획학술회의 학술발표대회 자료집』 10호, 2000.

110 Hans Magnus Enzensberger, Tania Modleski edited, *Studies in Entertainment: Critical Approaches to Mass Culture*, A Midland Book, 1986, p.233.

영화진흥위원회 50주년 기념 총서 03

근현대 한국영화의
마인드스케이프

제2부

1. 죄책감과 주인의식

2. 산업화 시대, 청년의 감정풍경

3. 소녀의 불행과 남성의 죄책감

4. 네이션의 심리적 현실과 로드무비

제2부

1. 죄책감과 주인의식

1) 데탕트 시기의 대미 감정과 전쟁 기억

기억은 과거의 경험을 간직하고 되살리려는 행위이다. 그러나 기억 행위에는 특정한 기억을 억압하거나 망각하는 일 또한 포함된다. 남길 기억과 은폐해야 할 기억은 늘 긴장과 갈등을 벌이기 마련이며 공적 역사를 둘러싼 기억의 경우는 그 쟁투의 양상이 보다 날카로운 편이다. 그 대표적인 것이 한국전쟁을 둘러싸고 벌어지는 기억이다. 정부는 강력한 검열 정책을 통해 전쟁에 관한 기억을 통제했으며, 냉전기에는 더욱 완고한 통제가 이뤄졌다. 국가권력의 강한 억압 탓에 오랫동안 공론화될 수 없었던 기억들 가운데 하나는 미국의 폭력성과 관련된 것이다. 전쟁기에 미군이 한국에서 저지른 각종 절도, 약탈, 성폭행과 같은 범죄에 대한 처벌과 보상이 제대로 이뤄지지 않았을 뿐만 아니라 사회적인 쟁점이 되기 어려웠다.[111] 우호적인 대미관계를 우선시한 정부는 스크린에서 부정적인 미국인 묘사를 금했으며, 미국이나 미국인에 대해 적의나 분노를 표하는 일은 더더욱 허용되지 않았다.

미군의 강간 장면을 등장시킨 남정현의 소설 『분지(糞地)』(1965)가 반미의식을 강조하고 북한의 대남선전에 동조했다는 이유로 작가가 구속되었던 사태가 잘 말해주듯이 미군에 대한 부정적 묘사는 문화예술의 장에서 엄격하게 금지된 사항이었다.[112] <7인의 여포로>가 반공법 위반으로 기소되고 필름 압수와 함께 감독까지 구속되어야 했던 이유들[113] 중 하나가 양공주의 등장에 있었다는 점은, 미국 표상에 관한 통제가 영화계에서는 보다 철저했음을 보여준다. 양공주 등장 자체가 한미우호 관계를 해할 우려가 있는 '반미'적 표현이라는 것인데, 이러한 판결이 그 이후 제작된 한국영화가 미국을 표상하는 태도와 방식에 미친 영향은

111 한미 간 행정협정(SOFA)이 정식으로 발효된 것은 1967년 2월의 일이고, 1968년에는 미군 2명이 처음으로 한국 구금시설에 수감된 바 있지만 천 건이 넘는 미군범죄 중에 한국이 재판권을 행사한 것은 손에 꼽힐 정도에 불과했다.주한미군범죄근절운동본부 엮음, 『미군범죄와 한·미 SOFA』, 두리미디어, 2002 참조.

112 중앙정보부가 반공법 위반을 이유로 소설가 남정현을 구속했다고 발표한 것은 1965년 7월 9일의 일이다. 7월 24일 구속적부심에서 풀려나긴 했으나 다음 해 7월 12일 불구속 기소되어 결국 반공법으로 법정에 선 첫 작가가 되었다. 이러한 사실에 관해서는 「작가 남정현씨 구속」, 『동아일보』, 1965. 7. 10., 7면; 「작가 남정현씨 구속, 반공법 위반혐의로」, 『경향신문』, 1965. 7. 10., 7면; 「불구속기소」, 『동아일보』, 1966. 7. 12., 7면, 「소설 분지 작가 남정현 피고에 징역 7년을 구형」, 『동아일보』, 1967. 5. 24., 3면 등의 기사 참조.

113 검찰이 밝힌 기소의 이유는 이 작품이 ① 감상적인 민족주의를 내세웠고 ② 무기력한 국군을 묘사했으며 ③ 북한 괴뢰군을 찬양했고 ④ 미군에게 학대받는 양공주들의 참상을 과장 묘사하는 등 반미풍조를 고취한 혐의가 있다는 것이었다. 공보부 산하의 영화자문위원들조차 이 영화가 반공영화이며 영화법상으로도 검열에 저촉될 만한 부분이 없다는 데 공식적으로 동의했음에도 서울지검 공안부의 수사는 진행되었고, 결국 이만희 감독이 구속 수감되는 사태에 이르렀다. 한국영상자료원 소재, 〈7인의 여포로〉 검열서류 참조.

적지 않았다.[114]

그에 따른 결과는 1960년대 영화에서 미국인에 대한 구체적인 재현 자체의 축소로 나타났다. 1950년대처럼 스크린에서 일상을 배경으로 '미국적인 것'이나 미국적 가치를 언급 내지 풍자하는 일은 보기 힘들어졌고, 스크린에서 표상되는 미국은 의학 기술이나(<내일은 웃자>(박종호, 1967), <죽어도 그대품에>(조문진, 1969)) 군사 기술이 발전한 곳(<적선지대>(이한욱, 1965)), 혹은 연락이 쉽지 않은 아주 먼 공간을 의미하는 서사적 장치처럼 추상적인 의미로 존재했다. 스크린에 미국인이 직접 등장한 경우에는 위기의 상황에 한국인의 목숨을 구해준 구원자, 한국군과 긴밀한 도움을 주고받는 전시의 동지, 전쟁고아를 따뜻하게 보살피는 사람과 같은 몇몇 스테레오타입의 재현으로 국한되던 형편이었다.

114 1950년대와는 달리 미군 기지나 기지촌과 같은 공간이 서사의 배경으로 선택되거나 양공주가 등장하는 경우가 1964년의 〈7인의 여포로〉 사건을 기점으로 한 1960년대 중반 이후에 극히 드물게 되었던 것은 엄혹한 정부의 검열이 가시화됨에 따른 결과로 보인다. 기지촌 주변의 비참한 군상을 다룬 〈10대의 반항〉(김기영, 1959)이나 〈지옥화〉(신상옥, 1958), 혹은 양공주 여동생을 비판적인 시선으로 등장시킨 〈오발탄〉(유현목, 1961)과 〈혈맥〉(김수용, 1963)과 같은 영화가 더 이상 만들어지기 어려운 상황이 되었다는 것이다. 1970년대 중반에 이르면 드물긴 하지만 기지촌을 배경으로 한 영화가 다시금 등장하게 되는데, 동두천의 양공주였던 한 여성의 삶을 다룬 〈안나의 유서〉(최현민, 1975)가 그런 경우이다. 그러나 이 경우는 〈지옥화〉나 〈오발탄〉, 〈혈맥〉에서의 양공주 표상과는 궤를 달리한다. 한국전쟁에 참전한 미군은 기지촌에서 어린아이를 키우며 생계를 위해 애쓰는 양공주 안나를 따뜻하게 보살피는 존재로, 종국에는 병든 안나를 대신하여 부모 노릇을 자처한다. 안나의 딸을 미국으로 데려가서 양녀로 키우고, 그 아이가 한국을 잊지 않도록 한국어를 비롯하여 한국에 관한 일련의 교육을 시키며, 이후 딸을 데리고 다시 한국을 방문하여 안나의 무덤을 찾는다. 비록 안나의 딸이 미국에서 성장했음에도 성년이 되어서까지 한국과 한국어를 잊지 않고 엄마의 비극적인 삶을 포용할 수 있었던 데에는 미국인 양아버지의 역할이 적지 않다. 이처럼 1960년대 초반까지의 양공주 묘사와 1970년대 중반의 양공주 묘사는 큰 차이를 보이는데, 이런 사정을 감안한다면 1970년대 초반에 가능했던 〈옥합을 깨뜨릴 때〉의 미군 표상은 혈맹인 미국이라는 존재가 흔들리고 한국대중에게 불안감이 확산되던 1970년 전후의 상황에서 초래된 다소 돌출적인 경우라 할 수 있다.

1960년대 박정희 체제하에서 미국은 공산주의와의 대결에서 우리를 지켜줄 우방이면서 동시에 냉전시대의 '제국'으로서의 성격이 보다 강했다. "미국이 떠나면 우리는 죽는다"[115]는 위기감이 있을 정도로 미국은 우리가 기대고 의존하는 나라로 존재했는데 이러한 위상은, "일체의 구속들로부터 해방된 개개인이 자기 의지대로 행동할 수 있는 자유로운 사회"가 가능한 민주주의 국가라는 전후의 이상적 이미지와는 다른 것이었다. 1960년대에 폭력적인 미국인의 서사화가 철저하게 금지되었던 상황은 그만큼 미국에의 의존도가 절대적이었음을 말해준다.

이런 사정을 감안한다면 <옥합을 깨뜨릴 때>[116]는 이례적인 작품일 수 있다. 그동안 문화적 기억에서 완전히 배제되었던 미군 병사에 의한 민간인 성폭행이라는 사안을 스크린에 올리고 그 사건이 미친 여파를 기둥 줄거리로 삼고 있기 때문이다. 이 영화는 오프닝 장면에 미군의 성폭행 사건을 배치함으로써 그간의 금기를 순식간에 깨버린다. 천둥 치는 어두운 밤에 한 여인(김지

115 김동춘, 『미국의 엔진, 전쟁과 시장』, 창비, 2004, 9쪽.

116 '무기수의 옥중소설'로 화제가 되었던 동명의 장편소설을 영화화한 작품이다. 1969년에 여성동아가 복간 기념으로 1,950만 원을 내건 장편소설 공모에서 입선작으로 뽑힌 이지욱의 동명 소설을 원작으로 하고 있다. 처음에는 5살 난 아들을 둔 주부가 쓴 것이라 발표되었지만 얼마 가지 않아 남성 무기수가 옥중에 쓴 소설이었음이 드러나 입선이 취소면서 세간의 화제가 된 바 있다. 서너 군데의 제작사가 영화로 만들겠다고 나섰지만 결국 태창흥업이 영화화하였다. 제8회 청룡영화제에서 작품상과 촬영상을, 제15회 부일영화제에서 여우주연상과 남우조연상을 수상했다. 「〈옥합을 깨뜨릴 때〉기획 태창흥업 영화화」(『매일경제』, 1969. 11. 24., 4면; 「최우수작품상에 〈옥합을 깨뜨릴 때〉 청룡영화상 시상식」(『동아일보』, 1971. 3. 8., 6면; 「여인의 원죄와 새 삶의 시작-〈옥합을 깨뜨릴 때〉」(『동아일보』, 1971. 3. 16., 5면; 「베를린영화제에 〈옥합을 깨뜨릴 때〉 출품」(『동아일보』, 1971. 4. 27., 5면; 「남자주연상에 이순재씨 부일영화상 감독 유현목」(『경향신문』, 1972. 3. 22., 8면 등의 기사 참조.

미 분)이 누군가에게 쫓기다가 이내 겁탈을 당한다. 남자가 자리를 뜬 뒤에 여자가 처절한 울음을 터뜨리며 비 내리는 길바닥에 주저앉는 것으로 장면은 마무리된다. 여인을 범한 사람의 얼굴은 보이지 않음에도 우리는 그림자의 실루엣을 통해 그가 군인임을 알 수 있다. 영화가 끝날 때까지 가해자의 구체적 정체에 관해 어떤 언급도 하지 않지만, 화면은 그에 관한 정보를 완전히 봉쇄하지는 않는다. 영화의 첫 장면에서 건물 벽에 붙은 "접근하면 발포한다 CAUTION"이라는 붉은 문구의 표지판이나 "접근하면 발포한다 OFF LIMIT 접근 엄금"이라는 문구를 통해, 그곳이 미군부대이고 그녀를 범한 사람이 미군임을 쉽게 짐작할 수 있다.

[사진-10] <옥합을 깨뜨릴 때>

전체적인 서사는 한국전쟁기에 미군에게 성폭행당한 이후로 피해 여성과 그 주변인들이 맞이하게 된 고난에 초점이 맞춰진다. 사연인즉 이러하다. 서울에서 병원을 운영하던 여자의 남편(남궁원 분)은 한국전쟁이 발발하자 미군부대에 군의관으로 배속되어 일본으로 떠났고, 홀로 남은 여자(김지미 분)는 어린 딸과 함께 피란길에 올라 모진 고생을 한다. 1951년 2월 수복 후 서울로 올라온 그녀는 자신이 길에 쓰러졌을 때 도움을 준 어린 전쟁고아들과 함께 생활하게 된다. 그러던 어느 날 아이들 가운데 한 명이 미군창고에서 먹을 것을 훔치다 발각되어 미군에게 상처투성이가 될 정도로 구타당하는 일이 발생한다. 아이가 구걸하는 일은 막아야겠다는 생각에 여자는 미군부대에 세탁부로 취직하여 일하게 되지만 그 와중에 부대 근처에서 성폭행을 당했다는 것이다.

물론 전시 성폭행이라는 사건 자체가 한국영화에서 그리 낯설 바는 없다. 이를테면 <장군의 수염>에서는 피란길에 오른 어린 소녀가 중공군에게 겁탈당하는 장면이 등장하며 <황야의 독수리>(임권택, 1969)에는 일본인 한만 국경수비대가 젊은 아기 엄마를 윤간하는 장면이 삽입된 바 있다. 북한의 대중서사가 미군의 민간인 겁탈을 즐겨 구사하듯이 한국영화는 전쟁기에 일본이나 북한, 중국인에 의해 성폭행당하는 순간을 드물지 않게 담아냈다. 그러나 전시 미군의 폭력이나 부정적인 미국인 재현이 엄격하게 통제되었던 만큼, <옥합을 깨뜨릴 때>가 미군 병사에 의한 성폭행 장면을 별다른 제지 없이 스크린에 담을 수 있었다는 사실 자체가 다소 돌출적으로 느껴지기도 한다. 이 영화가 보여주는 미국 표상은 미국에 대한 관심과 미국주의를 향한 열망이 대중들에게 광범위하게 공유되던 1950년대의 경우와 거리가 있을 뿐만 아니라, 냉전문화가 철저하게 가동되던 1960년대의 일반적인 분위기와도 구별된다. 어떻게 이런 일이 가능할 수 있었을까.

심각한 검열 이슈를 야기하지 않은 것으로 보아, 이 영화는 정부의 정책에 크게 위반되거나 그에 도전하는 자리에 있지도 않았던 것으로 판단된다. 당시의 검열서류[117]는 이 영화가 상영되기까지 정부의 강한 제지나 삭제 지시가 없었음을 보여준다. 영화 제작에 앞서 이뤄진 사전 심의에서 미군의 겁탈 신을 다른 것으로 개작하기 바란다는 의견이 제시되지만, 겁탈 장면 자체를 제거하라는 요구는 보이지 않는다. 오프닝 장면에서 "여성의 둔부를 직접 제시하지 않도록" 하라든가, "미군부대의 세탁부로 취직했다가 미군병사에게 변을 당하고…"와 같은 대사에서 '미군부대' '미군병사'와 같은 직접적 언급을 삭제하라는 지시 정도가 있을 뿐이다. 미군부대와 미군병사임을 드러내는 오프닝 장면의 존재 자체에 대해서는 별다른 수정 지시가 없다. 또한 연출을 맡은 이는 당시 대세 감독 중의 한 명인 김수용 감독[118]이고, 김지미, 윤정희와 같은 A급 배우들이 주연으로 출연한 나름 주류영화에 해당한다. 국내의 여러 영화제에서 작품상을 비롯한 다수의 상을 수상했으며 서울에서만 50,370명의 관객을 동원한 당시로서는 나쁘지 않은 흥행 성적을 거두기도 했다.[119]

<분지>의 검열 사건으로부터 불과 몇 년도 지나지 않은 1971년에 이러한 재현이 가능해진 데에는, 짐작건대 '데탕트' 시대를 맞은 사회 분위기의 변화가 놓여 있다. 1945년부터 1960년대 중후반까지가 한국의 국가 형성을 위해 미국이 가장 깊이 개입한

117 한국영상자료원 소재, 〈옥합을 깨뜨릴 때〉 검열서류 참조.

118 한 신문기사에 따르면 김수용은 'A급 흥행의 명수'에 해당하는 감독이었다. 「영화평: 발산하는 젊음 / 〈청춘교실〉(한양)」, 『조선일보』, 1963. 8. 25., 5면.

119 국도극장에서 개봉했다. 한국영상자료원 DB(http://www.kmdb.or.kr), 2023년 11월 23일 접속.

시기였다면[120] 1970년을 전후한 데탕트 시기는 미국과의 거리감이 생기던 때다.

1969년에 적대적 진영 간의 긴장 완화를 강조하는 아시아 외교정책인 닉슨 독트린(Nixon Doctrine)이 선포되면서 아시아 냉전 구도를 비롯한 국제적 상황이 가파르게 변화하기 시작했다. 닉슨의 정책은 아시아의 냉전을 부분적으로 해소했지만 박정희 정권에 위기의식을 일으키며 미국 정부와의 불화를 가시화시켰다. 특히 외부의 공격이나 위협에 대해서는 아시아 각 나라 당사자가 저항 및 저지해야 한다는 입장과 함께 주한미군의 감축 선언이 이어지자, 한국사회는 요동했다. 미국과 한국이 예외적인 우방 내지 혈맹관계에 있다는 믿음이 흔들리기 시작했고, 어쩌면 한국도 미국의 여러 '고객'[121] 중 하나에 불과할지 모른다는 의심이 커져갔다. 이러한 사회 분위기가 미국의 표상에 대한 엄격한 통제를 잠시 완화하고 한국에서 전쟁에 대한 문화적 기억이 빠르게 변동할 여건을 제공했던 것으로 보인다.

전쟁의 실감에서 다소 멀어져 있는 젊은이들의 경우에는 대미의식이 좀 더 냉정했다. 1960년대 후반의 한 좌담회에서 나온 한 청년의 말은 미국에 대한 인식이 이 시기에 빠르게 달라지고 있었음을 알려 준다.

120 그렉 브라진스키, 나종남 옮김, 『대한민국 만들기, 1945~1987』, 책과함께, 2011, 25쪽.
121 김동춘, 앞의 책, 151쪽.

해방되자 자유우방인 미국은 한국의 민주발전이란 여건 보장을 위해 오늘날까지 경제적인 원조를 많이 해주었으나 실질적인 의미에서 미국의 원조정책이 반공보루의 일환책으로 생각됩니다.[122]

미국의 원조정책이 민주발전을 위한 것이 아니라 반공전선을 지키기 위한 방편이라는 깨달음을 보여주는 위의 말처럼, 미국은 자기 이익을 추구하는 일개 강대국일 뿐이라는 시선이 언론에서 자주 목격되기 시작한 것도 이때다. 이 시기에 한국 "언론에 나타난 미국은 한국과 갈등 속의 미국이었고, '배신자' 미국, 그리고 혈맹이 아닌 '자국의 이익을 추구하는 보통국가' 미국이자 '타자'로서의 미국이었다."[123] 미국에 대한 배신감이 확산하면서 미국에 대한 재인식과 한국의 자주성을 촉구하는 분위기가 조성되었다. 미국은 더 이상 신생독립국 미래의 절대적인 지표로 인식되던 이상적 국가가 아니었다. 전후의 시기와는 근본적으로 다른 성격의 대미의식이 형성되기 시작한 것이다. 오랫동안 침묵되던 미군 성폭력의 기억을 수면 위로 올린 <옥합을 깨뜨릴 때>는 이렇듯 달라진 대미의식이 만들어낸 첫 사례라 할 수 있다.

<옥합을 깨뜨릴 때>가 인상적인 또 다른 이유는 전쟁 기억의 경합장을 제공한다는 점에 있다. 한국전쟁에 대한 성찰적 기억은 1960년대 후반에 나온 일련의 모더니즘 영화들도 공유하는 것이지만, 그러나 이 작품은 궤를 조금 달리한다. 한국전쟁의 아

122 「좌담회: 젊은 세대에 비친 8·15」, 『경향신문』, 1967. 8. 15., 7면.

123 김연진, 「한국 언론을 통해 본 미국과 미국화: 이미지와 담론」, 『미국학논집』, 2005, 22쪽.

픈 기억을 통해 전쟁과 미국의 연관성을 묻고 그 질문을 네이션의 자율성 문제와 결합하고 있기 때문이다. 또한 전쟁 기억을 세대의 역사의식으로 끌어들여 사회 변화를 도모하려는 의지도 보이고 있다. 그런 점에서 눈길을 끄는 것은 젊은 세대가 그들의 시선으로 전쟁의 기억과 대면하고 있는 대목이다. 홀아버지 밑에서 성장하여 성인이 된 딸(윤정희 분)은 어느 날 우연히 어머니의 얼굴이 잘려 나간 사진을 발견하고, 어머니가 부재한 이유에 대해 아버지에게 따져 묻는다. 그러나 아버지는 과거를 솔직하게 털어놓지 못한다. 모든 것이 자신의 잘못일 따름이라는 모호한 말만 되풀이할 뿐이다. 딸은 어머니의 과거를 기억에서 지우려는 아버지에 맞서 자신에게는 엄마의 기억을 가질 권리가 있다고 주장한다. 아버지와 딸이 나누는 대화는, 전쟁 기억을 두고 전쟁 체험 세대와 미체험 세대의 서로 다른 시선을 드러낸다.

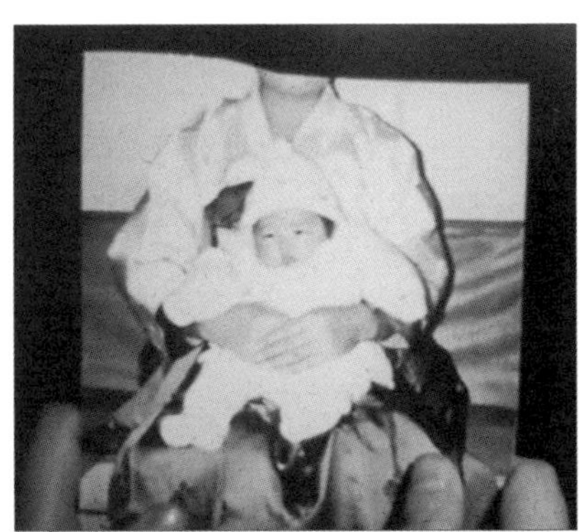

[사진-11] <옥합을 깨뜨릴 때>

끝내 침묵하는 아버지를 대신하여 딸에게 어머니에 관한 이야기를 전해주는 사람은 과거에 어머니가 돌봐준 고아들 가운데 한 명이었던 젊은이다. 딸과 그 젊은이와의 대화는 침묵을 지킬 수밖에 없었던 과거와는 다르게 전쟁의 기억에 대한 새로운 접근이 요구되고 기억의 보존 방식이 화두여야 할 필요성을 드러낸다. 서로를 이해하지 못하는 자매, 오랫동안 소식이 두절되었던 가족의 상봉은 분단 현실의 일종의 제유로 작동하면서 한국전쟁을 재평가하고 재전유하려는 무의식적/의식적 에너지를 표출시킨다. 또한 어머니의 부재를 더 이상 방관하지 않겠다는 딸의 굳은 의지는 분단과 이산의 아픔을 치유하는 서사가 시작될 가능성과 당위성을 제시한다.

2) 기이한 죄의식

전쟁기 미군의 폭력에 대한 표상이 오랫동안 불가능했던 만큼 쉽게 기댈 서사 관습이 부재한 상황에서 미군 성폭행이라는 트라우마적 사건을 새로운 상징 질서 속에 배치할 방식을 두고 영화인들이 가졌던 고민은 제법 컸을 법하다. 이와 관련하여 눈길을 끄는 것은 <옥합을 깨뜨릴 때>가 보여주는 기묘한 마음의 풍경들이다. 한국전쟁의 기억과 관련하여 인물들의 심리를 장악한 감정이 예사로워 보이지 않기 때문이다.

영화 속의 한 장면으로 들어가 보자. 전쟁이 끝난 직후 일본에서 돌아온 남편은 사라진 아내를 백방으로 찾아다닌 끝에 마침내 그녀와 마주한다. 그런데 헤어졌던 가족의 상봉치고는 많이 어색하다. 아내는 남편을 등지고 서 있고 남편은 애원하는 표정으로 그녀를 바라보고 있다. 가족의 재회가 주는 애틋함은 고사하고

아내는 집으로 돌아가기를 한사코 거부한다. 집으로 돌아오라는 남편의 말에 여자는 "당신의 아내는 그날 그 순간에 죽었"다며 자신은 "결코 용서받을 수 없는 여자"이니 죽는 순간까지 자신을 "채찍질하며 살아"갈 것이라 말한다. 가족으로 돌아가지 않고 자신이 "무덤"이라 부르는 고아원에서 아이들을 키우는 일에 전념하며 살아갈 것이며, 그것만이 자신이 '용서'를 구하는 유일한 길이라는 것이다. 남편의 간곡한 만류에도 굴하지 않고 그녀는 가족을 떠나 이른바 '속죄'의 길을 고집한다.

이 영화는 가해자의 죄와 책임을 묻는 일에는 관심이 없다. 그 대신에 죄책감을 품고 살아가는 여주인공을 비롯한 여러 인물들의 내면을 보여주는 일에 집중한다. 성폭행을 범한 자에 대해 분노나 증오의 감정을 표하지 않는다는 점에서는 극중 인물 모두가 매한가지다. 남편은 그 사건이 "천재지변과 같은 것이었"으니 잊어버리자고 말하면서도 "지난 일은 모두 내 불찰이었다"며 여자에게 용서를 빈다. 여자의 동생은 언니가 부재한 자리를 탐냈던 것에 죄책감을 느끼고 먼 곳으로 떠나버린다. 야만적인 폭력의 상황도 자신의 잘못이고 그저 모든 것이 자신의 죄일 따름이라는 것이다.

죄지은 자만이 죄책감을 갖는 건 아니다. 피해자도 죄책감을 느낄 수 있다. 성폭행 피해자는 폭력을 당할 만한 원인을 자신이 제공했을지도 모른다는 생각에서, 혹은 저항하지 못했거나 더 강하게 저항하지 않은 것에 대해, 또 그 상황에 놓이게 된 것 자체를 자책할 수 있다.[124] 그때 다르게 행동했더라면 하는 후회가 있을 수 있고, 잘못한 부분이 있었는지를 따져보며 자신의 행동을 반성할 수도 있다. 성범죄 피해자가 위로는커녕 오히려 따가운 시선을 받으며 죄인이 된 느낌으로 살아가는 경우는 지금 시대에도 낯설지 않게 목격된다.

한편으로는 피해자이면서도 죄책감을 느끼는 여주인공의 반응은 영화 속에서 정조를 잃은 여인이 그 원인을 자기 탓으로 돌리는 멜로드라마적 컨벤션으로 보이기도 한다. 미군에 대한 일말의 적의나 복수심이 부재한 것 역시도 전쟁 시기라는 예외적 사정임을 고려하면 이해가 전혀 불가능하지는 않다. 전쟁이 끝나고 질서가 잡힌 시기가 된다 해도 주둔 외국군에 의한 피해 사건은 거의 미제로 남아 있거나 이미 가해자가 자국으로 이송돼 면죄부를 받는 형편[125]이었음을 감안하다면 가해자에 대한 감정을 삭제한 것을 전혀 납득하지 못할 바는 아니다.

그럼에도 이 영화의 죄책감은 남다른 데가 있다. 그 과도함 때문이다. 남편을 비롯하여 극중 인물 대부분이 모든 것이 자신의 잘못이라는 말만을 되풀이한다. 무슨 잘못을 했다는 것인지를 구체적으로 밝히지는 않는다. 그저, 그런 감정을 갖고 있다는 것이다. 죄책감은 잘못을 깨닫거나 인식했을 때 갖게 되는 감정이다. 야엘 다니엘리는 실제로 잘못을 했을 때와 그렇지 않았을 때 갖게 되는 죄책감을 구별하며, 잘못하지 않았음에도 갖게 되는 죄

124 박옥임 외, 『성폭력 전문상담』, 시그마프레스, 2004. 12, 48쪽.

125 김동춘, 「참전 군인의 전쟁 범죄 면죄부 준 백인우월주의」, 『한겨레 21』, 2012. 6. 4.

책감을 "상상된" 죄책감이라 이야기한다.[126] <옥합을 깨뜨릴 때>의 죄책감은 실제로 잘못을 저지르지 않았음에도 갖게 되는 "상상된" 죄책감에 가깝다. 그렇듯 상상된 감정이 그녀만이 아니라 그 주변인들에게도 공유되어 있고, 그것이 영화 전체를 도포하는 압도적인 감정이 되고 있다는 것은 인상적이다. 죄책감으로 오랫동안 자신에게 내린 큰 형벌을 감내하고 있는 이의 고통과 슬픔은 기묘하면서도 진한 감정의 울림을 자아내기도 한다. 그러나 가해자가 원한의 대상이 되지 않을 뿐 아니라 처벌받지 않으며, 오히려 피해자가 죄책감으로 참회의 길을 가고 있다는 내용은 그 자체로 기이해 보이는 것이 사실이다.

훗날 성인이 된 딸과 해후한 여자는 "죄가 많은 곳에 은혜도 많은 법"이라는 말을 들려준다. 성경의 구절에서 가져온 영화의 제목[127]이 뜻하듯이 이 영화의 메인 테마는 속죄의식이다. 영화의 곳곳에 배치되어 있는 십자가 내지 예수와 마리아의 이미지는 이 영화의 핵심적인 전언이 자신의 죄에 대한 책임을 다하는 것의 중요성임을 강조한다. 이때의 속죄란 무엇을 의미하며, 피해자가 스스로에게 형벌을 내릴 정도로 큰 죄책감은 어디로부터 기원하는 것인가.

126 Yael Danieli, Psychotherapists participation in the conspiracy of silence about the holocaust. *Psychoanalytic Psychology*, 1, 1984, pp.23~42.

127 '옥합을 깨뜨릴 때'라는 제목은 마가복음 14장 3~9절에 의거한다. 성경의 이 부분에는 마리아가 매우 값진 향유가 든 옥합을 들고 예수를 찾아와 옥합을 깨뜨려 예수의 발에 향유를 붓고 자신의 머릿결로 예수의 발을 닦는 내용이 담겨 있다. 죄 많은 한 여인이 옥합을 깨뜨림으로써 예수에 대한 계산 없는 헌신과 섬김을 보이고, 그를 통해 비로소 자신의 죄를 사하게 되고 영광을 받았다는 내용이다.

영화 속 인물들이 보이는 죄책감이 갖는 궁극적인 의미를 이해하기 위해서, 그들이 보여줄 법하지만 끝내 보여주지 않은 감정에 대해 따져 묻는 것도 하나의 방법일 것이다. 우선 그들은 가해자에게 으레 내비치기 마련인 분노를 표하지 않는다. 겁탈한 가해자를 향한 분노와 원한이 유발될 수 있는 상황임에도 불구하고 그 피해 여성이나 가족들 내지 지인들 어느 누구도 이상스러우리만치 가해자에 대한 적의나 분노의 감정을 전혀 내비치지 않으며, 그에 대한 어떠한 부정적인 말을 입에 올리는 법도 없다. 가해자가 사라진 자리를 채우는 것은, 모두가 자신의 잘못이라고 말하는 개인들의 윤리적 목소리다. 그 사건에 책임을 지겠다는 피해자들의 죄책감만이 전경화되고 있는 형국이다.

이러한 점은 청춘영화를 비롯하여 1960년대 많은 영화들을 도포하던 수치심과 이 영화가 갈라지는 지점이기도 하다. 앞 장에서 살펴본 바와 같이 청춘 멜로드라마는 굴욕감과 치욕, 불명예와 같은 감정들을 빈번하게 등장시킨 바 있다. 영화마다 사연은 조금씩 다르지만 1960년대의 많은 영화들에서 주인공들이 공통적으로 품고 있는 것은, "거부되고 조롱당하고", "다른 사람으로부터 존중받지 못한다는 고통스러운 정서"인 이른바 '수치심 정서군(shame family)'으로 간주되는 감정들[128]이었다. 그러나 <옥합을 깨뜨릴 때>를 지배하는 죄책감은 자기 파괴로 치닫곤 하는 수치심과 결을 달리한다. 다만 자신의 죄책감으로 상황을 극복하

128 미국정신분석학회 편, 이재훈 옮김, 『정신분석 용어사전』, 서울: 한국심리치료연구소, 2002, 237~239쪽.

겠다는 것인데, 서사의 균형을 무너뜨릴 정도로 죄의식을 전면화한 영화의 풍경들은 그 과도함 때문에 다소 도착적으로 보이기도 한다. 그러나 과도함은 시대를 지시하는 일종의 증상일 수 있다. 도를 넘게 죄책감을 내세우는 이면에는 당대의 심리적 현실이 동인으로 작동하고 있을 터인데, 그 자세한 사정을 이해하기 위해 감정이 갖는 속성을 좀 더 따져볼 필요가 있다.

심리학에서 말하는 수치심이나 죄책감은 대인관계에서 나오는 자의식적인 감정(self-conscious emotion)으로 간주된다.[129] 두 감정은 서로 엄격히 구분될 수 있는 것은 아니어서, 많은 부분 겹치고 함께 유발되기도 한다. 그러나 자아(self)와 행동(doing) 가운데 어디에 무게를 두느냐에 따라 두 감정은 근본적인 차이를 보인다. 헬렌 블락 루이스의 논의를 빌리자면,[130] 수치심은 자아(self)가 문제가 되는 경험이고, 죄책감은 자기의 일부인 행위(doing)가 문제시되는 경험이다. 수치심이 자기의 결함에 초점을 맞추는 반면 죄책감은 자신에게 책임이 있는 어떤 사건에 방점이 놓인다. 다른 사람으로부터 존중받지 못한다는 데서 생기는 감정이 수치심이라면, 죄책감은 자신이 저지른 잘못에 대하여 책임을 느끼는 마음이다.[131] 수치심은 자존감이 부족한 자가 무기력하게 고통을 느끼는 수동적 상태이지만, 죄책감의 경우는 다르다. 잘못에 대한 평가가 자아를 향한 것이 아닌 까닭에 수치심의 경우보다 능

129 Tangney and K. Fischer (Eds.). *Self-Conscious Emotions*. New York: Guilford, 1995.

130 Helen Block Lewis, *Shame and guilt in neurosis*. New York: International Universities Press. 1971.

131 미국정신분석학회 편, 이재훈 옮김, 앞의 책. 2002.

동적일 수 있으며, 비록 권리 박탈과 같은 자기 처벌을 하는 경우라도 덜 괴롭고 생산적인 감정이다.

그런 의미에서 수치심이 1960년대 초중반의 청춘영화를 비롯하여 한국영화의 주요한 감정이 되곤 했던 것과 달리 1960년대 후반에 이르러 죄책감이 전면화되었다는 점은 쉽게 간과하기 어려운 변화로 보인다. 수치심과 죄책감 가운데 어느 한 쪽이 더 발달된 것이라고 단정하기는 어렵지만, 최소한 능동적으로 전쟁의 상처와 대면하려는 의지가 생기기 시작했다는 이야기가 가능해지는 까닭이다. 전쟁 일반이 그렇듯 한국전쟁도 천재지변이었을 따름이라는 식의 체념이나 합리화가 아니라, 개인이 전쟁의 책임을 적극적으로 껴안으려 한다는 점에서 그냥 지나치기 어려운 면이 있다.

3) 공적 판타지

<옥합을 깨뜨릴 때>의 인물들이 미국의 폭력에 분노를 표하지 못하고 피해자가 오히려 죗값을 치르려는 심리의 밑바탕에는, 미국과의 관계로 표명되는 이 나라의 자기 제한이 놓여 있다. 전쟁 중에 미군이 한국의 민간인 여성에게 저지른 범죄를 한국인 자신이 짊어져야 할 죄의 영역으로 받아들이는 일은 한국과 미국 사이의 관계가 여전히 정상적이지 않음을 의미한다. 1960년대 중반에 어느 지식인은 모든 사안에 미국의 허락을 구해야 하는 굴욕적 상황을 거론하며 한국에서는 '가능성'이란 말을 '허용'이라

는 단어로 바꿔 써야 한다고 자조적으로 말한 바 있다.[132] 미국이 진정한 주인인 양 행동하는 현실에서는 '의존하는 우리', 자립이 불가능한 '불행한 우리'일 수밖에 없다는 것이다. 국외자에게 우리의 운명을 내맡긴 것과 같은 '비주체적' 상황이야말로 신생독립국으로 새로이 출발한 한국인들을 괴롭히는 핵심 원인으로 자리하고 있었다.

비슷한 시기에 제작된 <타잔 한국에 오다>(김화랑, 1971)나 <성난 해병결사대>(고영남, 1971)는 이 시기에 주체적 자기 책임 내지 자기 결정권에 대한 욕망이 팽배해 있었음을 보여 준다. 이들 작품에서 서사를 끌어가는 인물은 미국인을 돕거나 구원하는 한국인이다. 구원자 내지 원조자라는 미국의 페르소나를 뒤집은 이러한 인물의 존재는 당연히 현실과는 다른 판타지일 뿐이다. 이 시기는 미국의 결정권으로부터 완전히 독립할 수 없는 처지라는 점에서는 과거와 크게 다르지 않은 상황이었다.

이러한 사정은 <옥합을 깨뜨릴 때>가 제시하는 풍경이, 자신이 온전한 주인일 수 없는 상황을 잘 알지만 그럼에도 자기 주권을 향한 열망을 포기할 수 없다는 당대의 마음이 발현된 것으로 볼 단서를 제공한다. 네이션의 주체적 건설과 정상화에 대한 강한 갈망이 그러한 감정을 이끈 동력이라는 것이다. 여주인공이 스스로를 벌하는 이야기는 전쟁의 희생자이기만 했던 과거에서 벗어나 비극을 자기의 책임으로 받아들임으로써 비로소 상황의 주인

132 송인복, 「아메리카인에게」, 『청맥』, 1965. 8. 1., 87쪽.

이 되려는 욕망을 보여준다. 보편적인 이상으로서의 민주주의를 받아들인다 해도, 그것을 주인의 입장에서 받아들인 경우와 그렇지 않은 입장에서 강요받은 경우는 엄연히 다르다. 스스로 주인이 되기 위해 죄를 필요로 하는 이러한 풍경은 미국주의의 피해자이면서도 보편적 이상으로서 미국주의의 지평 자체를 벗어날 수 없었던 한국사회의 특이한 위치와, 주인이 아님을 알고 있음에도 그러한 처지를 받아들일 수 없는 미묘한 마음이 낳은 것이라 할 수 있다.

[사진-12] <은마는 오지 않는다>

그러한 마음자리가 본격적으로 모습을 드러내기 시작한 것은 87년 체제 이후의 일이다. 1980년대 후반부터 다량으로 제작된, 미국인의 폭력을 스크린에 올리고 분노의 시선으로 응시한 일련의 영화들이 그런 마음의 결과물이다. 이를테면 1990년대에 제작된 <은마는 오지 않는다>(장길수, 1991)는 전쟁기에 한국 여성(이혜숙 분)이 미군 병사에게 성폭행당하는 잔혹한 장면을 직접 스크린에 올린다. 이때 미군 성폭력의 재현만큼이나 비중 있게 다뤄지는 것은 이 여자에게 죄를 물을 수 있는지를 질문하고 그에 답하는 과정이다. 이 영화에서 피해자는 겁탈을 당한 이후 마을 사람들로부터 철저히 소외당하여 생계의 위기에 직면한다. 먹고살기 위해 양공주의 삶을 택한 그녀를 마을 사람들은 부정적인 시선으로 대하고 마을지도자는 마을을 떠나라고 요구한다. 그러나 그녀는 죄지은 자의 자리에 있기를 거부한다. 범죄자를 보듯 자신을 대하는 사람들을 향해 그녀는 "내가 이들을 불러들였냐? 왜 나한테 그래!"라며 자신에게 무슨 죄가 있느냐고 따져 묻는다. 이 영화가 공들여 전달하려는 것은 이 여자에게는 죄가 없음을 밝히는 것, 다시 말해 가해자와 피해자를 명료히 하고 진짜 가해자를 분별해야 한다는 메시지다.

<은마는 오지 않는다>가 이렇듯 가해자를 향해 분노를 표출하고 죄의 책임을 물을 수 있었던 배후에는 일련의 사회 변화가 놓여 있다. 1987년의 민주화와 여성운동, 그리고 국제적인 냉전 상황의 종식이 이뤄지고 나서야 비로소 과거를 대면할 광범위한 공론장이 형성되고, 한국전쟁 시기의 범죄와 희생자들을 제대로 분별할 일련의 움직임이 가능할 수 있었다. 이는 한국전쟁의 트라우마가 본격적인 치유의 길로 들어서기 위해서는 일련의 사회 변화가 수반되어야 함을 보여주는 것이면서 한편으로는 1987년의 항쟁이 그랬듯이 분노를 통해 사회가 새로이 변화될 수 있음을 말해준다.

<옥합을 깨뜨릴 때>가 문화적 의미를 갖는다면 그것은 전쟁의 상처와 예속된 네이션의 처지에서 벗어나고픈 갈망을 도착적 형태로나마 구현했다는 점일 것이다. 이 영화가 펼쳐낸 서사는 그러한 갈망들이 상상적으로 충족되고 대중적으로 소비되도

록 디자인된, 엘리자베스 코위가 말한 이른바 '공적 판타지(public fantasies)'[133]에 가깝다. 이 판타지는 패배할 수밖에 없었던 자신의 삶과 현실을 반성하는 정신 행위이자, 한국의 역사를 주체적으로 전유하고 재평가하려는 욕망이 일그러진 형태로 구현된 것이라 하겠다.

여기서 죄책감은 더 나쁜 감정에 갇히지 않고 트라우마에 대처하기 위한 방어막이자, 네이션의 자기 결정권을 상상으로나마 갖고 싶어 했던 이 시대 사람들의 속내와 맞닿아 있는 감정이다. 이러한 죄책감은 적극적인 문제 해결을 위한 행동과는 거리가 있다는 점에서 <은마는 오지 않는다>의 분노보다 덜 생산적일 수는 있어도 비생산적이라고 말하기는 어렵다. 더 나은 자신이 되기 위한 속죄의 과정은 전쟁이라는 트라우마적 사건 앞에 무력했던 과거의 자신에서 벗어나려는 무/의식적 시도이자, 이런 "상상된" 죄책감을 너나없이 공유하게 만들어 역사 속에 희생된 사람들과의 유대를 증폭시키려는 장치이기도 하다.

133 Elizabeth Cowie, *Representing the Woman: Cinema and Psychoanalysis*, University of Minnesota Press, 1997, p.137.

2. 산업화 시대, 청년의 감정풍경

1970년대는 한국의 고도성장기였지만 영화계는 암울했다. 이 시기 한국영화는 황금기라 불리던 1960년대에 비해 극심한 침체기[134]를 맞이했다. "1960년대 후반에는 연평균 3.4%씩 증가율을 보이던 관객수가 1970년대에 와서는 10.6%씩이나 감소"[135]했고, 국민이 한 해에 영화관에 가는 횟수도 크게 줄어들었다.[136] 직접적인 원인은 "브라운관의 보급과 그밖에 레크리에이션, 레저붐으로 관객의 태반을 안방극장과 레저에 빼앗겼기 때문"[137]이다. 영화사업이 위기에 처하면서 영화가 차지하는 보편적인 대중오락으로서의 지위가 흔들리기 시작했고, 검열은 더욱 혹독해져서[138] 영화인들은 표현의 폭과 너비를 제한시키는 두터운 벽을 매번 실감해야만 했다. 정부 정책에 어긋나는 발언은 고사하고, 현실 문제나 사회 문제를 재현하는 일 자체가 금지되었으며 원치 않은 영화를 만들어야 했던 때이기도 했다. 김기영 감독의 말마따나, "군사정권이 유신을 준비하기 위해 독재의 극치 정치를 부리는" 어두운 때였고 "많은 감독들이 하고 싶지 않은 영화를 생

134 1970년대의 영화제작 편수는 1960년대의 절반이 안 되었고 "1960년대 말에 1억 7,800만 명에 이르던 영화관객수는 1976년에 1/3 가까이 축소되어 7,000만 명에도 미치지 못했"다. 말 그대로 "영화 암흑시대"였으며 "질의 빈곤시대"를 맞이하고 있었다. 김미현 책임편집, 『한국영화사: 開化期에서 開花期까지』, 커뮤니케이션북스, 2006, 219쪽.

135 「횡설수설」, 『동아일보』, 1976. 2. 16., 1면.

136 영화 관람 횟수는 영화전성기인 1966년에는 평균 5.4회였으나 1975년에는 2.9회로 크게 감소했다. 「영화관객이 줄어든다」, 『동아일보』, 1976. 2. 14., 5면.

137 「극장가 불황극심 각종 비용 늘어나고 관객수는 줄어」, 『경향신문』, 1976. 3. 15., 8면.

138 「횡설수설」, 『동아일보』, 앞의 신문. 1976. 2. 16.

계나 명분 때문에 만들어야 할 치욕의 시대”[139]였다.

영화의 존립을 둘러싼 의심과 우려가 불거지며 심각한 위기론이 제기되는 상황 속에서도 몇몇 영화들이 가시적인 성공을 거두었는데 그 대부분이 동시대 젊은이들을 서사의 중심에 내건 영화들이었다. 최인호의 동명 소설을 영화화한 <별들의 고향>(이장호, 1974)이 개봉했을 때 극장에 “밀물처럼 몰려”온 관객들 대부분이 “청바지의 아가씨, 대학 뺏지의 대학생 등(의) 젊은이들”[140]이었다는 점은, 청년세대의 공감을 얻어야만 영화계가 살 수 있다는 절박함을 공유케 했다. 청년세대가 중요한 재현 대상이자 영화계의 이상적인 관객으로 부각되고 청년의 현실과 가까이하려는 영화계의 의욕이 어느 때보다도 강했던 시기가 1970년대였다. 더군다나 대대적인 ‘청년문화’ 논쟁과 함께 ‘청년’이라는 말이 일종의 유행어가 되면서, 시대 현실을 비춰줄 유용한 영화적 상징의 위치에 젊은이가 놓일 환경이 조성되고 있었다.

1) 집단 기억 부재 세대의 정동공동체

1970년대 청년영화의 이채로운 지점 중 하나는 인물들이 보여준 세상에 대한 낯선 태도에 있다. 스크린 속의 젊은이들은 세상 고민을 혼자 걸머진 듯한 표정을 짓고 있지만 그 고민에 역사적이고 사회적인 범주가 끼어드는 일은 드물다. 네이션의 현실이

139 김기영·유지형, 『김기영 감독 인터뷰집: 24년간의 대화』, 선, 2006, 189쪽.

140 김병렬, 「청년문화와 청년영화」, 『영화』 2권 7호, 1974. 7., 68쪽.

고민의 일부를 이루지 않으며 무엇보다 서사에서 전쟁의 흔적이나 기억이 사라졌다. 동년배 젊은이들이 나누는 감각적이고 정서적인 교감이 비중 있게 다뤄지는 반면 세대 간의 감정적 교류는 현저히 약화되었다. 갈등의 처소는 대부분 개인적이고 일상적인 일과 관련되며 서사적 사건은 가벼운 연애담 정도의, 사건이라 하기에 민망한 소소한 에피소드들로 구성될 때가 많다. 때론 밝고 명랑한 분위기를 구사하여[141] 의도적으로 이야기를 가볍게 끌어가려 한 흔적도 보인다.

집단 기억의 이러한 부재는 앞 세대인 1960년대의 영화와는 성격을 달리한다. 1960년대 영화에서 '청년'이라는 기호는 젊은 세대만에 국한되지 않고 네이션의 집단 기억과 교섭할 여지를 갖고 있었다. 전쟁과 같은 불가항력적인 현실 때문에 상처 입은 젊은이의 불행담은 흔한 레퍼토리였고, 한 개인의 비극을 네이션의 고난과 연관하여 읽을 여지를 주는, 작지만 의미심장한 디테일들이 존재하곤 했다. 굳이 사회현실을 끌어들인 서사가 아니라도, 고아나 고학생, 건달이나 타락한 여성과 같은 인물의 존재 자체가 식민지나 전쟁 체험 및 분단의 비극 속에 희생된 이들에게 몸과 입을 빌려주는 대리자 역할을 수행하고 있었다. 부모의 부재나 결핍, 어머니의 타락과 같은 문제가 청춘세대의 성장을 저해하는 결핍의 토포스로 작동하고 있었고, 그들이 노정한 감정이나

141 스크린 속 젊은이들의 명랑함도 영화를 가볍게 만드는 요소 중 하나인데, 이러한 명랑함은 "청년영화가 제작에서 상영까지 가능했던 이유, 즉 '공모'의 지점을 드러내는 중요한 특질"로 읽히기도 한다. 손영님, 「1970년대 청년영화, 저항과 '공모'의 균열」, 『대중서사연구』 vol.24, no.2, 통권 46호, 205~235쪽.

심리적 불구 상태는 공동체의 운명과 연관되어 읽힐 여지가 있었다.

그러나 1970년대 청년영화는 1960년대와는 다른 양상을 보여준다. 주인공의 마음자리가 부모세대에서 비롯된 고난과는 무관하다는 점부터가 그러하다. 서사에서 가족사가 차지하는 비중이 현저히 적으며 기억이나 고백의 형식으로 지난날을 펼쳐내는 경우도 드물다. 청춘의 고난이 개인으로서는 어찌할 수 없는 네이션의 현실에서 기인했던 1960년대와는 다른 풍경이다. 사회적 현실이나 역사적 그늘이 있다고 한다면 그것은 매우 우회적으로만 읽어낼 수 있을 뿐이다. 이들 청년세대에게서 집단화된 기억의 파토스를 찾기란 쉽지 않다.

이들의 서사가 향하는 것은 지금의 현실이고 욕망이다. 산업화 시대의 욕망과 압박 속에서의 생존이 다른 무엇보다도 중요해졌음을 알리는 시각화 장치는 영화 곳곳에 편재한다. 영화의 오프닝은 대개 고층 건물이 빼곡히 들어선 서울의 도심 풍경을 담아낸다. 아파트는 어김없이 등장하며 바삐 움직이는 거리의 군중, 자동차와 버스가 내는 소음이 장르 공식처럼 자리한다. 청년에게 중요한 문제가 정글과 같은 도시에서 생존하는 것임을 알리는 여러 장치들이 영화에 포진해 있다.

지극히 개인적이고 사소해 보이는 영화 속 청년들의 삶은 혹독한 검열 탓만으로 돌릴 수 없는, 1970년대 청년의 세대적 특성이나 세대의식의 문제로 읽을 수 있다. 이들에게는 불가항력적인 공적 역사의 그늘이 없다. 역사나 사회로부터 거리를 두거나 그에 관한 문제의식을 삭제해 버린 이들 영화를 바라보는 당대의 시선이 고울 리 없었다. 몇몇 문제작을 제외하면 1970년대의 영화에는 집단 윤리나 역사적 문제의식이 부재하며, "통렬한 시선도 없었고, 저항은 더더욱 없었다."[142] 그렇다고 그들에게 고민이 없다고 말하는 것은 아니다. 자신의 상처나 실패의 핑계를 자기 외부의 현실에 댈 수 있었던 앞 세대와는 다르게, 1970년대의 젊은이들은 온전히 자신의 능력과 책임이라는 문제와 직면하게 되면서 삶이 더 복잡하고 힘겨울 수 있었다. 이러한 점은 전 시대와 단절하는 1970년대 청년영화의 고유성이며, 이 시기에 본격적인 세대문화가 형성되고 있었음을 말해준다.

위 세대와 스스로를 구분 지으려는 청년세대의 욕망이 직접적으로 표출되는 것은 비속어와 같은 그들만의 언어이다. 젊은이들은 그들만의 은어나 비어를 사용하여 집단 정체성을 표시하곤 한다. 최인호의 소설이 청년세대의 감성에 가까웠던 이유 중의 하나도 청춘 비속어의 거침없는 구사에 있었다. 그러나 영화에서 그런 세대언어를 활발하게 구사하는 일은 쉽지 않았다. 언어 순화를 이유로 검열 과정에서 차단되는 경우가 다반사였다는 점도 이유일 것이다. 가령 검열 과정에서 <성숙>(정소영, 1974)은 "전체적으로 대사가 너무 거칠어 언어 순화의 입장에서 … 유의하기를 요망"[143]한다는 이유로 '비속하고 저열'하거나 거칠고 야한 '불건전'한 대사의 수정을 요구받았다. 이러한 규제가 모든 작품들

142 이효인, 『영화로 읽는 한국 사회문화사: 악몽의 근대, 미몽의 영화』, 개마고원, 2003, 43쪽.
143 한국영상자료원 소재, 영화 〈성숙〉의 심의자료 참조.

에 일관되게 가해진 것은 아니어서 작품마다 편차가 있기는 하지만, 영화 속에서 젊은이만의 언어가 활발하게 세대감각을 드러내기에는 한계가 있었다.

기성세대와 구별되는 세대감각을 언어보다 더 적극적으로 드러내는 것은 감성이나 신체와 같은 정동적 장치이다. 음악이 그 대표적인 예다. 노래는 젊은이의 정서에 공명하고 감정을 표출할 수 있는 출구 역할을 하면서, '청년영화'의 흥행에 다른 무엇보다 중요한 몫을 담당했다.[144] 이장희와 송창식, 김정호, 전영록, 산울림 등을 비롯한 젊은 음악인들이 영화음악에 참여했으며, 스크린에 직접 모습을 보이기도 한다. 주로 통기타 연주와 함께하는 이들의 노래는 "청년의 가치의식을 공유하는" 일종의 "도시민요"[145]로, 젊은이의 정서에 공명하며 감정을 표출할 수 있는 출구로 기능했다. 누군가가 보기에는 "가락도 가수도 단순일변도라 과히 매력도 없는 대신, 바보나 천치가 아니면 그 누구나 쉽게 노래할 수 있다는 단순세포적 내외절충형 가요"[146]일 뿐이겠지만, 그런 단순함과 소박함이야말로 젊은이들이 감응할 내용과 정서를 담을 수 있는 힘이었다.

음악을 매개로 한 정동적 공간의 중요성도 크다. 영화에는 생맥줏집이나 음악다방, 통기타 살롱과 같은 공간에 모인 또래의 젊은이들이 통기타를 연주하며 노래하는 가수의 공연을 함께 감

144 이영일, 「퇴행과 콤플렉스의 젊은이들」, 『영화』, 1975. 3., 65~67쪽.

145 박애경, 「한국 포크의 '도시민요'적 가능성 탐색-1970년대 포크송과 포크문화를 중심으로」, 『한국민요학』 vol.41, no.2, 2014, 56쪽.

146 「가거라 38선에서 통기타까지」, 『조선일보』, 1975. 2. 15., 4면.

상하는 장면이 자주 등장한다. 여기에서 시선을 끄는 것은 일종의 패턴처럼 반복되는 장면화 방식이다. 노래를 하는 가수나 부스 안 DJ의 모습을 담던 카메라가 그 노래를 듣고 있는 객석의 젊은이들로 이동하는 식의 신 구성 방식은 이 시기 청년영화에서 흔하게 목격된다. <그건 너>(신성일, 1974)의 통기타 살롱 신이 그런 경우인데, 이 장면은 기타를 치며 <그건 너>(이장희 작사·작곡)를 부르는 투코리언스의 숏으로 시작하여 그것을 듣고 있는 젊은 청중들의 숏으로 이어진다. 노래하는 가수와 그것을 들으며 호응을 보내는 청중들의 숏이 반복적으로 교차 편집되면서 노래를 하는 사람과 듣는 사람이 더욱 긴밀하게 연결되는 모습이다.

청년들의 집단 정체성을 형성함에 있어서 자기 세대만의 음악적 소통 공간이 수행하는 정동적 효과는, 성격을 달리하는 몇몇 예외적인 영화와의 대비를 통해 보다 분명하게 확인할 수 있다. <개선문>(김응천, 1978)은 화천공사에서 제작한 상업영화이지만 국책영화 이상으로 삶에 대한 긍정적 비전을 전시한다. 영화의 주인공인 혁수(진유영 분)와 진수(이계인 분)는 '기능공'이다. 용접 기술이 뛰어난 두 사람은 국제기능올림픽에 출전하기 위한 훈련에 사활을 걸고 있다. 고아인 혁수나 장애가 있는 부모를 둔 진수에게 올림픽 금메달은 현실의 불우를 해결하는 길이다. 그것은 나의 성공만이 아니라 가족의 성공이고 동료와 이웃, 궁극적으로는 나라의 성공을 뜻하는 것이기도 하다. 방황하는 청소년들을 건전한 길로 이끄는 하이틴영화만큼이나 계몽성을 자랑하는 작품이라 할 수 있는데, 이 영화에서 배제되어 있는 것은 청년만의 정동적 공간이다. 음악다방과 같은 또래문화의 공간은 등장하지 않는다. 가족의 공간, 훈련생들이 함께하는 공간, 동네 사람들이 한데 어우러지는 집단적 공간만이 존재할 뿐이다.

1970년대에 신체적으로 '느껴서 응하는' 정동적 과정이 언어화된 소통만큼이나 중요함을 보여주는 또 다른 장치는 달리기이다. 청년들은 거리의 이곳저곳을 달린다. <미스 영의 행방>(박남수, 1975)은 도심을 가로질러 달리는 주인공의 모습으로 오프닝을 시작하며, <아무도 없었던 여름>(정인엽, 1974)은 서울과 인천의 여기저기를 말없이 달리는 청년의 모습을 수시로 등장시킨다. <바보들의 행진>(하길종, 1975)에서 병태와 영철은 미팅하러 가는 길에도 달리고, 우울해도 달리고, 교수에게 모욕을 받아도 '한국식 스트리킹'을 하겠다며 달린다. <어제 내린 비>(이장호, 1974)의 영호는 아예 육상부 선수다. 이 영화의 엔딩을 장식하는 것은 "돌아보지 말라니까!"라는 코치의 목소리를 들으며 홀로 달리는 그의 모습이다. <걷지말고 뛰어라>(최인호, 1976)나 <바보들의 행진>의 속편격인 <병태와 영자>(하길종, 1979)와 <속 병태와 영자>(이강윤, 1980)에도 어김없이 달리기는 등장한다. 달리기는 서울의 도심 풍경만큼이나 자주 목격되는 1970년대 청년영화의 컨벤션이라 할 수 있다.

[사진-13-1] <걷지말고 뛰어라>

[사진-13-2] <바보들의 행진>

언뜻 보면 이러한 달리기는 당시에 널리 회자되던 유행어인 "뛰면서 생각한다"[147]는 모토를 몸소 실천하는 것처럼 보이기도 한다. 발전을 위해 온 활력을 다해 저돌적으로 달려가자는 의미의 이 말은 "하면 된다"나 "바쁘다 바빠"와 함께 1970년대의 경제 성장을 이끈 캐치프레이즈이기도 했다. 그러나 엄밀히 말하면, 영화 속 청년들은 뛰지만 생각하지 않는다. <미스 영의 행방>에서 한참을 달리던 두 젊은이가 "우리는 왜 달리는 거니?"라는 물음을 서로에게 던지는 장면이 잘 보여주듯이, 그들은 '생각

147 「한국… 1970년대-무엇을 계승하고 무엇을 버릴 것인가(3) 위를 보며 걸어온 '이중사회'」, 『조선일보』, 1981. 3. 19., 조간 9면.

없이 뛴다.' 뜬금없이 이뤄지는 달리기에는 이렇다 할 서사적 동기가 없고 대부분 정해진 목적도 없다. 어떤 의식이나 신념을 가지고 움직이는 것이 아니기 때문에 공허하고 무용한 행위에 가깝다. 1970년대가 목표를 향해 속도감 있게 달려야 하는 고도성장의 시대임을 감안하면, 오히려 남들보다 뒤처질 수 있는 부끄러운 몸짓에 속한다.

그러나 같은 이유에서 이 목표 없는 달리기는 발전국가 체제의 지배적 이념들에 잘 포섭되지 않는 행위이다. <바보들의 행진>이나 <걷지말고 뛰어라>, <미스 영의 행방>에서처럼 '무단으로 횡단하는' 달리기는 종종 적발이나 감금의 구실이 되곤 하지만, 그럼에도 그들은 재차 달리기를 시도한다. 공권력의 저지로 함께 모일 수 없는 공간을 횡단하는 그들의 달리기는, 사소하지만 의미 있는 일종의 태클 행위이다. 자유의지로 움직이기 힘든 세상에서도 자주적으로 행동할 수 있고 또 그러해야 한다는 전제를 새삼 확인시키는, 사소하지만 무시할 수 없는 정치적 수행성이다. 멈추지 않고 움직이는 그들의 신체는 주디스 버틀러 식으로 말하자면,[148] 그저 침묵하고 있을지라도 자신들이 처분 가능한 사람들이 아님을 보여준다. 아직 소멸되지 않았음을 증명하고 빼앗긴 공간을 다시 점유하려는 능동적 행위일 수 있다.

달리기는 청년영화가 출현했던 시기부터 지속적으로 등장하여 후반기로 갈수록 그 비중이 커지는 모양새지만, 달리기가 갖는

148 주디스 버틀러, 김응산·양효실 옮김, 『연대하는 신체들과 거리의 정치』, 창비, 2020, 30쪽.

의미를 초기와는 다른 모습으로 전환하는 경우도 목격된다. 가령 <개선문>에도 달리기는 등장하지만, 여기에는 발전한국을 위한 도약이라는 상징적 의미가 부여된다. 게다가 누군가와 함께 집단적으로 이뤄가는 행위이다. 청년은 혼자 달리지 않으며 심지어 달리는 사람들은 비슷한 옷까지 입고 있어 단체 훈련 중인 것처럼 보이기도 한다. 여기서 청년은 한 개인이 아니라 집단의 일원일 뿐이다.

<꽃밭에 나비>(김응천, 1979)도 비슷한 경우이다. 주인공인 대학생(전영록 분)은 자신이 간호학과라는 이유로 여자 친구에게 버림을 받자, 그녀의 마음을 돌리기 위해 노심초사하다 마지막으로 선택한 것이 달리기이다. 남자다움과 패기를 증명하여 그녀를 되찾겠다는 것인데, 이때의 달리기는 뚜렷한 목적이 있는 행위이다. 하이라이트에 배치된 장면에는, 교련복 차림의 여러 청년들이 각각의 손에 소총을 들고 함께 달리고 있다. 다분히 군사 훈련을 연상시키는 이 장면은 1971년 대학가에 일었던 교련 반대 운동[149]의 취지와는 정반대의 의미로 달리기가 활용되고 있음을 보여준다. 달리기 행위에 목표를 부여하는 영화일수록 청년세대의 목소리로부터 멀어지고 있는 셈이다.

149 1968년에 박정희 정권은 안보 위기를 빌미로 각 대학에 교련 교육을 실시했다. 학원의 병영화를 우려한 학생들은 1971년에 교련반대운동을 격렬하게 전개했지만 박정희 정권은 군대를 동원하여 진압에 나섰다. 운동을 주동한 학생들은 구속 후 강제로 징집당했으며, 이를 계기로 학생운동 세력은 큰 타격을 입었다. 오제연, 「1970년대 대학문화의 형성과 학생운동: '청년문화'와 '민속'을 중심으로」, 『역사문제연구』, 2012. 10.

2) 낙오자의 멘탈리티

청년세대를 내세운 영화에서 가장 흔한 것은 성장서사일 것이다. 그러나 1970년대 한국영화 속의 젊은이는 오이디푸스 서사와 같은 성장의 궤적을 보여주지 못한다. 이들의 이야기 패턴과 관습들이 새삼 확인해 주는 것은 성장의 어려움이다. 이러한 어려움은 4월 혁명 직후의 몇 년 간을 제외하면 1960년대 영화 전반에서 줄곧 목격되었던 것이지만, 1970년대는 결이 다른 모습이다. 부모세대의 고난이 청년의 성장을 가로막는 주원인이었던 과거와는 다르게, 1970년대의 젊은이들에게 문제되는 것은 자기 자신이다. 현재 자신이 가진 능력과 위치, 그리고 욕망이 고민의 원인이 된다. 그와 관련하여 이 시기 빈번했던 청년표상의 매우 다른 두 가지 모습이 눈길을 끄는데, 그중 하나가 낙오자의 빈번한 형상화이다.

> "영자는 병태를 쪼다, 병신, 바보, 멍텅구리, 여덟 달 반, 멀대, 걸레, 머저리, 멍청이, 똥개 같은 친구라고 욕을 하였다"
>
> (최인호, 『바보들의 행진』 중에서)150

1970년대의 스크린 속 젊은이들은 대개 무기력한 모양새를 하고 있다. 자신의 욕망에 솔직하지 않으며 대상을 향한 열정도 부족해 보인다. 1950년대의 도발적인 '아프레게르(après-guerre)'

150 최인호, 『바보들의 행진』, 예문관, 1974, 126쪽.

[151]나 1960년대의 권위에 주눅 들지 않던 건달 청년[152]과 비교한다면 더욱 그러하다. 욕망에 대한 솔직함이나 사랑에 목숨까지 걸던 순정은 더 이상 1970년대 젊은이들의 몫이 아니다. 매사에 소극적이고 때론 비겁한 그들로서는 사랑에 몰입하는 일도 쉽지 않다.

주인공의 퇴행성을 청춘물의 특성으로 읽는 이영일의 논의처럼[153], 1970년대 스크린 속 많은 젊은이들은 몸은 컸지만 정신이 그에 따르지 못하는 모습이다. <어제 내린 비>의 청년 영욱은 동물과 대화를 나누고 장난감에 집착하는 '덩치 큰 철부지 아이'[154]이고, 비슷한 처지인 <내마음의 풍차>(김수용, 1976)의 영민은 병약하기까지 하다. <겨울여자>(김호선, 1977)의 요섭은 작은 충격에도 무너질 정도로 정신이 허약한 청년이다. 인형과 새총, 기차를 비롯한 장난감들이나 놀이터와 공원, 동물원이 청년영화에 심심치 않게 등장하는 것은 우연이 아닐 것이다.

그렇다고 환경이 그리 어려운 것은 아니다. 부모는 대개 생존해 있고 경제적으로 유복한 경우도 많다. 인상적인 점은 부모가

151 전후의 공간인 1950년대의 한국영화에는 솔직하고 자유분방한 젊은이들이 자주 모습을 드러내는데, 〈자유부인〉에서 중년의 부부에게 적극적으로 다가서는 춘호나 미스 박처럼 자신의 욕망을 좇아 적극적으로 움직이는 남녀 청년들이 그런 존재이다. 당시 이들은 '아프레게르'로 혹은 '아프레걸'로 지칭되며 새로운 젊은이상으로 이야기되었는데, 그들을 언급하는 어조는 부정적이기보다는 긍정적인 쪽에 가까운 편이었다.

152 1960년대는 '사나이'를 제목으로 내건 영화가 수십 편에 달할 정도로 '남성다움'에 대한 관심이 컸던 때였다. '낭만건달'의 아이콘이 된 신성일을 비롯하여, 청춘영화의 상당수가 남자답고 자유로운 '뒷골목 사나이'를 청년의 페르소나로 내세우고 있었다.

153 이영일, 「퇴행과 콤플렉스의 젊은이들」, 『영화』, 1975. 3., 앞의 글, 65~66쪽.

154 〈어제 내린 비〉에서 영호가 영욱을 가리켜 하는 대사 중 일부.

온전히 존재할 때 청년의 성장이 어려워진다는 사실이다. 부모의 기대나 개입으로 주눅 들고 위축된 청년은 이 시기 청춘영화의 흔한 캐릭터이다.

부모를 대하는 청년들의 태도는 엇비슷한데, 아버지 앞에서 고개를 숙이고 있거나(<미스 영의 행방>과 <바보들의 행진>) 말없이 뒤돌아선다(<겨울여자>). 혼외자 출신인 청년(<어제 내린 비>와 <내마음의 풍차>)[155]은 어머니의 바람대로 친부의 집으로 군말 없이 들어간다. 그는 가끔 위악을 떨긴 해도 외관상으로는 아버지의 뜻을 거스르려는 기색이 없이 고분고분한 편이다. 훗날 다시 엄마의 집으로 되돌아가는 정도가 그로서는 큰 반항일 것이다. <그건 너>의 삼수생인 아들은 자신을 다그치고 손찌검까지 하는 아버지에게 억울하다며 말대꾸를 하지만 아버지의 생각 자체에 반기를 들지 않는다. <겨울여자>의 요섭은 아버지 앞에서 주눅 든 모습이지만 아버지를 탓하지 않는다. 이는 아버지에게 불만을 품던 원작과 다른 부분이기도 한데, 심지어 영화는 "아버지가 미운 게 아니라 아버지를 비난하는 친구들이 미운 거"라는 요섭의 대사까지 덧붙여 두었다.

요컨대, 그들은 아버지를 좋아하지 않지만 그렇다고 적극적으로 맞서지 않는다. 가출 정도가 그들에겐 큰 일탈이고 반항일 수

155 두 작품 모두 최인호의 소설 『내 마음의 풍차』를 원작으로 하고 있고, 주인공 남성은 이름과 처지가 동일하다. 그러나 영호의 배다른 동생의 경우는 두 영화에서 서로 이름이 달라졌고, 그가 보이는 행동의 성격 또한 차이를 보이고 있다. 김승옥이 각본을 맡은 〈어제 내린 비〉에 등장하는 동생이 원작자인 최인호가 직접 각본을 맡은 〈내마음의 풍차〉보다 더 나약한 '청년' 이미지에 가깝다. 〈내마음의 풍차〉는 그(전영록 분)를 정신만이 아니라 육체적으로도 불안정하고 위태로운 아이로 그려놓아 그의 병리적 측면을 보다 강화시켜 놓았다.

있다. 소품으로 자주 등장하는 새장 속의 새나 어항 속의 물고기처럼, 그들에게 부모는 보호막인 동시에 장애다. 젊은이들이 부모와 맺는 관계는, 부모의 간섭에 불만을 품으면서도 부모의 그늘에 의존하는 다소 모순적인 성격을 갖는다. 불만이 있다 해도 면전에서 대항하는 젊은이는 흔치 않다.

반면에, 부모의 부재나 결핍이 오히려 청년에게 긍정적인 영향을 미치기도 한다. <명동에서 첫사랑을>(정인엽, 1974)처럼 여유로운 부모의 그늘에서 자란 청년보다는 고아 청년이 관계 앞에서 더 순정하다. <개선문>의 두 청년이 기능올림픽 우승이라는 목표를 향해 분투하게 된 결정적 동기는 부모다. 말 못 하는 장애가 있는 부모 밑에서 자란 청년(이계인 분)은 자신에게 온갖 기대를 걸고 열심히 살아온 부모의 소망을 이뤄주기 위해 노력한다. 고아 청년(진유영 분)은 돌아가신 어머니 앞에 떳떳해지고 싶어 훈련을 게을리하지 않는다. 도중에 문제가 생겨 자기혐오로 괴로워하는 순간이 오지만 부모의 존재가 그들의 탈선이나 좌절을 막는 힘이 된다. 부모의 부재나 결핍으로 마음의 병을 앓던 1960년대 청년상을 생각하면, 매우 낯선 풍경이다.

그들을 이렇게 만든 원인을 긴급조치와 유신이라는 강압체제에서 찾는 접근은 손쉽지만 너무 거칠어 보인다. 당시가 시대에 맞서는 발언을 하거나 사회 문제의 재현 자체가 어려운 시기였던 건 분명하지만, 청년의 소극적 외양을 설명해 내기엔 정부의 구속이나 억압만으로는 근거가 충분치 않다. 청년표상 일반에 그렇게 가혹한 통제가 주어진 것은 아니었고, 일상 속 자식과 부모의 관계 설정까지 일일이 지시할 만큼 당대의 검열이 섬세하지도 체계적이지도 않았다. 기존의 통설을 잠깐 접어두고, 스크린 속 그들의 양태에 접근해 보면 다른 이야기가 나올 수도 있을 터이다.

때론 작은 변용이 의외로 많은 것을 말해주기도 하는 법이다. 잘 알려진 작품의 사소한 부분에서부터 이야기를 시작해 보자. <바보들의 행진>은 원작 소설에서 영화로 옮겨지면서 몇 가지가 달라졌다. 속편의 제목이 <병태와 영자>인 것에서 잘 드러나듯이 <바보들의 행진>의 중심인물은 병태(윤문섭 분)다. 미래가 불투명한 Y대 철학과 학생인 병태는 당대 청년문화를 대변하는 상징적 인물로 자주 담론화되어 왔다. 그러나 이 영화에서 가장 긴 여운을 남기며 큰 감정적 울림을 주는 인물은 병태의 친구인 영철(하재영 분)이다. 그는 최인호의 원작 소설에는 없었던 인물로, 각색을 맡은 김승옥과 감독 하길종의 손길을 통해 새로이 추가된 캐릭터다.

[사진-14] <바보들의 행진>

영철이란 인물이 최인호의 소설과 전혀 무관하다고 볼 수는 없다. 그의 에피소드들 가운데 몇 가지는 원작 소설에서 병태의 것을 그대로 가져왔다. 가령, 우산 달린 파이프 장사로 많은 돈을 벌겠다는 포부를 밝힌다거나 캠퍼스 안에서 담배를 피우다 교수에게 뺨을 맞고 술에 취한 채 늦은 밤 서울의 도심을 배회하는 것은 원작에서 병태가 했던 행위들이다. 병태의 에피소드가 원작과 마찬가지로 코믹한 분위기로 진행되는 데 비해, 영철의 경우는 어둠과 슬픔이 좀 더 보태졌다. 영철의 어두운 속내와 행방에 대한 추적은 1970년대의 대중정서가 무엇이었는지를 가늠하게 해줄 것이다.

우선 주목할 것은 영철의 패배자 의식이다. 그는 병태와 같은 과에 재학 중인 대학생이지만 친구들보다 훨씬 심한 열패감을 느끼는 청년이다. 원작 소설과 달리 영화는 군 입대 가능성 여부를 결정하는 신체검사를 도입부에 배치하고 있는데, 여기서 병태는 합격 통보를 받지만 영철은 탈락한다. 사실상 낙방의 경험은 영철에게 매우 익숙한 일이다. 중학교 입시부터 고등학교, 그리고 대학교에 이르기까지의 모든 입시에서 그는 실패했다. 돈 많은 아버지 덕에 대학생이 되었다는 대사로 짐작건대, 대학도 보결로 입학했을 것이다. 한 번도 합격해 본 적이 없는 그가 병태와 동일한 마음으로 세상을 대할 수는 없는 노릇이다. 밤늦은 거리를 배회하고, 동행하겠다는 병태의 청을 거절한 채 홀로 동해로 떠날 수밖에 없는 사정이 있는 것이다.

사실상 이 시기 청춘 내지 청년영화들에서 자주 목격되는 것은 병태보다는 영철을 닮은 젊은이들이다. <미스 영의 행방>에서 출세한 형들만큼 잘나지 못한 자신을 다그치는 아버지를 피해 가출한 휴학생 진호(장제훈 분)가 그렇고, <광화문통 아이>(이원세, 1976)에서 심리적으로 위축된 모습으로 방황하는 삼수생 하림(김효원 분)도 그러하다. <겨울여자>에서 방구석에 웅크리고 앉아 바깥세상을 훔쳐볼 뿐 실제적 관계에는 영 미숙한 청년 요섭(신광일 분)은 소심함이 보다 병적으로 드러난 경우이다. 잔뜩 주눅 든 표정으로 거리를 배회하는 것은 청년영화의 클리셰를 이룬다. 이들은 모두 크고 작은 열등감의 소유자라는 공통점이 있다. 패배의식이나 마음의 병을 갖게 된 구체적 원인에 대해 영화는 직접적인 설명을 제공하지 않지만, 스스로를 '바보', '쪼다' '멍텅구리'라 부르며 자조하는 장면을 넣어 이들의 마음자리가 경쟁에 밀린 자의 낙오자 심리와 열등감에 기원함을 알려주고 있다.

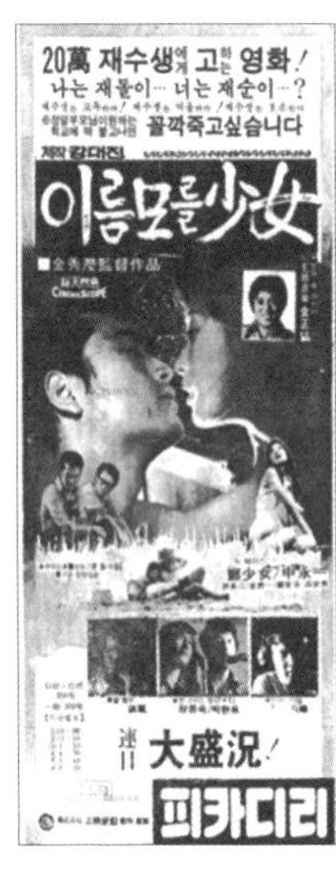

[사진-15] <이름모를 소녀>

그런 점에서 1974년부터 재수생을 전면에 내세운 영화들이 적지 않았다는 점은 그냥 지나치기 어렵다. 김정호의 노래를 제목으로 한 <이름모를 소녀>(김수형, 1974)는 "20만 재수생에게 고하는 영화"라는 홍보 문구를 내건 영화다. 대학생인 척 만나다가 결국 들통이 나는 재수생 미우(정소녀 분)와 영수(신영일 분)의 이야기를 통해 당시 사회 문제였던 입시 낙방생의 고민을 전면화하고 있다. 이장희의 동명 히트송을 제목으로 내걸며 '본격 청년영화'임을 표방했던 <그건 너>도 대학생이 된 여자 친구 앞에서 늘 기가 죽어 고백도 못 하고 자격지심으로 가슴앓이하는 삼수생 준수(장제훈 분)의 이야기고, <작은 새>(이두용, 1974) 또한 대학 입시에 연이어 낙방한 소녀 영아(안인숙 분)의 방황기다. 일명 '재수로'라 불렸던 종로구 내수동의 학원가가 배경인 <제7교실>(이형표, 1976)은 시골에서 상경한 재수생 정태(전영록 분)를 비롯해 입시에 실패한 다양한 젊은이들의 애환을 담고 있다.

1974년경에 본격화된 재수생 영화는 다양한 모습으로 변주되며 1970년대 말까지도 지속된다. 굳이 주연으로 내세우지 않더라도 재수생을 등장시켜 경쟁에 밀린 그들의 좌절과 열등감을 영화의 중요한 감정풍경으로 끌어들이는 모습을 볼 수 있다. 게다가 재수생은 1970년대에 청년이 있을 법한 다양한 자리에 어울린다는 이점이 있었다. <제7교실>이 보여주는 것처럼 서울로 상경한 시골 청년의 처지와 겹치는 바가 있고, <미스 영의 행방>이나 <작은 새>처럼 호스티스가 되는 것도 가능했다. 입시에 재차 실패한다면 입대하여 군인이 되거나, 근로 기술자 또는 농사꾼이 될 수도 있었다.

가혹한 입시 경쟁과 더불어 재수생의 폭발적 증가는 이 시기의 대표적인 사회 문제이기도 했다. 출세와 성공을 하려면 일류 대학을 나와야 한다는 '학력주의'가 팽배해지면서 너나없이 입시 경쟁에 내몰리던 때여서, 학생만이 아니라 부모가 느끼는 심리적인 압박이 상당했다. 자식을 일류 학교에 넣기 위해 자원과 정력을 쏟아붓는 일은 여유 있는 계급에만 국한되지 않았다. 도시의 서민은 물론이고 시골에서도 서울로 올려 보내 공부시키는 이른바 '상경유학'이 빠르게 증가하고 있었다. 좋은 대학에 들어가기 위해 재수가 삼수, 사수로 이어지면서 엄청나게 불어난 재수생의 존재는 사회 전체의 골칫거리였다. 단지 수적인 증가만이 아니라 "입시 낙방생이라는 패배감과 열등의식, 그리고 사회의 냉대와 무관심 속에서 소속감 없이 정신적으로 방황하는 데서 파생되는 비행 청소년의 문제와 학부형(모)의 심리적·경제적 부담"[156]이 심각한 문제로 자리했다.

그러나 이러한 낙오에 대한 두려움이나 열패감을 재수생만의 전유물로 보기는 힘들다. 사회적 인정과 출세를 강박적으로 추구하고 일류가 되기를 강요하는 속물적 세계에서는 누구도 비교와 위계의 시선에서 자유로울 수 없다. 중학교 입시를 준비하는 '국민학교' 시절부터 이미 서열과 당락의 일상에 익숙해진 이들에게 심리적 열등의식과 정서적인 불안은 너 나 할 것 없이 갖고 있던 마음의 병이었다.

이런 점들을 고려해 볼 때, 1970년대의 청년영화의 주체가 과연 대학생이었느냐 하는 질문을 제기할 수 있다. <바보들의 행진>의 흥행 성공이 그러한 통념을 강화했던 건 사실이다. 젊은

156 홍웅선·이형행, 「재수생의 누적과 그 실태에 관한 연구」, 『인문과학』, 1976. 6. 30., vol.35, 130쪽.

세대에 관심이 컸던 하길종 감독은 출연진 전원을 대학생이나 졸업생으로 채우겠다는 기획하에[157] 연기 경험이 없는 대학생을 주연 및 조연으로 기용하였고[158] 오프닝 크레디트에 그들의 출신 대학까지 명시하여 이 영화의 중심에 대학생이 있음을 강조한 바 있다. 청년문화의 상징이던 최인호의 베스트셀러 소설에 기댄 영화가 잇달아 대히트를 기록하면서 대학생 관객의 증가가 가시화되고, 1974년에 청년문화라는 '새로운 용어'를 둘러싼 시비를 통해 청년=대학생이라는 공식이 강화되었던 듯하다. 청년문화의 주체로 대학생을 꼽는 사회학적 논의도 그런 생각에 힘을 실어주었다.[159]

그러나 영화가 전해주는 이야기는 사정이 조금 달라 보인다. 청년영화의 마스터 내러티브의 주체를 대학생으로 보기에는 애매한 지점이 많기 때문이다. "청춘영화는 있어도 대학생영화가 없는 현실"[160]이라는 말이 있을 정도로, 대학문화를 본격적으로 펼쳐낸 영화는 드물다. 청춘영화들이 주인공으로 호출하는 인물은 아직 어디에 소속되지 않은 어정쩡한 존재거나 무늬만 대학생인 경우가 대다수다. 그들이 대학문화를 대변한다고 할 만한 단

157 「신인코너: 〈바보들의 행진〉에서 윤문섭군」, 『영화』, 1975. 3, 61쪽.

158 이 영화는 대부분의 등장인물이 모두 신인이었고 당시 대학교에 재학 중인 학생들이라는 점에서 화제를 모았다. 「두 연재소설 영화화 〈바보들의 행진〉 개봉」, 『조선일보』, 1975. 6. 1., 5면

159 김창남이나 이혜림을 비롯한 많은 연구자들이 청년의 범위를 대학 공간을 중심으로 한 학생층, 다시 말해 대학생 집단으로 설정하는 데 동의하고 있다. 김창남, 『대중문화의 이해』, 한울아카데미, 1998; 이혜림, 「1970년대 청년 문화구성체의 역사적 형성과정」, 서강대학교 석사학위논문, 2002 참조.

160 「활기띠는 국산영화」, 『조선일보』, 1979. 2. 18., 5면.

서는 부족하다. <미스 영의 행방>의 주인공 진호는 대학생이긴 하나 현재 휴학 중이며, 그가 강한 심정적 유대를 느끼는 사람은 재수생인 친구 민수(강태기 분)나 가출소녀인 난향(문숙 분)이다. <제7교실>에서 미팅이나 학술토론 서클과 같은 대학문화를 부러워하거나 그 옆에서 소외감을 느끼는 정태처럼, 대학생보다는 오히려 재수생 쪽이 이른바 '청년영화'가 담고 있는 정서나 감정들에 더 가까워 보인다.

영화는 어떤 식으로든 판타지에 기댈 수밖에 없는 매체다. 현실적 인물보다는 '이상적 자아'가 보다 강한 동일시 대상이 되는 것이 일반적이다. 재수생의 현실을 전면에 내건 영화보다는 '소수 특권자'라 할 만한 대학생의 지위를 통해 당대 청년들의 처지를 전달했던 영화가 오히려 더 큰 호응을 받을 수 있었던 것이다. <바보들의 행진>의 영철이라는 캐릭터가 지시하는 것은 대학문화의 외피를 빌려 표현되는 다양한 낙오자들의 현실적 곤경과 속내다. 처한 위치나 계급이 어떤 것이든 간에 고속성장기의 젊은이들은 산업화 시대가 낳은 어려움에 가장 직접적으로 노출되어 있다는 점에서는 서로 다르지 않았다. 1970년대 청년영화의 '대학생'이라는 기표는 대학생이 주도하는 청년문화를 담고 있는 것이라기보다는, 자신의 자리를 갖지 못하고 집 밖에서 배회하거나 낙오된 자들, 심리적으로 쫓기고 뒤처지거나 추락해 버린 젊은이들이 서로의 간격을 좁히고 감정과 정서를 공유하는 넓은 그릇이었다고 말하는 것이 옳을 듯싶다.

3) 속물-괴물의 욕망

위에서 살펴본 열등감에 시달리는 청년표상과는 상반되게, 자신만만하고 저돌적인 젊은이를 주인공으로 한 영화들도 심심치 않게 제작되었다. <몸 전체로 사랑을>(홍파, 1973)이나 <성숙>, <아무도 없었던 여름>, <빗속의 연인들>(조문진, 1976), <이어도>(김기영, 1977), <내일 또 내일>(임권택, 1979), <청춘의 덫>(김기, 1979)과 같은 작품이 그런 경우이다. 처해 있는 상황은 조금씩 다르지만, 이들 영화의 주인공은 자신의 욕망에 솔직하고 목표를 향해 달려가는 열정의 소유자라는 점에서 닮아 있다.

이들에게 무엇보다 중요한 것은 속물적 야망이다. 돈이나 성공이외의 것은 희생시켜도 좋다는 식의 삶의 태도를 견지한다. 그러한 태도가 가장 노골적으로 드러나는 순간은 사랑을 대할 때다. <몸 전체로 사랑을>에서 청년 석우(하명중 분)는 사랑하는 연인(우연정 분)을 버리고 회사 사장 딸과 결혼하며, <아무도 없었던 여름>의 뮤직다방 DJ 동석(정인하 분)은 자신을 위로하는 여인을 버려두고 부잣집 딸에게로 돌아간다. 시골에서 상경한 <빗속의 연인들>의 고학생 문호(김추련 분)는 마음이 끌리는 여성이 있음에도 빌딩 주인이 되고 싶은 욕망에 다른 이와의 원치 않는 결혼을 감행하며, <청춘의 덫>의 청년 동우(한진희 분)는 출세욕 때문에 연인과 딸을 버리고 사장 딸과 결혼한다. 이들은 쉽게 사랑에 빠지고 관계를 맺는 듯이 보이기도 하지만 사실상 사랑이란 감정 자체에 가치를 두지 않는 모습이다.

이러한 이야기에서 주목을 요하는 것은 물적 소유의 개념이 사랑의 영역까지 침범했다는 사실이다. 그들의 소유욕은 가차 없다. 맘에 드는 여성을 두고 경쟁자인 친구에게 "그 취득권을 양보해라. 적당한 값으로 팔든지"[161]라는 엘리트 대학생의 대사가 잘 대변하듯이, 여성은 소유물에 불과하다. 돈과 여성은 그들에게는 별반 다르지 않다. 여성은 공들여 취할 만한 가치가 있는 대상이자 자신의 능력을 증명할 전리품이다. 여성에게 매력을 느껴 저돌적으로 다가가지만 그녀와 성관계를 맺은 후에는 차갑게 변하는 속물 청년의 이야기에서 사랑이라는 감정은 쟁취한 대상의 부속물에 불과하다.

출세를 위해 연인을 버리는 비정한 남자의 이야기는 안방극장의 인기 드라마[162]로 만들어질 만큼 이 시기 중심적인 대중적 서사를 구성한다. 한때 사랑했던 여성을 쉽게 버리고 새로운 대상을 찾아 떠난다거나 출세를 위해 매몰차게 연인을 버리는 청년의 모습은, 사랑에 목숨까지 걸었던 1960년대 청춘물의 주인공들과 비교하면 매우 낯설기까지 하다. 1960년대 후반에 '문예영화'인 <안개>는 무진에서 한 여성과 관계를 맺은 후에 도망치듯 떠나는 남성에게 부끄러움이라는 감정을 부여했지만, 1970년대에는 그러한 마음의 짐마저 덜어낸 모양새다.

속물 남성이 갖는 비인간성은 1970년대 후반기로 갈수록 더욱

---

161 〈성숙〉의 주인공인 엘리트 청년 민수의 대사.

162 김수현 작가가 각본을 쓴 MBC 주말 드라마 〈청춘의 덫〉(1978)이 그것으로, 야망에 눈먼 남자에게 버림받은 여자가 복수에 나서는 내용을 담고 있다. 유신정권의 검열로 조기 조영되었지만 그 인기는 대단했다. 이후에 소설로 출판되고 동명의 영화(김기, 1979)로도 제작되었으며, 20여 년 뒤인 1999년에 SBS에서 드라마로 리메이크되어 높은 시청률을 기록했다.

강화된다. 초기에는 사랑의 중요함을 갑작스레 깨닫고 옛 연인에게 돌아가는 것으로 마무리되거나(<몸 전체로 사랑을>) 도망치거나(<성숙>이나 <아무도 없었던 여름>) 번민하는 순간을 보여주기도 하지만(<빗속의 연인들>), 1970년대 후반에는 뉘우침이나 죄책감조차 없이 야망을 향해 질주한다(<이어도>, <내일 또 내일>, <청춘의 덫>). 검열의 개입으로 드라마를 조기 종영하는 일이 생길 정도로, 시간이 갈수록 속물화와 비인간성의 정도가 더욱 노골화되는 형편이었다.

김기영은 그들의 비인간성을 탐구한 대표적 감독이다. <이어도>의 천남석(최윤석 분)은 제주도 섬마을에서 서울로 상경하여 대학을 나오고 신문기자가 된 청년이다. 그는 만나는 여자마다 매료시킬 정도의 남성적 매력을 소유했지만 윤리성이 결여되어 있다. 자신을 좋아하는 소녀에게 도둑질을 시키거나 소녀를 성폭행한 뒤에 그녀를 위험 속에 방치하고 그냥 떠나버린다. 서울로 상경한 뒤에도 그의 악행은 계속된다. 함께 고생한 친구에게 사기를 치고, 고향에 돌아와서도 마을 사람들을 이용하고 버리기를 반복한다. 그에게는 세상에서 가장 큰 전복 양식장을 만들어 큰 부자가 되겠다는 사업가적 야망만이 의미가 있을 뿐이다. 그 외의 것들은 다 수단으로만 존재한다. "도둑질이나 강도질을 해서라도 돈을 뺏어야"(천남석의 대사) 한다는 말을 주저 없이 내뱉는 남석은, 그에게 지속적으로 착취당하는 박 여인의 말마따나 "사람이 아니다". 모든 것을 도구화하는 그는 스스로도 인정하듯이 사람이 아닌 '송장'에 불과하다.

욕망의 노예가 된 청년의 모습은 임권택의 작품에서도 확인된다. 그의 1979년 작 <내일 또 내일>은 야심 때문에 괴물이 된 청년의 이야기를 제공한다. 이 영화는 시골에서 상경한 가난한 청년 규화(이덕화 분)의 대학생 시절부터 사회인이 된 이후까지의 긴 시간을 따라가며, 과도한 소유욕과 출세욕으로 파멸해 가는 과정을 집요하게 추적하고 있다. 규화는 자신에게 도움을 주려는 사람들에게 서슴없이 몹쓸 짓을 한다. 고향 친구 진우(박은수 분)에게서 여자와 돈을 빼앗고도 죄책감을 느끼는 기색이 없고, 헌신적인 사랑을 베푸는 연인이 자신의 아이를 낳는 순간에도 책임감은 커녕 감정의 동요조차 보이지 않는다. 그에게 관계란 이용 가치에 따라 쉽게 얻거나 버릴 수단에 불과하다.

[사진-16] <내일 또 내일>

속물-괴물이 된 청년은 내면이 없는 듯한 존재로 재현된다. 그는 세상의 이치를 꿰고 있다는 듯이 성공을 향해 맹목적으로 질주하지만, 막상 왜 그래야 하며 무엇이 자신에게 필요한 것인지를 알지 못한다. 물질 만능주의와 배금주의, 성공 지상주의와 같은 속물적 가치관으로 무장한 그에게 죄책감이나 수치심을 느끼는 기색은 없다. '리빠똥'[163]이라는 이 시기 유행어가 말해주듯이, 속물-괴물은 마치 벌레마냥 영혼이 없는 모습이다.

한 젊은이가 제어 못 할 속물적 야망에 사로잡혀 괴물이 되어버릴 수밖에 없었던 사연에 관해서 영화는 별다른 정보를 주지 않는다. 절름발이인 친구의 내레이션을 배치한 덕분에 규화를 바라보는 마음은 알 수 있지만, 막상 규화의 내면을 이해하기는 어렵다. 시골 출신의 가난한 청년이라는 정도만 주어져 있을 뿐, 부모를 비롯하여 그의 가족에 대한 정보가 없으므로 관객은 표정이나 행동을 통해 그의 심리를 짐작해야 하지만 그조차도 용이하지는 않다. 이후에 제작된 <바람불어 좋은날>(이장호, 1980)이나 <오염된 자식들>(임권택, 1982) 속의 청년과 비교하면 그의 심정을 이해할 현실적 단서가 매우 부족한 편이다.

<이어도>나 <내일 또 내일>의 속물-괴물이 된 청년은 누군가를 떠올리게 한다. 앞서 살펴본 낙오자 청년의 부모가 그들이다. <바보들의 행진>은 병태나 영자와 달리 영철에게만 부모와 대면

163 '리빠똥'은 똥파리를 거꾸로 읽어 프랑스어식으로 발음한 것으로, 1971년에 한국일보에 연재한 김용성의 사회풍자 소설 「리빠똥 장군」에서 유래했다. 군대를 풍자한 이 소설 속에서 '리빠똥 장군'은 자신의 진급을 위해 부하를 학대하는 비인간적이며 무자비한 군인으로 등장한다. '리빠똥'은 잇속만을 좇는 인물을 비꼬는 말로 1970년대에 크게 유행했다. 이후 김용성은 '리빠똥'을 내건 소설을 여러 편 썼는데, 1974년에 『주간경향』에 연재된 소설 「미스 리빠똥」은 영화 〈미스 영의 행방〉으로 만들어졌으며, 〈이주일의 리빠동사장〉(김인수, 1980)이라는 코미디 영화가 제작되기도 했다.

하는 장면을 제공해 놓은 바 있다. 갑자기 나타난 영철의 아버지는 아들에게 불만을 쏟아내고 돈다발을 건네주곤 떠나버린다. 이때 우리가 볼 수 있는 것은 아버지가 타고 있는 검은색 세단과 돈을 건네는 손뿐이다. 얼굴 없이 목소리만 등장하는 영철의 아버지에게서 감정과 정서와 같은 부분을 느낄 수는 없다. <미스 영의 행방>이나 <겨울여자>를 비롯한 여러 영화들에도 완고하고 무정한 표정으로 아들에게 심리적 압박을 가하는 부모의 표상은 되풀이된다. 열패감으로 주눅 든 청년의 배후에 속물 부모가 있다는 사실은 여러 영화들에서 확인된다. 대개 자수성가 기업인으로 설정되곤 하는 아버지는 지위와 재산으로 사람을 위계화하며 완고한 속물성으로 자식을 위축시킨다. 돈과 출세를 향해 질주해온 자신의 삶을 자식도 따라주기를 강요하는 아버지는 1970년대 청춘물 속 부모의 스테레오타입으로 자리한다.

근대사회에서 속물성 자체가 새삼스러울 바는 없다. 속물화는 근대화 과정에서 벌어지는 보편적인 현상이었고, 속물적 태도는 근대가 시작된 이래로 대중서사의 일부가 되어 왔다. 속물성을 부정적으로 구현하는 시선 역시도 진부한 것일 수 있다. 미국식 자본주의와 민주주의가 하나의 시대정신으로 추구되던 1950년대를 제외하면, 한국영화사에서 돈의 가치를 맹목적으로 좇는 인물이 긍정적으로 그려지는 경우는 드물다. 그러나 1970년대 영화의 속물성이 남다른 점은, 속물성이 자신의 일부라는 인식과 태도가 청년세대의 표상을 통해 등장했다는 데 있다. 영화 속 청년들은 속물인 부모를 버거워할 수는 있어도, 부모의 속물적인 세계관과 완전한 단절을 감행하지는 못한다. 오히려 기성세대의 속물성이 자신의 일부임을 인식하고 그 위험성을 응시하고 있는 것이 이 시기 청년영화의 문제적 지점이라 할 수 있다. 부모를 버릴 수 없듯이 속물성의 바깥으로 나가기는 힘들다는 생각, 즉 속물성 대 비속물성의 단순한 이분법이 더 이상 가능하지 않다는 현실인식을 품기 시작했다는 점이야말로 1970년대 청년영화의 의미 있는 성과로 보인다.

4) 경쟁시대와 불안

일반적으로 청년문화는 권위와 관습에 저항해 온 것으로 이야기되곤 하며 그동안 이뤄진 청년영화에 관한 논의의 대다수가 저항이라는 키워드를 담고 있다.[164] 하길종의 영화와 평론은 그러한 독해에 힘을 실어주는 근거가 되지만 대다수의 청년영화들은 저항이라는 말로 묶기에는 애매한 지점을 보유한다. 권위에 대한 저항이나 도전으로 이야기할 만한 순간이 제공되는 경우가 드물며, 기성세대에 대한 거부감만이 아니라 협상의 여지도 열어두는 복잡한 모습이다. 속물인 아버지를 대하는 청년의 태도는 아버지

164 1970년대 청년영화에 관해서는 손영님, 정태수, 권현정, 하정현·정수완 등의 연구가 있으며 이들은 '저항'을 키워드로 연구를 진행하고 있다는 공통점이 있다. 손영님, 「1970년대 청년영화, 저항과 '공모'의 균열」, 『대중서사연구』 vol.24, no.2, 통권 46호, 205~235쪽; 정태수, 「청년문화, 영상시대와 새로운 성 해석, 낭만적 저항의 1970년대 한국영화(1972~1979)」, 『현대영화연구』 vol.15(4), 145~168쪽; 권현정, 「청년 '행위'의 정치성과 그 저항 (불)가능성에 대하여: 영화 〈바보들의 행진〉을 중심으로」, 『코기토』 81, 2017. 2., 586~611쪽; 하정현·정수완, 「1970년대 저항문화 재현으로서 하길종 영화: 〈바보들의 행진〉(1975)과 〈병태와 영자〉(1979) 다시 읽기」, 『인문콘텐츠학회』 46, 2017. 9., 9~28쪽.

에 대한 전면적 거부보다는 아버지를 완전히 부정하지 못하는 자기혐오에 가까워 보인다.

다분히 계몽적이거나 환상을 품고 있는 몇몇 영화를 제외하면, 이 시기 스크린 속 젊은이들은 두 가지 선택과 마주했던 듯하다. 자신의 취약성과 열패감을 고백하거나 더 지독하게 어른 흉내를 내다 자멸하는 것이 그것이다. 낙오자들의 서사가 전자를 대변한다면, 괴물이 되어버린 젊은 속물의 서사는 후자를 대표한다. 외관상 정반대에 있는 듯이 보이지만 실상 두 가지 모습은 성장의 어려움을 보여준다는 점에서 상통하는 바가 있다.

변화의 속도에 뒤처지는 자나, 너무 빠르게 달려가 그 끝에 아무것도 없음을 먼저 알게 된 자나, 사실상 들려주는 이야기는 동일하다. 외적 성공은 거둘 수 있되 내적 발전으로서의 성장은 불가능하다는 사실이다. 성장 서사의 어려움은 1960년대도 목격되었던 것이지만, 1970년대는 그 원인을 자기 내부에서 찾게 되면서 그 양상이 보다 복잡하게 현현한 듯하다.

1970년대는 발전국가 체제가 지배하던 성장경제의 시대이다. 근대의 마스터 내러티브가 발전서사인 만큼 공부하여 출세하라거나 능력을 키워 성공하라는 식의 속물성 요구는 근대성 자체의 기본 속성일 수 있다. 그러나 산업화가 급속히 진행된 1970년대는 자본주의 멘탈리티가 빠르게 확산되었지만 그에 상응할 윤리적 토대는 마련되지 못했던 때였고 사회의 불공정성과 부당함이 가시화되던 때이다. 사회가 부과한 전장의 압박에서 벗어날 길이 보이지 않을 때 불안은 커진다. 일본인 비난에 동원되던 '이코노

믹 애니멀'이라는 말이 한국인에게도 적용되어 회자되기 시작한 것도 이즈음의 일이었다. 낙오자나 괴물로 표상되는 청년들의 모습은 힘있는 자만이 살아남는 추악한 근대의 싸움터에서 인간다운 삶이나 주체의 자유를 얻지 못할 것이라는 위기감의 산물이다.

[사진-17] <형사 배삼룡>

청년영화에서 제시된 젊은이의 고민이 그 세대만의 것이었다고 말하기는 어렵다. 이 시기에 코미디언 배삼룡이 대중의 큰 호응을 받았던 것은, 출세에 대한 강박과 뒤처져 있다는 열등감이 사회 전반에 공유되고 있었음을 말해준다. 권력자를 골탕 먹이는 재치꾼이자 만능 해결사 캐릭터인 구봉서가 인기를 얻을 수 있던 시기가 1960년대였다면, 1970년대는 '지진아' 캐릭터인 배삼룡의 시대였다. "산업사회에 적응하지 못하고 … 모든 대목에서 항상 뒤처진 낙오자"[165]인데 다가 신체까지 허약하여 '비실이'란

165 최정호, 「대중문화의 스타들·7-배삼룡론」, 『동아일보』, 1978. 3. 4., 5면

별명을 얻은 배삼룡에게 안방 관객들을 비롯한 일반 대중들이 보여준 애정은 대단했다.[166] 1940년대 후반에 악극단 배우로 연예계에 입문했던 그가 1970년대에서야 대스타가 될 수 있었던 데에는 계산에 밝지 못한 그의 '바보' 페르소나가 이 시대의 심리적 현실에 호응하는 바가 컸음을 말해준다.

<형사 콜롬보(Columbo)>(미국 NBC TV, 1968~2003)의 인기도 동궤에 놓여 있다. 1974년 4월부터 KBS TV에서 방영되기 시작한 이 외화는[167] 도회의 장르라 일컬어지는 스릴러와는 어울리지 않게 어리숙하고 촌티 나는 형사가 주인공으로 등장하는 탐정물이다. 콜롬보 역을 맡은 배우 피터 포크의 오른쪽 눈이 의안인 탓에 어딘가 바보스러운 느낌도 있었고[168] 캐릭터 자체도 육체적으로 볼품없었고 허약해 보이기까지 했다.

> '콜롬보'는 외형상 보잘 것 없는 인물이다. 조그만 키에 한쪽 눈은 시원치 않고 옷은 피난민도 입기가 거북한 것을 입고 담배는 꽁초요 신발은 쓰레기통에서 주워온 것 같은 것을 신고 있다. 이렇게 시시한 사람이 천하를 호령하며 악의 씨앗을 뿌리는 특권층 인사와 대결한다. 서민들이 '콜롬보'를 좋아하는 것은 선량한 사람이 특수

166 영화 〈운수대통〉(심우섭, 1975)에서 배삼룡이 맡은 캐릭터는 장사할 때는 팔아야 할 음식들을 사람들에게 공짜로 나누어주며, 고액의 현상금을 마다하고 자신이 필요한 만큼의 돈만 가져갈 만큼 착한 심성의 도둑이었다. 배삼룡의 매력은 이렇듯 바보스러운 선량함에서 비롯된다.

167 1974년 4월 6일부터 방영을 시작했으며, 처음에는 매주 토요일 저녁 8시 40분에서 10시까지로 편성되었지만 인기가 급상승하면서 6월부터 20분 당긴 오후 8시 20분으로, 다시 9월에는 한 시간 앞당긴 7시 15분으로 방영시간을 옮기게 된다.

168 「주인공 피터 포크는 의안(義眼)」, 『조선일보』, 1974. 5. 22., 8면.

한 지위에 있는 인사들의 가면을 벗기는 과정에서 일종의 욕구불만 이 해소되고 카타르시스마저 느끼기 때문인지도 모른다.[169]

1960년대를 장악했던 비인간적일 정도로 완벽한 슈퍼 히어로 제임스 본드에 비해 많이 초라한 캐릭터였지만, 안방의 대중들은 부족해 보이는 그에게 오히려 환호를 보냈다. "'콜롬보'를 방영하는 날이면 밖에서 술을 마셔도 왠지 조바심을 치게 된다"는 사람이 나오고[170] 그를 모방하여 <형사 배삼룡>(김기, 1975) 같은 영화가 제작될 정도로 인기가 상당했다. 그만큼 모자라 보이는 사람이 잘난 특권층의 위선을 벗겨낸다는 스토리가 호응을 얻고 '지진아'나 '낙오자' 캐릭터가 인기를 끌던 "바보의 우상화"[171] 시대였다.

콜롬보와 닮은 인물은 청년영화에서도 목격된다. 멋진 방송국 DJ의 유혹에서 여자 친구를 구해내는 삼수생의 이야기(<그건 너>)나, 무엇 하나 내세울 것 없던 청년이 엘리트 의사와 약혼했던 여자 친구를 되찾아 오는 이야기(<병태와 영자>)가 주는 쾌락은, 콜롬보의 서사가 제공하는 그것과 크게 다르지 않다. 이들의 서사는, "멍텅구리 바보에 틀림없는"[172] 인물이 들려주는 속내가 베스트셀러가 되고 뒤처진 자를 향한 응원[173]이 세간의 폭발적인 반응

169 이근삼, 「형사 콜롬보」, 『조선일보』, 1974. 9. 11., 5면.

170 「KBS-TV 형사 콜롬보 의외성에 집념 곁들여 호감」, 『경향신문』, 1974. 9. 18., 8면.

171 「횡설수설」, 『동아일보』, 1975. 12. 23., 1면.

172 최인호, 앞의 책, 101쪽.

173 박완서, 『꼴찌에게 보내는 갈채』, 평민사, 1977.

을 얻는 시대에, 널리 공유될 만한 판타지를 품고 있었다. 이러한 점은 영화 속 청년들의 감정이 그 시대의 집단정서와 동떨어진 것이 아니었음을 말해준다. 무엇보다 경쟁에 대한 압박과 낙오에 대한 두려움이 컸던 시대였으며 청년세대는 경쟁사회의 불안에 훨씬 더 예각적으로 반응할 수밖에 없는 처지에 있었다고 할 수 있다.

1970년대의 청년표상이 아버지나 국가에 맞서고 있다고 말하기는 어렵지만, 성장의 불가능성을 보여주었다는 점에서 국가가 욕망하는 발전서사와는 거리를 두고 있다고 볼 수 있다. 낙오자와 괴물-속물은 최소한 자기 긍정과는 무관하다는 점에서 국가의 욕망에 부합하지 않는다. 이들 영화에서 거듭 확인되는 것은 헤게모니화한 발전서사에 대해 논리적으로 저항할 수는 없되, 그 체제에 대해 몸이 부정하고 마음이 부대끼는, 소소하지만 중요한 정동적 증거들이다. 그것은 계몽적 자각과 다르지만 정치 지형과 무관하지도 않다. 스크린 속 청년들의 감성과 몸짓은 시대와 복잡하게 연동하며 수행되던, 소극적이지만 무의미하지는 않은 정치성이다.

3. 소녀의 불행과 남성의 죄책감

1) 소녀시대

영화감독이면서 영화비평가로 활동하기도 했던 하길종은 이만희의 <삼포가는 길>(1975)을 평하는 자리에서 불만의 목소리를 높인 바 있다. 여주인공인 백화에게 "고뇌의 표정이 없다"는 것이 이유였다. 작부 노릇을 하며 몸을 팔았던 여자이고 고향 상실을 숙명으로 받아들이고 사는 인물로 설정되어 있음에도 불구하고, 영화에서는 그러한 캐릭터에 맞지 않게 "건성거리고 재잘대며 눈밭 위에 던져진 미꾸라지처럼 팔딱거릴 뿐"인 인물로 그려졌다는 것이다.[174] 상당한 재능을 가진 이만희 감독이 어떻게 이런 실수를 저질렀는지 이해할 수 없다며 안타까움을 표하고 있었다.

하길종의 불만이 이해되는 면도 없지 않다. 이 작품의 원작인 황석영의 동명 소설에서 술집 '작부' 백화는, "한마디로 관록이 붙은 갈보"[175]다. 소설의 대목을 그대로 인용하자면, 그녀는 "이제 겨우 스물두 살이었지만 열여덟에 가출해서 쓰리게 당한 일이 많기 때문에 삼십이 훨씬 넘은 여자처럼 조로해 있"는 인물이다. 그에 비해 영화 속의 백화(문숙 분)는 관록과는 거리가 먼 모습이다. 고향이 어딘지도 모르는 고아 출신에 산전수전 다 겪은 여성이라는 점은 영화와 소설이 다르지 않지만, 문숙이 연기한 백화

174 하길종, 「<삼포가는 길>」, 『세대』, 1975. 7., 『하길종 전집2: 사회적 영상과 반사회적 영상』(한국영상자료원, 2009)에서 재인용.

175 황석영, 『삼포가는 길, 황석영 중단편전집 2』, 창작과비평사, 2000, 217쪽.

는 고단했던 삶의 이력에 어울리지 않게 천진해 보인다. "위로 남자들 두름으로 지나"간 세파에 찌든 작부라 하기엔 너무 해맑다. 붉은 스웨터에 분홍 반짝이 치마와 노란 양말의 옷차림은 물론이고, 장난기 어린 표정과 걸음걸이, 깔깔대는 웃음소리, 천방지축 같은 행동은 영락없는 아이의 모습이다. 고단했던 삶과는 어울리지 않게 그녀는 밝고 명랑하다. 쉽게 흥분하거나 생각 없이 싸워대는 그녀의 단순한 성정은 정씨(김진규 분)의 말마따나 어린애와 다를 바 없다.

그러나 이것을 이만희 감독의 단순한 실수로 보기는 힘들 듯하다. 같은 시기에 제작된 이만희의 다른 작품에도 이와 비슷한 여성 캐릭터가 목격되는 까닭이다. 가령 <태양닮은 소녀>(이만희, 1974)의 주인공 인영(문숙 분) 역시도 백화와 크게 다르지 않다. 스무 살의 재수생인 인영은 "까르르" 웃음을 터뜨리거나 아이 같은 말투와 몸짓을 보여준다. 남자주인공인 동수(신성일 분)의 대사를 빌리자면, 그녀는 "귀엽고 사랑스럽다." <삼포가는 길>의 작부 출신 백화와 <태양닮은 소녀>의 재수생 인영은 처해 있는 상황이나 계층은 다르지만 '아이 같은 성인'의 캐릭터를 갖고 있다는 점에서 별다른 차이가 없어 보인다. 한편 <청녀>(이만희, 1974)의 석화(서한나 분)는 백화나 인영만큼 명랑 쾌활하지는 않지만 순정한 소녀라는 점에서는 크게 다르지 않다. 1960년대에 자신보다 연상이었던 문정숙을 페르소나로 삼으며 성숙한 여인의 이야기를 전해주던 이만희가 1970년대에 들어서 문숙처럼 딸 또래의 철부지 소녀에게 애정을 기울인[176] 이유는 무엇일까. 심리적 깊이가 얕아지고 캐릭터의 입체성이 약화되는 위험을 무릅쓰고까지 말이다.

[사진-18-1] <만추>의 문정숙

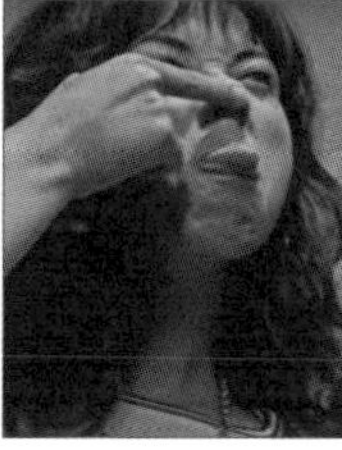

[사진-18-2] <태양닮은 소녀>의 문숙

보다 흥미로운 점은, 이러한 사정이 비단 이만희 개인의 경우로 국한되지 않는다는 사실이다. 1970년대 영화들 전반에서 소녀 같은 이미지의 여주인공은 심심치 않게 목격된다. <별들의 고향>의 경아(안인숙 분)는 오히려 나이가 들수록 더 어려지는 모습이다. 고등학교를 졸업하고 갓 직장 여성이 되었을 때의 경아는

176 문정숙과 문숙은 이만희 감독의 페르소나이자 실제 연인으로 알려져 있다. 〈마의 계단〉이나 〈검은 머리〉, 〈만추〉 등의 영화에서 주연을 맡았던 배우 문정숙은 이만희 감독의 페르소나이자 실제로 사랑한 연인이기도 했다. 그러나 1970년대에 들어서 이만희 영화의 페르소나이자 연인이 된 문숙은 문정숙에 비해 외모는 물론이고 생각의 깊이 면에서도 상당히 어린 철부지 소녀의 모습이다. 참고로, 이만희 감독은 1931년생이고 문정숙은 그보다 4년 연상인 1927년생이다. 문숙은 이만희 감독보다 23세 어린 1954년생이다.

정장 차림의 성숙한 모습이지만, 유산과 이혼의 아픔을 겪고 술집 호스티스가 된 이후에는 인형을 안고 뛰어다니며 끊임없이 종알거리는 영락없는 십 대 소녀로 변화한다. 심지어 하길종 자신이 연출한 <속 별들의 고향>의 주인공인 수경(장미희 분)도 비슷한 사정을 보인다. 항시 껌을 씹고 있다거나 장난스레 실쭉 웃어대는 그녀의 모습은 <별들의 고향>의 경아나 <삼포가는 길>의 백화와 닮아 있다. <바보들의 행진>에서 성적을 위해 교수집을 찾아가 이런저런 거짓말을 둘러대고 핸드백을 휭휭 돌리며 뛰어다니는 <바보들의 행진>의 여대생 영자(이영옥 분) 또한 천진난만함으로 따지자면 밀리지 않는다. 경아나 수경, 영자, 백화는 천진한 소녀의 면모를 지녔다는 점에서 대동소이하다. 명랑하고 철없는 순진성은 여주인공들의 공통적인 특성으로 자리한다.

편차가 없지는 않다. 그녀는 중산층 여대생일 수도 있고 시골에서 상경한 '식모', 소매치기 고아 소녀, 교복 차림의 십 대 여학생일 수도 있다. 혹은 "창녀와 순수한 소녀, 혹은 창녀와 현모양처가 겹쳐지는 형태"[177]의 모습으로 등장할 수도 있다. 이를테면 <화녀>(김기영, 1970)와 <충녀>(김기영, 1972)는 순진한 소녀(윤여정 분)가 동물적 공격성을 가진 괴물로 변해가는 과정을 담고 있고, <겨울여자>의 여대생 이화는 '바보와 같이 순진한' 소녀에서 성숙하고 안정적인 여대생으로 성장해 간다. <삼포가는 길>의 백화는 이따금 억센 면을 보여주지만 <나비소녀>(송영수, 1977)의 소

177 이호걸, 「1970년대 한국영화」, 한국영상자료원편, 『한국영화사 공부: 1960~1979』, 이채, 2004, 101쪽.

녀는 한층 연약하다. 작품에 따라 정도의 차이는 있어도 넓게 보면 '소녀성'의 자장에서 다들 그리 멀리 떨어져 있지 않다. 고아 출신 소매치기 소녀(윤정희 분)를 다룬 <9월의 찻집>(고영남, 1973)부터 '잔망스러운' 초등학교 여학생의 순정을 다룬 <소나기>(고영남, 1978)에 이르기까지 한국영화 전체가 성숙과는 거리가 먼 여성에 강박적이리만치 매달리고 있는 형국이다. 하이틴영화까지를 고려한다면 소녀들이 당대의 지배적 표상이 되어 당대의 스크린을 점령하고 있었다.[178] 계급적 차이나 성향 차이를 무화시킬 만큼 소녀성이 압도적이었던 시기가 1970년대였다는 것이다.

[사진-19] <별들의 고향>

여주인공의 '소녀화'는 영화를 이끌어가는 전체적인 정서에 영향을 미치는데, 그 중요한 기제가 음악이다. <별들의 고향>에 삽

178 비단 여성만이 미성숙한 어린아이의 성정을 보이는 것은 아니다. 1970년대 한국영화는 소년보다는 소녀에 많은 애정을 보이고 있지만, '소녀화' 못지않게 남자 주인공의 '소년화'도 의미심장한 부분이다. <어제 내린 비>나 <내마음의 풍차>와 같은 영화에서는 남성 주인공도 비슷한 모습을 보여 준다. 성년이 되었음에도 불구하고 "덩치 큰 철부지 아이"(<어제 내린 비>의 영욱의 대사)에 불과하거나, 동물들과 대화를 나누고 장난감에 집착하는 아이 같은 모습을 하고 있다(<내마음의 풍차>의 영민). 성장이 정지되었거나 유년으로 퇴행한 상태에 있고 정신연령이 낮은, 달리 말하자면 아직 '어른'도 되지 못한 '소년'일 뿐이다.

입된 주제가의 사운드와 가사는 주인공의 성정과 궤를 같이하며 앞 시대와는 다른 정동적 분위기를 전달하여 이 시기 한국영화의 고유의 감정풍경을 형성하는 데 일조한다.

> "난 그런 거 몰라요 아무 것도 몰라요 괜히 겁이 나네요 그런 말 하지 말아요 난 정말 몰라요 들어보긴 했어요 가슴이 떨려오네요 그런 말 하지 말아요 난 지금 어려요 열아홉 살인걸요 화장도 할 줄 몰라요 사랑이란 처음이어요 웬일인지 몰라요 가까이 오지 말아요 떨어져 얘기해요 얼굴이 뜨거워져요 난 지금 어려요 열아홉 살인걸요 화장도 할 줄 몰라요 사랑이란 처음이어요 엄마가 화낼 거예요 하지만 듣고 싶네요 사랑이란 그 말이 싫지만은 않네요"
>
> (이장호 작사 작곡, <나는 열아홉 살이에요>의 가사)

<별들의 고향>의 주제곡인 이 노래는 가수 윤시내의 풋풋한 목소리로 전해진다. 이 노래의 가사는 밑바닥까지 전락한 주인공의 상황과는 어울리지 않는 순진성을 이야기하고 있다. 같은 영화에 삽입되었던 또 다른 노래인 이장희의 <한 소녀가 울고 있네>, 비슷한 시기에 발표되어 인기를 얻었던 대중가요인 진미령의 <소녀와 가로등>(1974), 정윤희가 직접 부른 <목마른 소녀>(1977)도 세상을 전혀 모르는 소녀의 시선을 담고 있다는 점에서 매한가지다. '소녀'라는 단어가 인기어로 자리하고 소녀의 여린 심성이 대중문화의 정서를 지배했던 때가 1970년대였다.

언뜻 보면 이러한 현상은 이 시기 한국영화의 역할 모델을 제공했던 최인호의 원작 소설의 영향력에 기인한 것으로 보이기도

한다. 소설 『별들의 고향』에서 여주인공 경아를 "언제 어디서나 껌을 씹고 있"고 "껌 하나로 여러 가지 재미나는 놀이를 할 줄" 아는 "장난스러운 느낌"의 여자로 묘사[179]하는 것에서 잘 드러나듯이 미성숙한 젊은이의 외양을 표현함에 있어 최인호가 남다른 능력을 보여주었던 것은 사실이다. 하지만 그의 소설이 출간되기 이전인 1970년부터 이미 소녀를 앞세운 영화가 제작되기 시작했고 이후 지속적으로 그러한 현상이 이어지고 있었다.[180] 여성 캐릭터의 유아성 내지 소녀성을 하길종이 지적한 연출의 실수로 돌려버릴 수는 없는 사정이라는 것이다. 1970년대 한국영화에 있어서 최인호의 영향력은 부정할 수 없지만, '소녀화'는 최인호의 특허품이나 개인적 성향으로만 생각할 수 없는 시대성을 갖고 있었다.

이러한 현상에는 복합적인 요인이 작용한 것으로 보인다. "나이 먹은 주부들 소위 '고무신 관객'이 국산영화의 흥행을 좌우해온"[181] 과거와 달리 이 시기 "영화관이 젊은 관객들로 거의 메워지고 있는 실정"이었던 만큼[182] 영화계는 어떤 방식으로든 젊은 세대들이 호응할 이야기를 찾아야 했으며, 관객만큼이나 주인공

179 최인호, 『별들의 고향』, 예문관, 1973, 29쪽.

180 〈어느 소녀의 고백〉(박종호, 1970)과 〈여고생의 첫사랑〉(강대선, 1971)이라는 영화가 나온 바 있고, 〈별들의 고향〉이 성공을 거두던 것과 같은 해에 〈태양닮은 소녀〉 역시 제작되었으며 여배우의 실제 이름을 '소녀'로 바꾸게까지 했던 〈이름모를 소녀〉가 개봉되었다. 그 뒤로도 〈맨주먹의 소녀들〉(김영효, 1976)과 〈소녀의 기도〉(김응천, 1976), 〈나비소녀〉, 〈불타는 소녀〉(김응천, 1977)가 뒤를 이었다. 많은 제작사들이 열병처럼 '소녀'를 영화 전면에 내세운 영화들을 쏟아내고 있는 형국이었다. 국군홍보관리소에서 제작한 국책영화의 부제가 〈배달의 기수: 소녀와 용사〉(1979)였을 정도였다.

181 김문자, 「한국영화-주부관객의 변」, 『영화』, 1974. 9., 47쪽.

182 「특집: 영화가 젊어지고 있다」, 『영화』, 1975. 5., 21쪽.

들도 예전에 비해 어려질 필요가 있었다. 청년문화를 미덥지 않게 보던 사회의 시선 또한 스크린 속 인물을 미성숙하게 그리는 데 일조했을 것이다.

하지만 순수에 대한 강박이나 나이를 먹을수록 퇴행하는 것은 보다 근본적인 문제를 가리킨다. 성장 자체를 거부하는 듯이 보이기도 하기 때문이다. 가령 소녀는 성인에게 요구되는 불가피한 가식과 위선을 던져버린 순수한 존재로 구현된다. 누군가의 보살핌이 필요해 보이는 그녀의 유아적인 이미지는 퇴행적이라는 비판을 받을 수 있지만, 당대가 폭력적인 속도로 질주하던 경제개발의 시대라면 사정이 다르다. 그것은 적극적 저항은 아닐지라도, '성장주의로부터의 탈주'[183]를 꿈꾸며 시대의 흐름에서 비껴가고 싶었던 마음의 표현으로 읽을 여지를 남기기도 한다.

효율성을 극대화하고 빠르게 성장하지 않으면 대열에서 바로 낙오될 것 같은 세상에서 순수는 어울리지 않는다. 순수는 성장은커녕 시간을 거슬러 뒷걸음치는 것이기 때문이다. 공포의 악무한과도 같은 속도전에 위기감을 느낄 때, 인간다운 삶을 영위할 환경이 아닐 때, 이러한 상황을 피하는 전략 중의 하나는 성장을 거부하는 것이다. 어른이 되기를 포기하는 것, 사회적으로 유용한 노동력을 소유한 합당한 주체로 호명되기를 거부하는 것, 자신의 취약성을 드러내 스스로의 무용성을 입증하는 것 역시도, 시대를 지배하는 권력적 담론에 맞서는 방법일 것이다.

183 황혜진, 「1970년대 유신체제기의 한국영화 연구」, 동국대학교 박사학위논문, 2003, 90~92쪽.

2) '아저씨-소녀'의 로망스와 죄책감

영화가 사람들의 삶과 생각을 담아내는 장치인 한, 사랑 이야기는 빠질 수 없는 제재다. 할 수 있는 이야기가 제한된 통제적 상황이라면 더더욱 그러하다. 사랑은 사회적 관계와 마음의 상태를 보여주는 강력한 감정이라는 점에서 그것의 재현 양상은 당대의 심리적 현실에 다가갈 통로일 수 있다. 그런 점에서 1970년대 영화에서 주목을 요하는 것은 어린 여자와 나이 많은 남자의 로맨스다. '소녀'로 불리는 여성과 나이 많은 '아저씨'가 맺어가는 결코 통상적일 수 없는 애정 관계가 한 시대를 사로잡고 있다는 사실 자체가 예사롭지 않다.

이러한 현상은 1970년대 초반부터 시작된 것으로 보인다. 액션 멜로드라마인 <비나리는 선창가>(임권택, 1970)는 그 연애담이 일반화되기 전의 과도기적 형태를 보여주는 영화다. 선이 굵은 남성 액션물과 멜로드라마를 결합한 이 영화의 시간적 배경은 해방 직후다. 한때 부산 바닥을 주름잡던 전설적 건달 태웅(장동휘 분)이 외국으로 떠돌다가 20년 만에 돌아오는 것으로 이야기를 시작한다. 부산으로 돌아온 태웅은 과거에 사랑했던 연숙(윤정희 분)을 찾지만, 자신이 믿었던 부하에게 그녀가 고통을 당하다 오래전에 자살했음을 알게 된다. 그녀를 잃은 상실감에 살아갈 의미를 잃고 비통에 잠겨있던 그가 다시 삶의 활력을 찾게 되는 것은 과거의 연인을 똑같이 닮은 천애 고아 소녀 윤정(윤정희 분)을 만나면서부터다. 서로에게 끌린 두 사람은 함께 지내며 마치 아버지와 딸처럼 애틋한 관계를 맺어간다. 그러나 윤정이 과거에 자신이 사랑했던 여인과 원수 사이에 태어난 딸임을 알게 된 태웅이 윤정의 행복을 빌며 다시 한국을 떠나는 것으로 이야기는 마감된다. 영화 속에서 윤정이 태웅을 '아빠'나 '선생님', 혹은 '아저씨'라 부르는 것이나 두 사람의 감정이 부녀 간의 사랑과 이성애 사이를 오가는 과정은 앞 시대인 1960년대에는 쉽게 볼 수 없었던 풍경으로, 1970년대를 예고하는 것이기도 하다.

약간의 단순화를 무릅쓰자면 1960년대의 멜로드라마의 큰 비중을 차지하고 있었던 것은 성숙한 여성의 이야기다. 문정숙이나 김지미, 최은희, 김혜정 등의 당대를 대표했던 배우들이 보여준 매력은 가볍기보다는 무겁고 진중한 성격을 띠고 있었다. <여(女)>나 <만추>, <안개속에 가버린 사랑>(변장호, 1969)처럼 젊은 남자와 성숙한 여성의 관계를 다룬 내러티브가 드물지 않게 등장할 수 있었던 것도 같은 사정에 기인한다. 그러던 것이 불과 몇 년도 지나지 않아 마스터 내러티브의 자리를 어린 여성과 나이 많은 남성의 애정담에 내주기 시작한 것이다.

중년의 신부가 자신의 수양딸에게 사랑을 느끼면서 번민하는 이야기가 등장하는 <대합실의 여인>(김무현, 1971)처럼 초기에는 지엽적인 부분이었던 소녀-아저씨의 애정담이 점차 서사의 중심으로 진입하는 모양새다. 중년의 성직자와 양녀인 소녀 간의 사랑을 서사의 골간으로 삼고 있는 <청녀>, 중년의 교장과 그의 양녀인 장님 소녀의 사랑을 다룬 <유정>(강대진, 1976), 위의 영화들과는 결이 다르지만 소녀와 중년 남자의 동거를 서사의 중심에 놓은 <화녀>와 <충녀>[184]에 이르기까지 많은 영화가 소녀-아저씨의 관계를 이야기의 골격으로 삼고 있다. 당대의 대표적 하이틴 스타였고 실제 나이가 십 대였던 임예진까지도 나이 많은 남자의 어린 아내 역할을 맡아야 했다는 점[185]은, 소녀-아저씨의 애정담이 이 시기 서사의 중요한 틀로 자리하였음을 말해준다.

그 가운데 최고의 흥행작은 <별들의 고향>이다. 관객수 45만 명을 기록한 이 영화에서 경아(안인숙 분)와 문오(신성일 분)의 관계는, 마치 삶에 지친 딸과 그녀를 위로해 주는 아버지의 그것처럼 그려진다. 37만 명이 넘는 관객을 동원하여 1978년의 흥행 1위에 올랐던 <내가 버린 여자>(정소영, 1977)는 중년에 가까운 남성 수형(윤일봉 분)과 소녀 정애(이영옥 분)의 사랑담이 기둥 줄거리이다. 두 사람이 만나 서로의 마음을 확인하는 과정은 열정적인 사랑담보다는 따뜻한 보살핌의 드라마에 가까워 보인다. 어린 여성과 관계를 맺는 남자는 주로 30대 후반에서 40대의 나이로, <내가 버린 여자>의 대사를 빌리자면, '마흔이 낼모레인 중늙은이'가 대부분이다. 그의 직업은 강사나 교수, 교사, 예술가 등으로 다양하게 변주된다. 여성은 그를 '아저씨'나 '선생님', '아빠' 등으로 부르곤 하는데, 이러한 호칭은 그 작위성에 대한 평단의 비판[186]

184 이들 작품의 원본 격이라 할 수 있는 〈하녀〉(김기영, 1960)의 경우 중년 남자와 소녀의 결합이 다소 우발적이었다면, 〈화녀〉와 〈충녀〉에서는 보다 전면적으로 이뤄지고 있으며, 〈하녀〉에서 '하녀'가 안타고니스트로 존재하고 있다면 〈화녀〉와 〈충녀〉에서 소녀는 본격적인 여주인공이 되어 기술되고 있다. 이러한 점은 1960년대와 1970년대의 차이가 무엇인가를 알려주는 단서이다.

185 〈불〉(홍파, 1978)과 〈땅콩껍질 속의 연가〉(이원세, 1979)가 이에 해당한다.

186 이상회, 「영화수상: 〈별들의 고향〉-단절된 주제의 흐름」, 『신동아』, 1974. 6., 300쪽.

에도 불구하고 이 시기 영화들에서 두루 사용되었다.

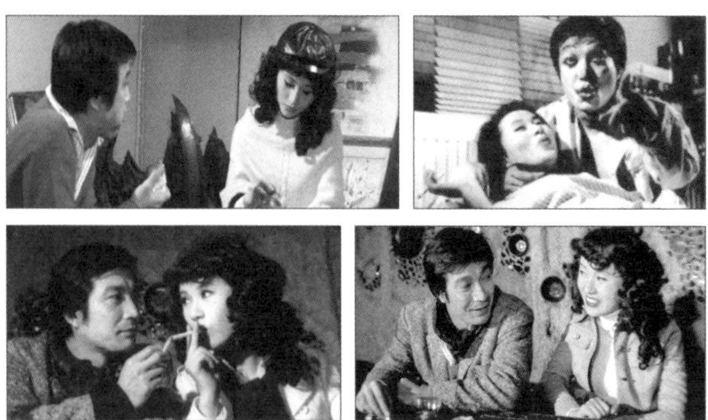

[사진-20] <별들의 고향>의 안인숙과 신성일

소녀와 아저씨의 관계는 그 자체로 이중성을 지닌다. 우선, "어린아이와 여성을 결여된 존재이자 가부장의 보호와 지배하에 놓여야 하는 존재로 여기는 근대의 젠더 정치 구조"[187]로부터 자유롭지 않은 것이 사실이다. 남녀의 관계를 유아기의 '아이-아버지' 관계와 유사하게 놓고 있다는 점이나 여성을 보호받아야 할 수동적 존재로 바라보는 것은 가부장제 이데올로기를 강화하고 국가와 민족을 남성적인 것으로 젠더화하던 근대국가의 이데올로기[188]에서 그리 크게 벗어나지 않는다. 여주인공을 사회적 권력이나 물리적 힘을 갖지 못한 지위로 묶어두고 '아버지-딸'의 관계라는 원초적 친밀감의 공간으로 후퇴시키려 한다는 점에서, 이들 영화의 전복성은 제한적이며 영화 내부에서 엮이는 환상은 퇴행

187 권명아, 「수난사 이야기로 다시 만들어진 민족 이야기」, 『문학 속의 파시즘』, 삼인, 2001, 236쪽.

188 황영주, 「남성의 얼굴을 가진 근대국가: 젠더화된 군사주의, 자본주의, 그리고 민주주의」, 『한국정치학회 기획학술회의 자료집』, 2000.

적일 수밖에 없다.

그러나 중요한 점은 이야기의 대부분이 관계의 궁극적인 실패로 마감된다는 사실이다. '아저씨-소녀'라는 관계는 어떤 경우에도 행복한 결합에 도달하지 못한다. <별들의 고향>의 문오는(신성일 분) 삶에 지쳐 자신을 찾아온 경아(안인숙 분)를 지켜주지 못하고 자살에 이르게 만들며, <내가 버린 여자>의 수형(윤일봉 분)은 근거 없는 오해로 정애(이영옥 분)를 집에서 쫓아냄으로써 결국 길에서 죽게 만든다. <꽃순이를 아시나요>(정인엽, 1978)에서 꽃순이(정윤희 분)가 의지하고 따르던 하 선생(하명중 분)은 그녀를 겁탈한 뒤 도망치듯 떠나버린다. 어떤 식으로든 소녀는 버려지거나 죽음이라는 비극적인 결말을 맞이한다. 가부장제의 보호막이 제대로 가동하지 못하는 무능의 상태를 드러내는 쪽으로 이야기가 진행된다고 할 수 있다.

결국 '아저씨-소녀'의 로망스에서 관계들은 다 상처다. 아저씨는 소녀를 지키지 못할뿐더러, 자신이 소녀를 더욱 불행하게 만든 가해자라는 생각으로 더 큰 심리적 고통을 받는다. <별들의 고향>의 문오는 경아를 보호하지 못했다는 생각에 괴로워하고, <내가 버린 여자>의 남자는 소녀를 죽음에 이르게 한 자신의 어리석음 때문에 비통해한다. <수절>(하길종, 1973)은 딸과 아내를 죽음으로부터 구해내지 못한 남자의 죄의식을 전면에 부각시킨다. 멜로드라마만이 아니라 정치적인 실험작이나 하이틴 순정 로맨스에서도 소녀의 죽음을 막지 못한 자신의 무능을 자책하는 남성의 죄책감을 제공하고 있다.

남자의 죄책감은 불행한 소녀를 무책임하게 방기했다는 자기 비판에서 비롯된다. 자주 제공되곤 하는 남자의 회상은, 어린 여인을 제대로 지켜주지 못한 자신에 대한 자책을 담은 내레이션으로 드러난다. 회상으로 전해지는 패배자의 이야기는 권력자들의 이야기와는 엄연히 구별된다. 미래를 향해 빠르게 앞질러 가기를 강요하는 권력자들의 이야기와는 정반대로 못난 과거를 고통스럽게 되씹는 이들의 서사는 그 자체만으로도 시대에 반하는 의미가 있었다.

1970년대 영화가 즐겨 사용하던 소녀와 매춘이라는 조합은 그 자체로 보자면 불편한 것이 사실이지만, 그 또한 시대의 환부를 보여주는 하나의 증상으로 읽힌다. 소녀의 타락은 죽음만큼이나 남자를 괴롭히는 부분이다. 개인적 자유를 수용하지 않는 사회에서 자유의 추구는 불가피하게 퇴폐의 증후를 띠게 되는 법이다. 당대의 여성들이 보여주는 타락은 폐쇄된 사회 속에서 왜곡된 순수의 모습이다. 동시에 순결했던 소녀의 타락은 남자에게 죄의식을 끌어내는 적극적 장치로 자리한다. 소녀의 벗은 몸에서 되돌아오는 응시는, 영화 속 인물만이 아니라 관객까지도 공범이 된 듯한 느낌을 갖게 하며, 무능과 절망, 자기혐오가 뒤섞인 감정을 유발한다.

1970년대 영화의 연애 서사는 실패와 불행을 증명하기 위해 동원된 전략이라 할 정도로 '아저씨-소녀'라는 관계는 불행으로 마감된다. 이야기가 궁극적으로 도달하는 곳은 상실감, 부끄러움, 죄책감이 뒤섞인 감정풍경이다. 때문에 여주인공이 구현하는 소녀다운 경쾌한 명랑성이 영화에 도포되어 있음에도 불구하고 영화의 분위기는 전체적으로 음울한 감상성을 벗어나지 못한다. 오히려 소녀의 발랄함이 가부장의 무능과 실패를 더욱 강조하여 비애를 증폭시키는 요인이 되기도 한다. 자살과 병사, 살인에 이르기까지 죽음이 이 시기 영화를 지배하는 주된 이미지로 자리하며 영화의 전체적 정서는 페시미즘에 경도된 모습을 보인다.

그러나 불행한 사랑담일지라도 "집단적인 유토피아와 사회적 소원 충족, 사회적 열망"[189]은 반영된다. 영화는 어떤 식으로든 사회적으로 생산된 욕망과 갈망을 담아내기 마련이다.[190] 관계의 실패를 담은 이야기가 잘 팔리는 대중 생산물이 될 수 있었던 데에는, 그러한 좌절담이 집단 심리에 기반하고 있으며 관객의 집단적 무의식에 호소하는 면이 있었음을 뜻한다. '소녀-아저씨'의 비극적 사랑은, 현실의 무게를 정면으로 감당해 내지는 못하지만 어떤 방식으로든 당대의 사회적·정치적 억압에 대해 목소리를 내고 싶었던 대중들의 욕망과 정서에 호응한 것으로 보인다.

1970년대의 한국사회는 경제성장과 근대화로 급격한 성장을 이루고 있었지만, 그 과정의 문제와 모순들이 첨예하게 드러나던 시기이다. 개발 독재의 비합리성과 비민주성이 매 순간 확인되던 가혹한 시대에 어느 정도의 부정성을 자기 안에 갖고 있지 않았던 사람은 드물다. 1970년대 영화의 아저씨-소녀의 서사는 그런

189 Terry Lovell, *Pictures of Reality: Aesthetics, Politics and Pleasure*, BFI, 1983, pp.56~57.

190 Hans Magnus Enzensberger, Tania Modleski(eds.), *Studies in Entertainment: Critical Approaches to Mass Culture*, A Midland Book, 1986, p.233.

억압된 마음들의 반영으로 보인다. 시대에 맞서지 못하고 순응할 수밖에 없는 자기 내부를 들여다보고, 부끄러움과 죄의식을 느끼면서 시대를 견뎌내려 했던 사람들의 심리가 투영되어 있다고 할 수 있다. 아버지-딸과 같은 유대를 보여주면서도 궁극에는 그 관계가 철저하게 실패함을 거듭하여 보여주는 1970년대 영화들은, 우승열패의 신화가 주는 압박 속에서 뭔가 잘못되고 있음을 느낀 자들의 불안과 위기감의 기록일 수 있다.

4. 네이션의 심리적 현실과 로드무비

1) 로드무비의 로컬리티

일반적으로 로드무비는 미국적인 장르라는 생각이 통용되어 왔다. 많은 연구자들이 <이지 라이더(Easy Rider)>(데니스 호퍼, 1969)를 로드무비의 출발로 보면서 위기에 처한 남성성, 반항, 자동차 문화, 여행 과정에서의 자기 발견 등을 장르적 공식으로 말하고 있다.[191] 여행 서사가 담고 있는 탐색 과정이 자유와 발견이라는 미국의 건국신화를 확인시킨다거나,[192] 존 포드의 서부영화와 마찬가지로 로드무비도 개척 정신을 담고 있다는 논의[193]를 그대로 받아들인다면, 로드무비는 전형적인 미국장르일 수 있다. 로드무비가 미국문화의 산물일 뿐만 아니라 어떤 점에서는 미국 자체를 정의하는 장르[194]라는 말이 과장만은 아닐 것이다.

그러나 장르적 기원이 미국에 있음을 인정한다 하더라도 한국 로드무비가 미국영화의 직접적인 영향하에 있다고 보기는 어렵다. 미국 로드무비의 장르문법으로는 잘 읽히지 않는 독자성 내

191 이러한 관점은 로드무비에 관한 많은 연구들이 공유하고 있다. 그 가운데 대표적인 논의로는 다음의 연구를 참조하라. Timothy Corrigan, *A Cinema Without Walls: Movies and Culture After Vietnam*, Ruthers University Press, 1991; Cohan and Ina Hark (eds), *The Road Movie Book*, London: Routledge, 1997; *David Laderman, Driving Visions: Exploring the Road Movie*, University of Texas Press, 2002.

192 Barbara Klinger, "The Road to Dystopia Landscaping the Nation in Easy Rider", *The Road Movie Book*(Edited by Steven Cohan, Ina Rae Hark), Routledge, 1997.

193 Susan Hayward, *Cinema Studies: The Key Concepts*, 3rd ed., Routledge, 2006, p.313.

194 Neil Archer, *The Road Movie: in search of meaning*, Columbia University Press, 2016, p.11.

지 개별성을 많이 보유하고 있는 까닭이다. 기계화된 자동차 문화와 무관하고, 반항이라 할 만한 요소도 적으며, 이동의 방식이나 공간의 성격 면에서도 미국의 로드무비와는 차별화되는 대목들이 자주 목격된다. 미국 로드무비와의 유사성보다는 예외적인 면모가 많은 점은 오히려 이 장르가 국가 정체성과 사회적·정치적 문제에 보다 긴밀히 접속하고 있음을 알려주는 단서일 수 있다.

로드무비는 토마스 샤츠가 장르적 문법으로 이야기한 아이콘-컨벤션-포뮬라[195]가 상대적으로 엄격하지 않은 장르이다. "장르-혼합의 경향을 내장"한 "의도적으로 불결한"[196] 성격을 지니고 있으며 다른 형식들과 잘 섞이는 하이브리드적 속성[197]이 큰 다소 느슨하고 유동적인 장르라 할 수 있다. 더구나 한국 로드무비는 대부분이 동명의 원작 소설에 기반하고 있어[198] 장르적 정체성이 보다 유연하며 로컬한 성격을 드러낼 여지가 상대적으로 많은 편이다. 따라서 로드무비에 대한 생산적인 논의는, 장르적 성격을 환원적으로 규정하는 것보다는 특정 시기에 이 장르가 생성하고 수행했던 것들을 묻는 작업일 것이다.

195 토머스 샤츠, 한창호·허문영 옮김, 『할리우드 장르의 구조』, 한나래, 1995.

196 Devin Orgeron, *Road Movies: From Muybridge and Méliès to Lynch and Kiarostami.*, Springer, 2007, p.3.

197 Jack Sargeant and Stephanie Watson (eds), *Lost Highways*, Washington, DC: Creation Books, 1999.

198 〈삼포가는 길〉은 황석영의 1973년 작 동명의 단편소설이 원작이며, 〈만다라〉는 김성동의 중편소설, 〈고래사냥〉은 최인호의 장편, 〈나그네는 길에서도 쉬지 않는다〉는 이제하의 1985년 작 단편소설을 기반으로 하고 있다.

영화는 한 시대나 네이션의 정체성을 둘러싼 고민들을 품기 마련인 매체지만, 로드무비는 네이션의 심성구조[199]를 드러낼 간단치 않은 은유가 많이 발견되는 장르에 해당한다. '길 떠나기'의 포맷이 국가의 운명을 내포할 유용한 모티브[200]일 수 있는 만큼, 역사의 부침이 컸던 한국인의 마음자리를 그릴 여지가 여타의 장르보다 큰 편이다. 로드무비에 대한 연구가 다른 장르에 비해 상대적으로 소홀했던 서구[201]의 경우와는 다르게, 영화연구의 역사가 길지 않은 한국에서 적잖은 연구가 이뤄진 것[202]은 그만큼 내셔널한 맥락을 구현할 여지가 큰 장르임을 말해준다.

이 글에서 관심을 두는 것은 한국에서 로드무비가 본격적으로 제작되기 시작한 1970년대 후반부터 1980년대 중반까지의 작품들이다. 이 시기는 로드무비의 기반이 형성된 때로, 장르의 원형

---

199 심성구조라는 말은 크라카우어가 독일의 영화사를 기술하면서 사용했던 개념에서 빌려왔다. Siegfried Kracauer, *From Caligari to Hitler: A psychological history of the German film*, Princeton University Press(Original work published 1947), 2004 참조.

200 Ganser, A. et al., "Bakhtin's chronotype on the road: Space, time, and place in road movies since the 1970s", *Facta Universitatis: Linguistics and Literature*, 2006, 4:1, pp.1~2.

201 David Laderman, *Driving Visions: Exploring the Road Movie*, University of Texas Press, 2002, pp.1~6.

202 한국의 로드무비에 대한 논의는 1990년대부터 드물지 않게 이뤄졌다. 그간에 이뤄진 대표적인 논의들로는, 유지나, 「한국사회의 영화적 수용에 관한 텍스트 읽기: 〈삼포가는 길〉, 〈고래사냥〉, 〈세상 밖으로〉」(『영화연구』 10호, 1995, 26~42쪽), 주진숙, 「〈세상 밖으로〉: 로드무비의 새로운 지평」(『영화연구』 10호, 1995, 7~25쪽), 주창규, 「충무로 로드무비 장르 연구」(『영화연구』 34호, 2007, 374~405쪽), 이현진, 「〈팔도강산〉의 유랑과 〈삼포가는 길〉의 유랑: 박정희 정권의 근대화를 바라보는 두 가지 시선」(『현대영화연구』8(2), 2012, 529~554쪽), 진은경, 「로드무비에 나타난 바다의 의미와 모성성의 회복」(『문학과 환경』, 2013, 189~213쪽) 등(이상, 발표순)이 있다. 그 가운데 주창규의 논문은 한국 로드무비의 특수성에 집중한 대표적인 연구라 할 수 있다.

으로 이야기되는 <삼포가는 길>[203]의 출현을 비롯하여 <만다라>(임권택, 1981), <고래사냥>(배창호, 1984), <안녕하세요 하나님>(배창호, 1987), <나그네는 길에서도 쉬지 않는다>(이장호, 1987), <아메리카 아메리카>(장길수, 1988)에 이르는 여러 여행 서사가 제작되었으며 대부분이 관객의 높은 호응과 평단으로부터의 고른 지지를 받았다.[204] 사회현실에 대한 시선과 심리가 사실적으로 제시되기 힘들던 때에 간단치 않은 당대의 집단 심리를 담아내기 위한 우회적인 방도를 찾아야만 했던 상황에서, 로드무비는 표면화되기 어려운 심리적 현실을 담을 장이 돼주었던 듯하다.

이 시기 로드무비들은 여러 양상들을 보여준다. <삼포가는 길>이 하층민의 애환에 집중하고 있다면 <고래사냥>은 평범한 대학생의 성장을 다루는 청춘영화의 성격을 지니며 <만다라>는 승려의 구도 여정을 따라가는 종교영화의 성격이 강한 편이다. <나그네는 길에서도 쉬지 않는다>는 전쟁과 분단이 낳은 실향민들

203 로드무비 연구자 및 비평가들은 대부분 〈삼포가는 길〉을 로드무비의 원형으로 보는 데 견해를 같이 하고 있다. 위에 언급한 유지나(1995)와 주진숙(1995), 주창규(2007)의 글을 참조하라.

204 1975년에 단성사에서 개봉한 〈삼포가는 길〉은 문화공보부가 선정하는 그해 우수영화 다섯 편 중 하나였으며 대종상 우수작품상을 수상하였고 베를린영화제 비경쟁 부문에 출품되기도 했다. 〈고래사냥〉은 제20회 백상예술대상에서 대상과 작품상, 남자신인연기상(김수철)을 수상했으며, 영평상에서 최우수작품상을 수상했다. 〈만다라〉 역시도 대종상에서 남우주연상(안성기), 감독상을, 백상예술대상에서 남우조연상(전무송), 촬영상(정일성)을 수상했다. 〈나그네는 길에서도 쉬지 않는다〉는 베를린영화제 칼리가리상과 도쿄영화제 국제비평가상을 수상했으며, 미국과 일본에서 개봉되기도 했다. 검열과 감독의 죽음 때문에 극장에 오래 걸리지 못했던 〈삼포가는 길〉을 제외하면 흥행 성적도 좋은 편이다. 〈고래사냥〉은 피카디리에서 개봉하여 42만 6,221명이라는 폭발적인 관객수로 그해 흥행 성적 1위를 기록했고, 〈만다라〉도 서울 관객 12만 8,932명으로 한국영화 흥행 순위 6위를 차지했다.

의 내면세계에 집중하는 실험적 형식의 영화다.[205] 미국으로 이민을 떠난 한국 교포의 현실을 다룬 <아메리카 아메리카>, 뇌성마비를 앓는 장애우의 세상 외출의 형식을 취하는 <안녕하세요 하나님>에 이르기까지, 서사 주체가 처해 있는 상황도 상이하고 집중하는 문제도 다르다.

그럼에도 1970, 80년대에 제작된 한국 로드무비는 1960년대 하반기에 제작된 여행영화 형식의 국책영화 <팔도강산>(배석인, 1967)이나 <관광열차>(김귀섭, 1967)와는 매우 다른 성격들을 공유하고 있는데, 그 성격들은 사소해 보이지 않는다. 또한 1970년대 청년영화와도 여러 면에서 차이를 노정한다. 청년에게 함께할 동행자를 제공하고 서울을 벗어나 과거를 환기시키는 공간으로 그를 이끌고 가는 로드무비는, 앞 시대와 결별하는 것이면서 1987년 이후를 예고하는 과도기적 성격을 보여준다.

2) 길 위의 동행자와 가족 판타지

(1) 동행자 1: '상징적 아버지'

한국 로드무비가 초기부터 자주 보여준 서사 틀은 미성숙한 청년이 여행의 경험을 통해 잠정적 정체성을 찾아가는 과정이다. 젊은이의 시선을 따라 이야기가 전개되도록 서사를 위계화

205 김경욱은 〈나그네는 길에서도 쉬지 않는다〉를 '분단영화'로 범주화하고, 이 영화가 드러내는 "전쟁과 분단의 트라우마의 증후"에 대해 논의하고 있다. 김경욱, 「1980년대 이후, 한국 '분단영화'에 재현된 '역사적 트라우마'에 관한 연구」, 『영화연구』 63호, 2015. 3, 37~69쪽 참조.

하고[206] 여행 경험을 통해 주체가 변화하는 서사적 궤적을 펼쳐내는 식이다. 관계 맺기에 서투른 한 청년이 여행을 통해 사람들과 감정적 유대를 맺으며 자신의 삶의 분기점을 맞이한다는 설정이 이 시기 로드무비 전반에서 자주 목격된다. 이때 여행은 주체가 자신이 누구인지를 정의하게 되는 과정이자, 사회적 관계를 새로이 구축하는 계기를 이룬다.

로드무비에서 중요한 것은 여행 중에 만나게 되는 사람이다. 한국의 경우, 동행자가 서사에 차지하는 비중이 높은 편이다. 동행자는 청년이 길을 떠나도록 자극하거나 여행을 잘 할 수 있도록 돕는 역할을 하게 되는데, 그 동행자의 자리는 주로 청년보다 나이가 많은 남자에게 부여된다. 원작 소설에서 동행자의 나이가 주인공과 엇비슷하게 설정되었다 하더라도 영화에서는 더 많은 경험과 연륜이 있는 모습으로 구현되는 것이 일반적이다.

가령 소설 『삼포가는 길』에서 동행자 정씨(김진규 분)는 "서른댓 되어 보이는 사내"[207]로 주인공 영달과 나이 차가 크지 않은 것으로 묘사되지만, 영화에서는 영달(백일섭 분)보다 훨씬 나이가 많은 인물로 바뀌었다.[208] <고래사냥>도 비슷한 사정이다. 주인공

206 가령, 〈삼포가는 길〉에서 이제 막 교도소에서 출소한 정씨(김진규 분)에 관해서는 영달과는 달리 플래시백이 제공되지 않는다. 몇 마디 대사로 그의 처지를 짐작할 수 있을 뿐, 그가 십여 년 동안 감옥살이를 했던 구체적 이유에 대해서는 등장인물이나 관객 모두가 잘 모르는 상태로 남게 된다. 〈고래사냥〉의 왕초(안성기 분)도 마찬가지이다. 한때 촉망받는 대학생이던 왕초가 어쩌다 행려자의 삶을 선택했는지에 대한 납득할 만한 설명은 제공되지 않는다.

207 황석영, 『삼포가는 길, 황석영 중단편전집 2』, 창작과비평사, 2000, 201쪽.

208 영달 역을 맡은 백일섭은 1944년생이고 정씨 역의 김진규는 1923년생으로, 두 사람은 외양이며 말투가 부자 관계라 해도 어색할 바 없는 모양새다.

인 병태(김수철 분)의 여행에 동행하게 되는 왕초(안성기 분)는, 원작 소설에서는 "병태보다 나이가 한 살이나 두 살 더 먹어 보"[209]이는 또래 청년으로 설정되고 있음에도 영화에서는 원작보다 한결 원숙해 보이도록 연출되었다. <안녕하세요 하나님>의 민우(전무송 분)나 <아메리카 아메리카>의 현우(신성일 분), <만다라>의 지산(전무송 분)과 같은 동행자 역시도, 서사 주체인 젊은이와 나이 차가 많이 나는 어른의 모습이다.

이들 동행자의 역할은 명료해 보인다. 일차적으로는 청년의 여행이 잘 이뤄질 수 있도록 돕는 일이다. <삼포가는 길>에서 갈 곳을 딱히 정하지 못하고 막막해하던 영달이 구체적인 목적지를 갖게 되는 것은 정씨와의 만남을 통해서다. <고래사냥>의 대학생 병태는 거지 왕초의 도움으로 여행을 시작하며 <만다라>의 법운(안성기 분)은 지산과 동행하면서 비로소 깨달음에 다가서게 된다. <안녕하세요 하나님>의 병태(안성기 분)가 그토록 염원하던 경주 여행을 실현할 수 있던 것도 떠돌이 시인 민우의 도움을 통해서다.

방황하던 젊은이가 연장자인 남성과의 만남을 계기로 여행길에 오르고 그의 도움으로 변화하게 된다는 서사는 역으로, 그동안 청년의 성장을 어렵게 만든 진짜 이유가 '상징적 아버지'의 부재에 있었음을 알려준다. <삼포가는 길>의 영달은 고아와 다를 바 없는 떠돌이 신세이고 <고래사냥>의 대학생 병태의 아버지는

209 최인호, 『고래사냥』, 여백, 2018, 62쪽.

제 역할을 하지 못한다. <만다라>의 법운은 홀어머니에게 버림을 받았다. 부모님의 보살핌을 제대로 받지 못한 처지라는 점에서 다들 비슷하다. '상징적 아버지'의 부재라는 상황은 1960년대부터 자주 목격되어 온 바이고, 1970년대에도 아버지가 정상적인 역할을 하지 않은 영화가 압도적으로 많은 형편이었음[210]을 고려한다면, 로드무비는 어떤 식으로든 '상징적 아버지'의 존재를 호출하여 성장담을 실현하려 한다는 점에서 앞 시대의 영화들과는 구분된다.

1988년에 나온 <아메리카 아메리카>가 고아원 출신인 미 불법체류자 청년(길용우 분)을 주인공으로 삼고 있고, 1990년대에 제작된 <오세암>(박철수, 1990)이나 <화엄경>(장선우, 1993)이 버려진 아이를 주인공으로 설정한 것을 보면, 고아와 다를 바 없는 처지의 청년이 상징적 아버지를 통해 성장한다는 이른바 오이디푸스적 궤도(oedipus trajectory)가 로드무비의 공식이라는 인식이 일찍부터 영화인들 사이에서 공유되어 있었던 듯하다.

그런데 주목할 점은 그 역할을 하는 사람의 남다른 정체성이다. 청년의 길잡이 노릇을 하고는 있지만, 사회적으로 고립된 처지로 보자면 그 역시도 별반 다르지 않기 때문이다. <삼포가는 길>의 정씨는 십여 년 동안 형무소살이를 한 사람이고, <아메리카 아메리카>의 현우는 도피 중인 시국사범이다. <고래사냥>의 왕초나 <안녕하세요 하나님>의 민우는 모두 거리의 부랑아와 다

210 이효인, 『영화로 읽는 한국 사회문화사』, 도서출판개마고원, 2003, 108쪽.

를 바 없이 살아가는 자들이다. <만다라>의 지산 역시도 계율을 파괴하고 은둔의 삶을 사는 사람으로, 사회 이탈자라는 점에서 다른 동행자들과 다르지 않다. 요컨대 청년에게 '아버지' 역할을 하는 동행자는 범법자나 수배자, 이탈자, 나그네, 떠돌이, 뜨내기 등으로 칭해지는 부류의 인간들이며 대부분이 무일푼 신세다.

이런 동행자가 젊은 주체에게 행한 가르침의 세부적인 내용은 작품마다 다르지만 그가 대변하는 '상징적 질서'가 주류세계의 지배적인 가치와 무관하다는 점에서는 공통된다. 그들은 대부분 국가 및 시장과의 적대적 위치에서 자신의 정체성을 형성하고, 세상으로부터의 이탈을 자발적으로 실천한 자들이다. 이런 사람들이 수행하는 '아버지' 역할이 남성 주체가 사회에 성공적으로 안착하도록 인도하는 일과 거리가 먼 것은 당연한 이치일 것이다.

아웃사이더를 상징적 아버지로 삼는 로드무비는, 어른의 부재로 인해 성장하지 못하고 퇴행하는 멜로드라마들[211]과도 차별화되지만, 아들을 개조시켜 아버지의 질서 안으로 흡수하는 1970년대의 하이틴영화와도 엄밀히 구분된다.[212] 그런 점에서 로드

211 권은선, 「1970년대 한국영화연구: 생체정치, 질병, 히스테리를 중심으로」, 중앙대학교 박사학위논문, 2010, 89~91쪽.

212 〈고교얄개〉(석래명, 1976)에서 철없는 얄개(이승현 분)는 천방지축의 익살꾼이지만 스승의 가르침과 모범적 친구를 거울삼아 근대화 이데올로기라는 상징적 질서 안에 안착한다. 이는 권위로부터 자유로운 개인으로 소년을 호출한 1950년대 조흔파의 『얄개전』과는 정반대의 입지에 놓이는 것이다. 결과적으로 하이틴영화는 박정희 정권하에 만들어진 국책영화와 닮아 있는 모습을 보이게 된다. 1970년대 대중영화와 국책영화의 상호 침투에 관해서는, 권은선, 「1970년대 국책영화와 대중영화의 상관성 연구」, 『현대영화연구』 21호, 2015, 7~36쪽 참조.

무비가 청년의 성장을 다루는 방식은 얼핏 보면 모호하거나 모순적으로 느껴질 수도 있다. 여행은 진정한 자아를 찾기 위한 일련의 통과제의겠지만, 그 과정의 성공적 완수가 그의 비사회성을 해소하는 것으로 바로 연결되지는 않기 때문이다. 진정한 자아를 찾기 위한 그들의 시도는 사회로의 안정된 진입과 별 관련이 없다는 점에서 데이비드 레더맨이 로드무비의 한 성격으로 언급한 '개인적 충동과 사회적 조직 사이의 협상'213에도 잘 부합하지 않아 보인다.

청년이나 동행자 모두가 사회의 중심으로부터 벗어나 있지만 두 사람은 세밀한 부분에서 차이를 보인다. 자발성 여부가 그것이다. 청년의 경우가 의지와 무관하게 그런 상황에 놓이게 된 것이라면, 동행자는 자신의 뜻에 따라 아웃사이더의 길을 자처한 사람이다. 거지 세계의 '왕초'가 될지언정 누군가의 밑에 있을 수는 없다는 생각의 소유자라 할 수 있다. 그렇다면 사회 편입을 거부하고 사회로부터 이탈을 감행한 '상징적 아버지'가 청년에게 줄 수 있는 가르침은 무엇이며, 그가 길잡이 역할을 하여 수행되는 성장이란 어떤 것인가.

'상징적 아버지'로서 동행자가 주는 가르침은 외부의 통제나 구속에서 벗어나 자기를 책임지는 주인이 되라는 것으로 요약된다. 많은 영화들이 '자유'와 '책임'이라는 말을 빈번하게 등장시킨다거나 <고래사냥>과 <안녕하세요 하나님>에서 병태가 혼자

213 David Laderman, Driving Visions: *Exploring the Road Movie*, University of Texas Press, 2002, p.35.

힘으로 춘자를 데려다주겠다며 고집하는 장면이 굳이 마련되는 것도 같은 맥락으로 읽힌다.[214] 그에게 여행은 속박으로부터의 자유와 독립을 훈련하는 과정이며, 이러한 훈련은 스크린이 국가의 요구와 밀접하게 맞물리는 것을 방해한다.

<고래사냥>에서 여행이 끝날 무렵 병태는 모종의 깨달음을 얻었다는 듯이 "고래는 내 마음에 있었어요"라고 말한다. 이 대사는 자기 뜻대로 삶을 선택할 수 없었던 그간의 삶과 자신의 못남에 대한 고백이자, 앞으로 자기 삶의 주인이 되겠다는 의지의 표명으로 들린다. 자기 결정의 중요성을 강조하는 이러한 대목은 오랫동안 주권국가로서의 지위를 갖지 못한 종속적 위치에서 벗어나고자 했던 이 시기 네이션의 열망을 반향하는 면이 없지 않다. 그가 앞으로 무엇을 하며 살아갈지는 알 수 없다. 다만 분명한 점은 동행자를 길잡이 삼아 얻게 된 자율성 훈련을 통해 이 청년이 최소한 복종을 요구하는 세계에 안주하며 살아가지는 않을 것이라는 사실이다.

(2) 동행자 2: '타락한 여성'

한국의 로드무비가 취하는 주목할 특성 중 하나는 제2의 동행자를 합류시킨다는 점이다. 그리고 어김없이 그 자리는 화류계 여성이나 미혼모와 같은 이른바 '타락한 여성'에게 주어진다. <삼포가는 길>의 술집 작부 백화, <고래사냥>에서 서울의 사창가로 팔려

214 〈안녕하세요 하나님〉의 병태는 영화의 말미에 혼자 힘으로 춘자의 출산을 돕고 그녀를 경주로 데려가는 미션을 수행하게 되는데, 이러한 미션 수행은 사실상 '상징적 아버지'인 민우가 암암리에 의도했던 것이기도 하다.

온 시골 소녀 춘자(이미숙 분), 모르는 남자의 아이를 임신한 <안녕하세요 하나님>의 미혼모 춘자(김보연 분), <아메리카 아메리카>에서 무분별한 성관계를 일삼는 수잔(이보희 분) 등이 그에 해당한다. 이제하의 동명 소설을 영화화한 <나그네는 길에서도 쉬지 않는다>는 타락한 여성에 대한 애착을 원작보다 강하게 보여주는 작품으로, 여행을 떠난 남자가 만나게 되는 세 명의 여성 가운데 두 명이 성매매 여성이다. 심지어 그들이 '갈보'라 불리는 장면을 재차 등장시켜 '타락한 여성'의 존재를 강조하고 있다. 로드무비가 '타락한 여성'에 대해 보이는 관심은 집요할 정도인데, 그만큼 이 여성의 동행이 의미하는 바가 크다는 점을 알려준다.

가부장제의 섹슈얼리티 질서와 어긋난 삶을 사는 타락한 여성들이 여행의 동행자로 함께하는 설정은 1990년대 이후의 로드무비에서도 어김없이 되풀이된다. <세상밖으로>(여균동, 1994)에서 우연히 동행자로 합류하는 콜걸(심혜진 분), 두 동성애 남성의 여행길에 끼어든 <로드무비>(김인식, 2002)의 룸살롱 접대부 일주(서린 분), 양아치들의 야반도주 과정에 합류하게 된 <정글쥬스>(조민호, 2002)의 창녀 멕(전혜진 분) 등으로 비슷한 현상이 반복된다. 이러한 점은 한국 로드무비가 '타락한 여성'을 필수적 요소로 삼을 수밖에 없는 어떤 절실한 사정이 있음을 헤아리게 한다.

[사진-21] <삼포가는 길>

그와 관련하여 눈길을 끄는 것은, 많은 영화가 여성 동행자의 성적 타락이 자발적인 것이 아님을 강조하는 장면을 클리셰처럼 등장시키고 있다는 점이다.

> "뭐? 화냥년? 그래, 난 화냥년이다, 화냥년이야! 더러운 년이라구. 난 더럽고 썩고 썩은 년이라구. 난 너희들 사내놈들한테 살이 빠지도록 팔고 사는 년이라구. 그게 왜 내 잘못이냐구. 왜!"
>
> (<삼포가는 길>에서 백화의 대사)

타락이 자신의 욕망이나 의지와 무관하다는 것인데, 이러한 비자발성은 가까이는 부재한 가장을 대신하여 생계를 책임지기 위해 '타락'의 길을 걸어야 했던 양공주를 비롯한 전후의 수많은 여성들의 삶을 떠올리게 하며, 멀게는 일본군 위안부의 고초를 상기시킨다. 군부대 주변의 술집을 전전하며 몸을 팔았다는 백화의 고백은 그녀의 처지가 네이션의 불행으로 맥락화될 여지를 분명히 한다. 남성 젠더화된 네이션의 시선에서 보자면, 그녀의 타락은 국민을 지켜주지 못한 (남성적) 국민국가의 무능을 계속하여 상기시키는 상처다.

로드무비는 그동안 한국영화에 자주 등장해 왔던 '타락한 여성'의 서사를 변화 내지 진화시킨다. 영화에서는 청년과 타락한 여성 간의 애정 관계가 만들어지지만, 두 사람을 재현하는 방식은 오이디푸스 궤도의 이성애적 결합과는 그 성격이 다르다. 이를테면 <삼포가는 길>에서 정씨와 영달 곁에 함께 있는 백화는 마치 가족의 일원으로 보인다. 백화와 정씨가 함께하는 모습은 부녀의 그것과 유사하며, 영달과 백화의 관계는 연인 사이라기보다는 오누이에 가까워 보인다. 뜨거운 사랑의 열정보다는 보호하고 지키려는 책임감이 더 강하게 작용하는 관계라 할 수 있다. 두 남자에게 백화는 딸이고, 누이이고, 어머니다. 그녀는 피붙이와 다를 바 없는 존재로 자리한다.

흥미로운 점은, 한국 로드무비에서 '타락한 여성'의 등장이 영화 전체의 분위기를 따뜻하게 만들고 있다는 사실이다. 그녀의 등장으로 세 사람은 잠시나마 '유사(pseudo)-가족'을 형성하게 되는데, 그들의 가족적 유대는 영화 전체에 활기를 부여하는 힘이 된다. 세 사람의 조합이 만들어내는 명랑성은 <삼포가는 길>과 <고래사냥>, <안녕하세요 하나님>, <세상밖으로>에 이르는 여러 작품들에서 넉넉히 목격된다. 이러한 온기와 명랑성은, <이지 라이더>를 비롯한 미국 로드무비가 보여준 자기 파괴적이고 어두운 분위기와 차별되는 것이기도 하다.

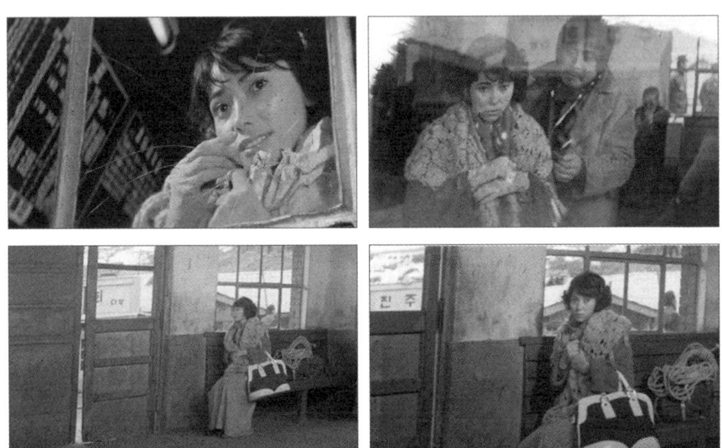

[사진-22] <삼포가는 길>

그러나 잠시나마 온기를 부여하던 세 사람의 유대는 오래가지 못한다. 그들의 유대는 여행 동안에만 지속되는 한시적인 것이다. 청년과 '타락한 여성'이 행복한 결합을 보여주는 경우는 거의 없으며, 여행이 끝날 무렵에 세 사람은 헤어진다. 타락한 여성을 홀로 남겨두고 두 남성이 떠나가는 것으로 이야기가 마무리된다. 이를테면 <삼포가는 길>에서 백화는 두 번 버림을 받는다. 한 번은 시장에서, 또 한 번은 기차역에서, 영달은 그녀를 남겨두고 떠난다. 자신이 버려진 줄 모르는 백화가 영달을 찾아 시장의 여기저기를 헤매는 장면에서는 사운드가 소거되었고, 기차 역사에 홀로 남아 창밖을 바라보며 빵을 입에 욱여넣는 백화의 얼굴은 길게 이어지는 클로즈업으로 담겼다. 이때 백화의 표정은 영문도 모른 채 가족으로부터 버림받은 아이의 그것을 닮아 있다. 홀로 남은 백화를 오래 지켜보는 카메라는 보는 이의 가슴을 먹먹하게 하며, 영화 전체에서 가장 큰 감정적 울림을 만들어낸다. 더군다나 앞서 백화 특유의 명랑성과 활기를 배치해 놓은 터였기에 정동적 분출이 더욱 고조되는 순간이 된다. 이 순간은 슬픔과 비애를 자아내는 동시에 그녀를 지키지 못한 남성의 무력감에 대한 자책이 한데 섞인 복잡한 마음자리를 드러낸다.

3) 겨울의 강원도와 심상지리

(1) 과거로의 느린 여행

로드무비는 주체의 이동을 통해 공간을 이해하는 장르이다. 때문에 움직임에 대한 감각을 만들어낼 수 있다. 그런 점으로 보자면 1970, 80년대 한국의 로드무비에서 속도감이 주는 쾌락이 거의 없다는 점은 인상적이다. 차나 기차와 같은 운송수단을 이용하는 경우가 없지는 않지만 그것이 스크린에 담기는 시간은 짧다. 인물들은 주로 걷는다. 도로의 자유와 기능을 강조하며 고속도로를 빠르게 질주하는 자동차나 오토바이 장면을 장르적 관습으로 등장시키는 미국식 로드무비와는 다른 사정이다.

[사진-23] <삼포가는 길>

<삼포가는 길>에는 눈 덮인 벌판을 걷는 세 사람의 모습을 카메라가 오랫동안 지켜보는 장면이 등장한다. 황량한 겨울에 길이 보이지 않는 겨울 벌판을 걷고 있는 세 사람을 느린 속도로 쫓아가던 카메라는 천천히 줌 아웃하여 그들을 정적인 풍경의 일부로 흡수해 버린다. 이때 인물들은 앞으로 나아가기보다는 부유하는 듯이 보이며, 때론 멈춰 선 채로 공간의 일부가 되어버린다. <고래사냥>에서 세 사람은 속도감 있는 구급차로 여행을 시작하지만 얼마 가지 않아 차의 연료가 바닥이 나면서 눈길을 힘겹게 걸어야 하는 상황에 처하게 된다. 영화의 후반부에서는 자전거를

타고 빠르게 달리는 세 사람을 담아내던 카메라가 갑자기 슬로모션으로 바뀌고 건달들 무리와 마주쳐 구타당하는 모습을 매우 느린 속도로 담는다. <안녕하세요 하나님>은 먼지 날리며 지나가는 버스나 트럭을 바라보며 길 위에 우두커니 서 있는 세 사람의 뒷모습을 롱 테이크로 지켜본다. <만다라> 역시도 움직임보다는 정적인 것을 우선시하는 롱 테이크로 "성찰과 수행의 리듬"[215]을 구현하고 있다.

이러한 카메라 워크를 통해 구현되는 것은 느림의 미학이다. 정적이고 느린 스타일이 근대화의 속도감과 대척되는 것임은 두말할 나위가 없다. 이러한 점은 1960년대 후반에 제작된 국책영화 <팔도강산>과 견줄 때 더욱 분명해진다. <팔도강산>은 노부부가 서울에서 출발해 지방 각지를 돌아 다시 서울로 돌아오기까지를 담은 일종의 로드무비로, 계몽적 성격이 짙은 국책영화임에도 불구하고 여러 속편과 아류작을 낳을 만큼 큰 성공을 거두었다. 이 영화에서 서사의 목적은 명료하다. "17세기적인 외고집"을 지닌 고리타분한 한 노인(김희갑 분)이 여행을 통해 시대의 변화를 수긍하고 미래지향적인 생각을 갖게 되기까지의 변화 과정을 보여주겠다는 것이다.

노인 부부가 여행하며 목도하게 되는 각 지역의 근대화 현장만큼이나 인상적인 것은 이 영화의 속도감이다. 영화 전체가 다양한 운송수단을 동원하여 공간을 압도하는 속도의 위력을 보여준다. 자전거와 오토바이, 버스, 기차가 빠른 속도로 질주하는

215 장우진, 「<만다라>」, 『한국영화100선』, 한국영상자료원, 2013, 134~135쪽.

장면이 매 시퀀스마다 제공되고, 속도감을 더하는 동적인 카메라 워크와 빠른 편집을 적극적으로 사용하였으며, 카메라가 정지된 경우에도 폭발 장면처럼 급격히 변화하는 대상을 담아 시각적 역동성을 높였다. 영화 속 노인의 말마따나, "뽕나무가 변해서 바다가 된다"는 옛말이 무색할 정도로 세상이 빠르게 변하여 "이젠 바다가 변해 옥탑이 되는" 시대에 이르렀다는 것이 이 영화의 전언이다.

이렇듯 속도와 변화의 비전으로 가득했던 <팔도강산>에 비하면 1970, 80년대의 로드무비는 차라리 멈춰버린 영화라 할 정도로 느리고 정적인 편이다. 이러한 시각 스타일이 지향하는 바는 그것이 담고 있는 공간의 성격을 통해 보다 분명해진다. 여행지로 설정되는 곳은 대개 과거의 시간성을 간직한 장소이다. <안녕하세요 하나님>에서 병태가 가려 하는 경주는 일상적인 공간 안에 고대의 유적을 아무렇지 않게 품고 있는 역사도시다. <삼포가는 길>에서 영달과 백화가 갑작스레 목적지로 삼게 되는 '삼포'는 정씨의 고향이다. <고래사냥>에서 병태가 여행의 목적지로 삼은 곳도 춘자의 고향인 우도다. <나그네는 길에서도 쉬지 않는다>에서 아내의 유골을 안고 떠난 남자와 병든 노인이 찾은 곳은 북쪽의 고향과 가장 가까운 강원도다. 여행의 목적지 대부분이 '고향' 혹은 역사성을 지닌 옛 도시라는 특성을 갖는 장소다.

여기서 '길 떠나기'는 그동안 잊고 지내던 과거로 이끄는 여행이다. 그들이 향하는 공간은 지금은 상실하고 없는 것들을 떠올리게 하거나, 공동의 경험과 정서를 품고 있는 곳이다. 미래와는 반대의 방향을 향하는 곳, 부단하게 기억을 생성시키는 곳, 그 자체로 강한 감정적 울림을 자아내는 장소다. 목적지로 가는 도중에 거치는 공간도 마찬가지다. <삼포가는 길>에서 우연히 머무르게 된 시골 마을에서 인물들은 가마니를 짜는 사람과 구경꾼들, 농악대 행렬, 떼를 지어 몰려다니는 아이들과 마주친다. 그곳의 풍경들은 회갑 잔치를 하는 노인의 주름진 얼굴만큼이나 켜켜이 쌓인 과거의 흔적들을 느끼게 한다. 간간이 등장하는 상갓집이나 상여의 행렬은 그러한 시간성을 더욱 노골화한다.

(2) 네이션의 기억과 강원도

로드무비는 움직임에 대한 감각만이 아니라 공간을 의미 있게 만들기도 한다. 할리우드가 고안한 웨스턴 장르가 잘 보여주듯이, 길 떠나기 모티브는 네이션의 공간을 형성하고 느끼게 할 계기를 제공한다. 그런 점에서 <삼포가는 길>이나 <고래사냥>에서 전쟁과 분단의 역사적 기억을 상기시키는 듯한 미장센이 자주 연출되는 것은 의미심장하다. 네이션의 기억이 각인된 장소와 대면할 계기를 제공하기 위해 여행이 소환되었다 할 정도로 영화에는 시간성을 보여주는 이미지들이 가득하다. 눈보라를 헤치며 길이 없는 눈밭과 높은 재를 힘겹게 넘어가는 모습은 피란민의 행렬과 닮아 있다. 매서운 추위, 헛간에서의 쪽잠, 배고픔, 바가지에 담긴 찬밥으로 허기를 달래는 순간 등은 전쟁기의 시간대로 우리를 이끌며, 달리는 기차에 힘겹게 올라 화물칸의 지붕 위에 앉아 있는 순간은 한국전쟁기 피란민의 경험을 떠올리게 한다.

[사진-24] <고래사냥>

음악은 그러한 장소의 상징성을 더욱 강화하는 요소이다. <삼포가는 길>에서 상갓집에 들른 백화 일행이 마을 사람들과 함께 젓가락 장단에 맞춰 부르는 노래는 <오동동 타령>[216]이다. 마산 오동동 권번 기생들의 애환을 담은 이 노래[217]는 1956년에 발표되어 전쟁으로 가족과 고향을 잃은 사람들을 위로하며 크게 히트한 바 있다. <고래사냥>은 아예 구전민요인 <각설이 타령>을 삽입해 놓았다. 시골 마을로 접어들면서 왕초가 부르는 <각설이 타령>은 유랑 걸식하던 각설이패가 구걸을 위해 불렀던 일종의 유희요로[218] 한국전쟁을 전후한 시기에 활발히 불렸던 곡이다. 1968년에 법으로 걸인 행각을 금지하면서 한동안 사라지긴 했지만, 전쟁에 상처 입은 이들을 오랫동안 위로했던 노래였다. <안녕하세요 하나님>에서 기차 안의 젊은이들이 합창하는 외국민요 <매기의 추억(When You And I Were Young Maggie)>과

216 〈오동동 타령〉은 1956년 도미노레코드에서 제작한 음반 〈한복남 엽전열닷냥 / 황정자 오동동 타령〉에 수록된 곡으로, 한복남이 만들고 야인초가 가사를 붙였으며 황정자가 노래했다.

217 「〈오동동 타령〉은 마산 오동동 기생들 삶 맞다」, 『경남도민일보』, 2006. 1. 9.

218 한국민족문화대백과(http://encykorea.aks.ac.kr/) 참조. 2020년 6월 1일 접속.

<홍하의 골짜기(Red River Valley)>가 그러하듯이, 로드무비에 삽입된 많은 노래들이 이별이나 상실의 가사를 통해 떠나온 사람들에 대한 그리움의 감정을 전면화하고 있다.

의상 역시도 역사적 기억을 유발하는 긴요한 장치로, 현대적 감각을 느낄 수 없는 남루한 의복들은 네이션의 과거를 환기시킨다. <고래사냥>에서 멀쑥한 도시 감각의 옷차림으로 등장했던 병태는 여행길에 오르면서 검게 물든 헐렁한 군복으로 갈아입게 되는데, 이때 그의 옷차림은 한국전쟁기에 어른의 군복을 얻어 입은 전쟁고아의 그것과 닮아 있다. 해지고 낡은 옷을 걸친 세 사람의 행색 자체가 피란민의 그것과 크게 다르지 않다. 기존의 로드무비를 자의식적으로 패러디한 <세상밖으로>[219]에서 세 인물이 과거를 반향하는 의상으로 갈아입는 순간을 마련한 것[220]은, 한국 로드무비에서 과거와 기억의 문제가 그만큼 중요한 것임을 말해준다.

과거를 향한 한국 로드무비의 이러한 관심이 복고적 취미에서 나온 것일 수는 없다. 그것이 농촌에 대한 이상화나 복고적 취향에서 발현된 것이 아니라는 점은, 영화들에 어김없이 등장하는 쫓고 쫓기는 상황들이 잘 말해준다. 많은 영화들에서 인물들이 마주하게 되는 검문과 취조, 연행의 순간은 불가피하게 로드무비가 네이션의 엄혹한 현실과 맺는 긴밀한 관계성을 드러낸다.

219 주진숙, 앞의 논문(1995), 9쪽 참조.

220 오영숙, 「대중성을 향한 도정: 장현수, 김홍준, 여균동의 영화」, 『영화언어: 1989년 봄에서 1995 봄까지·II』, 시각과언어, 1997 참조.

[사진-25] <세상밖으로>

경찰이나 군인에 의해 불심검문을 받고(<고래사냥>, <만다라>, <세상밖으로>), 무임승차와 무단 취식을 이유로 연행당한다(<안녕하세요 하나님>). 혹은 불법 이민과 시국사범, 도둑질 등의 이유로 쫓기는 신세가 된다(<아메리카 아메리카>). <삼포가는 길>에서 술집에서 도망친 백화는 지속적으로 쫓김을 당하고, <고래사냥>에서는 창녀촌 건달 조직에게 잡히지 않기 위해 도망치며, <나그네는 길에서도 쉬지 않는다>에서 병든 노인을 데리고 도망치듯 길을 나선 간호부는 사람들의 추적을 받다 결국 붙잡힌다.

로드무비에 자주 등장하는 이러한 도망과 추적 장면은, 이들 영화가 이동할 자유를 보여주는 듯하지만 공간이 폐쇄되어 있음을 보여준다. 길 떠나는 도중에 만나는 쫓김과 구속의 상황은 전쟁과 분단이라는 역사적 현실과 강압적 정부의 통제라는 사안과 결합되어 있다. 그것은 당대 사회가 "성직자라도 검문을 당할 수밖에 없는 살벌한"[221] 통제 사회임을 드러내 주면서 더 나아가 식민지 시기부터 당대까지 지속되어 온 감시와 심문의 역사를 상

221 정성일 대담 / 이지은 자료 정리, 『임권택이 임권택을 말하다·1』, 현문서가, 2003, 447~448쪽.

기시킨다. 결코 개인의 자유나 과거에 대한 낭만적 접근으로 읽을 수는 없다는 것이다.

그런 점에서 길을 떠나는 계절이 주로 겨울이라는 것은 그냥 지나치기 어렵다. 1987년 이후에는 <안녕하세요 하나님>과 <개그맨>(이명세, 1988)처럼 여름을 배경으로 삼기도 하지만 대부분의 경우가 겨울이 배경이다. <삼포가는 길>을 비롯하여 <나그네는 길에서도 쉬지 않는다>, <만다라>, <세상밖으로> 등의 영화들이 추운 겨울의 여행을 담아냈으며 <고래사냥>은 원작에서 여름으로 설정된 배경을 겨울로 바꿨다. 덕분에 스크린의 많은 부분이 황량하고 을씨년스러운 겨울의 풍광들로 채워지고 눈이 쌓여 길조차 사라진 벌판과 거친 재를 걷는 장면이 어김없이 등장할 수 있었다. 매서운 추위 속에 집을 떠나 낯선 길을 걷고 있는 피란민의 행렬을 연상시키는 이러한 풍경에서 우리가 느끼는 것은 시간의 물질성이다. 국책영화인 <팔도강산>이 돌아올 것을 전제로 각지를 유람하는 관광이었다면, <삼포가는 길>은 "돌아올 것을 상정하지 않는"222 여정에 가깝다. 이러한 여정이 과거를 삭제하고 미래를 향해 달려가고 있는 <팔도강산>과 대척되는 것임은 물론이다.

로케이션 장소로 자주 선택되는 곳이 강원도인 것도 같은 맥락이다. 한국의 로드무비가 강원도에 대해 보이는 애착은 유난할

222 이러한 차이에 관해서는 이현진의 논문을 참조하라. 이현진, 「〈팔도강산〉의 유랑과 〈삼포가는 길〉의 유랑: 박정희 정권의 근대화를 바라보는 두 가지 시선」, 『현대영화연구』 8(2), 2012, 529~554쪽.

정도이다. <삼포가는 길>의 극 중 배경은 월출에서 50리 정도 떨어진 곳이고 목적지인 '삼포' 역시도 남도의 어느 지역으로 설정되어 있지만, 실제 촬영은 강원도에서 이뤄졌다.[223] 덕분에 강원도 산간 마을의 설경과 동해의 송정 시장, 을씨년스러운 동해 바다가 길게 담길 수 있었다. <고래사냥>은 원작에서 춘자의 고향으로 설정된 전라남도 완도를 동해의 섬으로 바꾸어 동해 끝자락에 위치한 우도의 차가운 겨울 바다와, 매서운 바람이 부는 강원도의 황량한 벌판, 거친 산맥, 탄광 열차를 영화의 중요한 이미지로 구성하고 있다.

<나그네는 길에서도 쉬지 않는다>는 노골적으로 강원도를 고향을 은유하는 장소로 자리매김한 경우이다. 다른 작품들과는 달리 인물의 기억과 내면에 집중한 매우 실험적인 형식의 영화이지만, 그 안에 담긴 산과 바다, 벌판, 그리고 비포장의 거친 길은 <삼포가는 길>이나 <고래사냥>에서와 크게 다르지 않은 풍경들을 구현한다. 주인공이 아내의 유골을 안고 찾은 강원도는 고향의 다른 이름이라 할 정도로 여러 인물의 과거와 긴밀한 관계를 갖는다. 전쟁고아인 아내의 고향은 강원도 정선의 아우라지 강 근처이고, 병든 노인이 그토록 가길 원하는 고향은 원산이며, 노인을 간병하는 간호사의 고향 역시도 강원도 오지이다. "다 강원도군"이라는 주인공(김명곤 분)의 읊조림을 넣으면서까지 강원도라는 지역을 분단과 실향을 상징하는 의미 있는 공간으로 만들

223 김덕진 촬영감독의 힘을 빌려 이만희 감독은 그해 매섭게 추웠던 강원도의 눈밭을 담아냈다. 유지형, 「제17화 마지막 영화 〈삼포가는 길〉」, 『영화감독 이만희』, 2005, 251~270쪽.

고 있다.

로드무비가 제공하는 강원도의 풍경은 아름다움이나 여유로움과는 거리가 멀다. 오히려 길 떠난 사람들을 한층 힘겹게 만들고, 쓸쓸함이 느껴지는 곳으로 재현된다. 그곳의 이미지는 농촌에 대한 이상화나 복고적 취향과는 무관하며, 과거를 낭만화하지 않고 허구적 요소와 역사적 사실을 결합하여 과거와의 소통을 시도한다는 점에서 린다 허천이 말한 노스탤지어[224]에 가깝다. 강원도는 단순한 지방이 아니라 네이션과 관련된 공간적 함의를 품고 있는 장소다. 그곳에는 앞 세대의 삶과 경험이 담겨 있으며, 무엇보다 전쟁의 희생과 상처와 고통이 서려 있다. 피란민들이 고투를 벌이던 흥남부두의 기억이 환기되는 곳, 휴전선과 군부대, 탄광촌과 같은 한국 근대사의 상징들이 고스란히 남아 있는 곳, 분단의 현실이 실감되는 곳이기도 하다. 이런 겨울의 강원도는 물질적인 시간성으로부터 자유롭기 어렵다. 예고 없이 달려드는 트라우마처럼, 과거의 시간성이 현재의 풍경 위로 엄습하는 곳이 이곳 강원도다. 그래서 전쟁으로 인한 상실과 고통을 상기시키는 역할을 하지만, 한편으로는 전쟁 이전의 따뜻한 공동체의 모습이 남아 있는 곳이기도 하다. 전쟁으로 인한 트라우마가 발생하기 전의 시간에 대한 동경과 갈망이 한데 얽혀 있는 복잡한 공간이라 할 수 있다.

장소와 트라우마의 관련성을 이해하기 위해서는 트라우마가

224 Linda Hutcheon, "Irony, Nostalgia, and Postmodern: A Dialogue", *Methods for the Study of Literature as Cultural Memory*(Ed. Raymond Vervliet and Annemarie Estor), Atlanta: Rodopi, 2000, pp.189~207.

예외적이거나 특별한 것이 아니라 일상의 조건이라 말한 로렌 버런트의 논의[225]가 도움이 될 듯하다. 육체 및 감정적 상처나 고통의 형태로 트라우마를 이론화해 낸 프로이트와는 다르게, 그는 트라우마가 장소에 뿌리하고 있음을 밝히고 사람과 장소 및 감정을 형성하는 느린 과정들에 주목한 바 있다. 트라우마적 사건은 애초에 발생한 것처럼 경험되지 않고 공간과 장소와 시대를 가로질러 이동하며 감정적 반응을 만들어낸다는 것이다. 한국 로드무비의 장르적 아이콘이 되어버린 듯한 겨울의 강원도도 마찬가지 맥락으로 읽힌다. 이곳의 감정적이고 정동적인 풍경은 덜 고통스러운 방식으로 전쟁과 이산의 기억을 소환하는 심상지리를 형성하면서 공적 담론과는 다른 방식으로 전쟁과 분단의 상처를 재경험하게 만든다.

이러한 공간 경험을 통해 이뤄지는 청년의 성장담이 새삼 깨닫게 하는 진실은, 과거의 아픈 기억을 마주하고 그것을 극복해 낸 연후에야 미래의 상상이 가능해진다는 사실이다. 과거로 이끌고 가는 로드무비는 근대화를 향해 미친 듯이 돌진하는 와중에 자신의 뿌리를 찾으려는 내향적 전환이 시작되고 있음을 알린다. 역사적 경험의 탐사 없이는 사회의 긴장과 갈등이 잠재워질 수 없으며, 과거와의 대면은 상처의 회복을 위해서는 불가피하게 거쳐야 할 과정이라는 것, 네이션의 상처를 기억하고 희생자를 기릴 수 있을 때 비로소 진짜 성장이 가능하다는 것이 1970, 80년대 로드무비의 전언이라 할 수 있다.

225 Lauren Berlant, *Cruel Optimism*, Duke University Press, 2011.

1990년대 이후로는 로드무비가 시대의 정서를 드러낼 만큼의 문제적인 장르가 되지 못한다. <세상밖으로>처럼 비교적 1980년대의 자장 안에 발을 걸친 작품도 있지만, 대부분은 앞 시대의 경우와는 성격이 다른 풍경들을 보여준다. 동성애를 전면화한 <로드무비>, 경쾌한 양아치들의 여행을 그린 <정글쥬스>, 취기 때문에 갑자기 정선으로 떠나게 된 청년의 이야기인 <낮술>(노영석, 2009), 그리고 여행담을 골격으로 하는 홍상수나 장률의 일련의 작품들이 내포하고 있는 내용이나 함의는 1970, 80년대의 로드무비와는 사뭇 달라 보인다.

지금 시대에 로드무비가 이전만큼의 큰 호응과 감응을 일으키지 못한 이유는 아마도 역사적 트라우마를 공식적으로 소환하는 일이 가능한 사회가 되었기 때문일 것이다. 사회가 개방적이고 이상적인 비전이 실천적으로 가동될 수 있을 때, 로드무비는 그 적실성 면에서 효과가 떨어진다. 민주화 이후에 '길 떠나기'가 갖는 함의는 무엇이며 그 안에 구현되는 심상지리가 어떻게 달라졌는지, 그 변화의 구체적인 양상과 맥락에 관해서는 장을 달리하여 논의가 이뤄져야 할 것이다.

후기

내가 영화사에 관심을 갖기 시작했을 때 유독 눈길을 끌었던 것은 사회적 타자들에 대한 한국영화의 애정이었다. 고아, 건달, 타락한 여성, 혼외자, 부랑아, 뜨내기, 패배자, 범법자와 같이 버림받거나 외면의 대상이 되었던 아웃사이더들, 사회에서 주인의 위치에 있지 못하고 주변화된 자들에 대해 한국영화가 보여준 관심은 집요할 정도였다. 사회적 타자들과 눈높이를 맞추며 그들의 속내를 알리는 일이 지속적으로 이뤄졌고, 때론 그들을 순정하고 고결한 존재로 승격시키기도 했다. 비록 사회의 구조적 문제를 직접 거론하는 일이 드물고 감상성과 같은 방어막을 취할 때가 많지만, 자기 권리를 주장하지 못하는 취약한 사람들에 대한 연민과 공감의 경험을 마련하는 일에 열심이었다.

타자에 대한 이 유별난 애정은 어디로부터 기원하는 것일까. 이러한 현상에 대한 답을 찾는 과정에서 서구의 장르이론은 영화가 사회와 맺는 긴밀한 관계와 문화적 가치에 관해 성찰하도록 도왔지만, 질문에 대한 구체적인 답안을 제공해 주지는 않았다. 단순히 한국영화가 서구의 장르영화에 비해 장르적 기반이 부족하거나 오랫동안 미성숙한 상태였기 때문만은 아니었다. 그동안 한국영화는 외래의 장르 문법을 모방하는 데 거침이 없었지만 그것이 전유되면서 만들어지는 의미 효과가 원본과 큰 격차를 보여주었다는 점은 미숙성으로 치부하기 어려운 면이 있었다. 외래의 텍스트를 흉내 내는 경우에도 작은 부분의 변용이 작품 전체의 의미를 다르게 만드는 것은 왕왕 목격되는 일이었다. 한국의 건달영화는 성공과 부를 향한 갱의 야망을 이야기의 동력으로 삼는 할리우드 갱스터 장르와는 전혀 달랐고, 타락한 여성의 사연들은 서구 멜로드라마의 서사와는 거리가 있었다. 한국 로드무비에서 청년이 마주한 과제나 그것을 풀어가는 과정은 할리우드의 경우와 닮은 데가 없었으며 지향점도 달랐다.

몇몇 예외적인 경우도 있지만 영화들에 부여된 보편적인 장르명은 그저 구분을 위한 명칭일 뿐임을 매 순간 목도하면서 서구의 장르론을 넘어서는 로컬한 맥락의 중요성과 번역의 생산성을 인정할 수밖에 없었다. 할리우드의 고전적 패러다임과는 다른 상징화의 길을 걸어온 한국영화들이 알려준 것은, 장르란 기법에 불과한 것이며 좀 더 중요한 것은 그런 재현의 틀을 선택하게 만든 마음과 정신의 힘이라는 사실이다. 영화는 한 시대를 살아간 집단의 마음이 만들어낸 정동적 기록이다. 영화 현상의 밑그림과 동력을 추적하기 위해서는 당대의 심리적 현실을 탐색하는 작업을 진행해야 했고, 이 책에 실린 내용들은 그런 결과물의 일부에 해당한다.

전후에서 1980년대에 이르는 시기에 제작된 한국영화를 다루는 이 책의 여러 장들은 시대의 변화를 반영하는 다양한 마음자리들을 담고 있다. 1950년대는 민주주의의 이상이 곧 실현될 것이라는 믿음에서 생성된 명랑 쾌활한 분위기가 우세하지만 1960년대는 앞 시대의 밝은 정조와는 다르게 무기력, 열패감, 슬픔, 비애와 같은 부정적 감정들이 스크린을 지배한다. 세목과 방식은 달라도 네이션의 트라우마를 밑 지층으로 한 다양한 감정풍경들이 목격되던 때였다. 1970년대는 물신마냥 세상을 주도하던 조국 근대화 시대의 어지러운 마음자리들을 보여준다. 반면 1970년대 후반에서 1980년대에 만들어진 로드무비는 사회 이탈자에게 특권적 시선을 부여하며 때론 따뜻하고 때론 아프게 국가가 가리거나 지웠던 역사를 다시 호출하고 있다.

감정이 발하는 큰 에너지만큼이나 한국영화를 특별하게 만드는 또 다른 요인은 특유의 속도감이다. 영화가 시대의 산물인 만큼 이야기를 담을 방도는 달라지기 마련이지만, 한국영화는 변화의 흐름이 꽤나 빠른 편이다. 10년 단위로 시대를 나누는 것도 거칠게 느껴질 만큼 영화의 감정풍경이 시시각각으로 변화해 가는 모습은, 매 시기가 그 자체로 전환과 격변이었던 한국의 근대사를 닮아 있다. 영화를 지배하는 주요 감정이 자리를 바꾸는 속도 자체가 한국영화가 시대의 흐름에 얼마나 민감하게 반응했는지를 증명하는 지표일 것이다.

이 책에서 살펴본 20세기 후반 한국영화의 감정풍경들은 국가주의의 서사와 무관하지만 정신 없이 달려온 근현대의 과정에서 네이션의 이상, 상처, 자율성이라는 사안이 어떻게 상상되고 파괴되고 재구성되는지를 보여준다. 이러한 과정은 한국전쟁과 분단의 고착화 이후에 한국인들이 가졌던 심리적 상처와 긴밀한 관련을 맺고 있다. 시대적 표식을 직접 드러내지 않는 영화라 하더라도 그와 분리될 수 없는 단서들을 남긴다. 더군다나 한국은 네이션과 국가의 긴장이 오랫동안 지속되었던 나라이다. 네이션의 상처를 위무하고 탈식민화의 열망을 실천하는 일이 국가의 소명임에도 불구하고 정부가 그런 역할을 제대로 수행하지 않으면서 네이션 트라우마가 지속적이고 다면적으로 개인과 사회 전체에 영향을 미치고 있었다. 이런 상황에서 영화의 마음자리가 복잡해지지 않았다면 그것이 오히려 이상한 일일 것이다. 영화의 문화적 위상 또한 남다를 수밖에 없는 사정이었다.

영화는 그 사건의 여파를 되돌아보는 서사 공간을 통해 트라우마를 안고 있는 이들이 과거를 이해할 계기를 마련해 온 것으로 보인다. 현실을 감추거나 회피한다고 비판받아 온 한국영화 특유의 감상성은 견디기 어려운 감정을 피하면서도 네이션의 상처와 긴밀하게 관계하려는 의지의 발로일 수 있다. 서사의 인과성을 침범할 정도로 과도하게 넘쳐나는 감정들은, 감정이 집단적이면서 역사적인 것이며, 영화가 트라우마를 다루거나 그에 대처하는 강력한 정동적 도구였음을 새삼 일깨운다. 현실적 좌절이 불가피했던 사람들이 삶의 고단함을 견디게 하고, 폭력 앞에 소리 없이 스러져간 사람들을 애도하는 순간을 마련했다는 점에서 영화는 일종의 제의 역할을 수행했다고도 할 수 있다.

근현대 한국영화는 복잡다단한 시절을 겪어내야 했던 사람들의 많은 이야기를 내장하고 있지만 그 이야기는 사실 자체와는 다르다. 대부분이 상상에 기반하고 있으며, 그 상상은 사실성을 일시적으로 부정하는 외양으로 현현한다. 상상 자체가 욕망의 잠정적인 만족에 기반하고 있는 까닭일 것이다. 그러나 때로 진실은 간접적으로만 접근될 수 있다. 상상은 허위적인 것이라기보다는 외부 현실을 내면화하고 심리적 현실을 적절하게 표현하기 위한 방도이다. 상상은 일상적이지 않은 방식으로 자아가 세계를 인식하는 방법이자 더 나은 세상에 대한 갈망을 내포한다.

그런 의미에서 영화는 고통의 의미를 이해하고 협상하는 일만이 아니라 주체성과 정체성의 탐색을 내포한다. 유토피아적 구원의 순간을 상상하려는 욕망은 버틀러가 말했듯이 "사회의 네트워크 안에서 잠정적 정체성을 다시 찾는 방법"[226]이다. 상상은 영화로 하여금 현실을 들여다보는 창에서 더 나아가 사회의 가

226 Judith Butler, *Subject of Desire: Hegelian Reflections in Twentieth-Century France*, Columbia University Press, 1987, p.99.

치와 의미를 새롭게 구성하도록 도모하는 힘이다. 영화를 만들고 보는 일 자체가 네이션의 변화를 추동하는 중요한 동력 중 하나일 수 있다. 영화는 자기 고유의 감정 기제를 통해 더 나은 세상을 꿈꾸고 그를 향한 변화의 필요성을 설득하는 정동적 매체이다.

민주화의 열망이 표출된 4월 혁명이나 1987년의 6월 항쟁은 변화의 흐름을 순식간에 가시화한 사건이다. 조금 앞서거나 뒤처질 수는 있어도 우리가 살펴본 20세기 후반의 영화가 보여준 궤적은 이러한 사건을 향한 마음의 흐름과 무관하지 않다. 자유롭고 평등한 세상에 대한 명랑한 상상을 시연했던 전후의 영화가 4월 혁명을 이끈 민주주의의 훈련장이었듯이, 1960년대에서 1980년대에 이르는 영화들의 감정풍경은 6월 항쟁을 가능케 한 자양분이다. 1987년 6월 항쟁을 분기점으로 사회 전체의 흐름이 바뀐 이후 한국영화의 정서와 감정풍경이 달라지는 것은 당연한 일이다. 영화는 고유의 감정 기제를 통해 시대 현실에 민감하게 반응하며 세상의 변화를 이끄는 문화적 행위자이기 때문이다.

책 제목을 '근현대 한국영화의 마인드스케이프(mindscape)'라고 붙였다. 마인드스케이프란 감정과 생각과 믿음을 포괄하는 용어로 한 개인이 느끼고 지각하고 생각하는 모든 것들을 뜻한다. 이 용어를 집단에 적용하면, 한 공동체의 감정과 정신적 풍경을 가리키는 말이 된다. 영화는 경험과 기억을 함유한 내러티브를 공유하는 플랫폼을 통해 집단의 마인드스케이프에 영향을 미치는 대표적 매체다.

당연히 이 책에는 많은 공란이 존재한다. 주된 관심이 영화 현상과 그 배후에 놓인 맥락을 질문하는 일에 놓여 있던 까닭에 의미 전달 효과의 성패를 결정할 형식적 부분에 대해서는 상세한 검토를 하지 않았다. 다뤄진 영화들도 제한적이어서 이념이나 역사의 무게를 표면화하지 않은 작품들이 대부분이다. 덕분에 현실의 대리자로서 감정의 중요성이 부각될 수 있었지만, 그렇다고 해서 전쟁영화나 시대극과 같이 공적 영역을 다루는 영화들이나 국책영화처럼 국가 주도적 서사에 부합하는 영화들이 감정으로부터 자유롭다는 이야기는 아니다. 이념을 설득하는 과정은 물론이고 역사적 사건과 상상이 부딪치는 순간에 동원되는 감정들은 보다 복잡하고 풍성한 해석과 논의를 가능케 하리라 생각한다. 그에 관해서는 과제로 남겨둔다. 더불어 근현대기 영화들에서 자주 목격되는 젠더적 편향에 대해서도 세밀한 연구가 추가될 필요가 있다. 그에 대한 논의는 다른 기회를 기약해야 할 듯싶다.

이 책에서 다루었던 영화들은 지금으로부터 반세기 전에 만들어진 작품들이다. 책을 읽는 독자들은 그 시대와 사건을 경험하지 못한 세대가 다수일 것이며, 여기에 언급된 영화들 가운데는 처음 접하는 작품들이 많으리라 짐작된다. 그래서 읽는 데 다소의 불편함은 있겠지만, 그래도 마치 옛날이야기를 듣는 것처럼 딱딱하거나 지루하지 않게 다가갔으면 하는 바람이다. 굳이 그럴 필요는 없겠지만, 순서대로 읽게 된다면 한국영화가 사회현실에 대응하는 예민함과 열정을 보다 더 실감할 수 있지 않을까 싶다. 영화를 만들고 보는 일 자체가 정체성을 형성하고 변화를 추동하는 동력이 될 수 있음을 알리는 일에 이 책이 작은 보탬이 된다면 그것만으로도 큰 기쁨일 듯하다.

참고문헌

1. 자료

1) 영화(연도순)

<미몽>(양주남, 1936)

<애수(Waterloo Bridge)>(머빈 르로이, 1940)

<결혼진단>(이만홍, 1955)

<7인의 신부(Seven Brides for Seven Brothers)>(스탠리 도넨, 1954)

<미망인>(박남옥, 1955)

<신혼부부>(윤용규, 1955)

<젊은 그들>(신상옥, 1955)

<마의 태자>(전창근, 1956)

<벼락감투>(홍일명, 1956)

<봉선화>(김기영, 1956)

<서울의 휴일>(이용민, 1956)

<시집가는 날>(이병일, 1956)

<자유부인>(한형모, 1956)

<처녀별>(윤봉춘, 1956)

<청춘쌍곡선>(한형모, 1957)

<딸 칠형제>(박시춘, 1958)

<삼등호텔>(박시춘, 1958)

<오부자>(권영순, 1958)

<인생차압>(유현목, 1958)

<자유결혼>(이병일, 1958)

<지옥화>(신상옥, 1958)

<가는 봄 오는 봄>(권영순, 1959)

<내일없는 그날>(민경식, 1959)

<백만장자가 되면>(정일택, 1959)

<여사장>(한형모, 1959)

<왕자 미륵>(이태환, 1959)

<육체의 길>(조긍하, 1959)

<자매의 화원>(신상옥, 1959)

<춘희>(신상옥, 1959)

<경상도 사나이>(민경식, 1960)

<돌아온 사나이>(김수용, 1960)

<박서방>(강대진, 1960)

<울려고 내가 왔던가>(김화랑, 1960)

<장미의 곡>(권영순, 1960)

<카츄샤>(유두연, 1960)

<투명인의 최후>(이창근, 1960)

<표류도>(권영순, 1960)

<하녀>(김기영, 1960)

<현해탄은 알고 있다>(김기영, 1960)

<내 청춘에 한은 없다>(박상호, 1961)

<돼지꿈>(한형모, 1961)

<마부>(강대진, 1961)

<언니는 말괄량이>(한형모, 1961)

<현상붙은 사나이>(김묵, 1961)

<동경서 온 사나이>(박성복, 1962)

<상한 갈대를 꺽지마라>(강대진, 1962)

<아내를 빼앗긴 사나이>(김화랑, 1962)

<아낌없이 주련다>(유현목, 1962)

<노란 샤쓰 입은 사나이>(엄심호, 1962)

<쌀>(신상옥, 1963)

<진흙투성이의 순정(泥だらけの純情)>(石坂洋次郎, 1963)

<청춘교실>(김수용, 1963)

<검은 머리>(이만희, 1964)

<떠날 때는 말없이>(김기덕, 1964)

<마의 계단>(이만희, 1964)

<맨발의 청춘>(김기덕, 1964)

<배신>(정진우, 1964)

<빨간 마후라>(신상옥, 1964)

<육체의 고백>(조긍하, 1964)

<잃어버린 태양>(고영남, 1964)

<죽자니 청춘 살자니 고생>(권철휘, 1964)

<청춘은 목마르다>(박상호, 1964)

<7인의 여포로(돌아온 여군)>(이만희, 1965)

<나는 죽기 싫다>(김묵, 1965)

<불나비>(조해원, 1965)

<비무장지대>(박상호, 1965)

<사르빈강에 노을이 진다>(정창화, 1965)

<산천도 울었다>(강찬우, 1965)

<살인마>(이용민, 1965)

<이 땅에도 저 별빛을>(김기덕, 1965)

<흑맥>(이만희, 1965)

<적선지대>(이한욱, 1965)

<내 주먹을 사라>(김기덕, 1965)

<나는 왕이다>(임권택, 1966)

<불타는 청춘>(김기덕, 1966)

<오인의 건달>(이성구, 1966)

<예라이샹>(정창화, 1966)

<위험한 청춘>(정창화, 1966)

<초연>(정진우, 1966)

<학사기생>(김수용, 1966)

<흑발의 청춘>(김기덕, 1966)

<강명화>(강대진, 1967)

<관광열차>(김귀섭, 1967)

<길잃은 철새>(김수용, 1967)

<내일은 웃자>(박종호, 1967)

<메밀꽃 필 무렵>(이성구, 1967)

<밀월>(정진우, 1967)

<안개>(김수용, 1967)

<어느 여배우의 고백>(김수용, 1967)

<여왕벌>(김수동, 1967)

<원점>(이만희, 1967)

<일월>(이성구, 1967)

<팔도강산>(배석인, 1967)

<폭로>(정진우, 1967)

<애수>(최무룡, 1967)

<맨발의 영광>(김수용, 1968)

<미워도 다시한번>(정소영, 1968)

<여(女)>(정진우·유현목·김기영, 1968)

<장군의 수염>(이성구, 1968)

<피해자>(김수용, 1968)

<시발점>(김수용, 1968)

<샹하이부르스>(김기덕, 1969)

<이지 라이더(Easy Rider)>
(데니스 호퍼, 1969)

<죽어도 그대품에>(조문진, 1969)

<천년호>(신상옥, 1969)

<황야의 독수리>(임권택, 1969)

<어느 소녀의 고백>(박종호, 1970)

<이조괴담>(신상옥, 1970)

<화녀>(김기영, 1970)

<대합실의 여인>(김무현, 1971)
<성난 해병결사대>(고영남, 1971)
<여고생의 첫사랑>(강대선, 1971)
<옥합을 깨뜨릴 때>(김수용, 1971)
<타잔 한국에 오다>(김화랑, 1971)
<충녀>(김기영, 1972)
<9월의 찻집>(고영남, 1973)
<몸 전체로 사랑을>(홍파, 1973)
<수절>(하길종, 1973)
<그건 너>(신성일, 1974)
<묘녀>(홍파, 1974)
<별들의 고향>(이장호, 1974)
<성숙>(정소영, 1974)
<아무도 없었던 여름>(정인엽, 1974)
<어제 내린 비>(이장호, 1974)
<이름모를 소녀>(김수형, 1974)
<작은 새>(이두용, 1974)
<태양닮은 소녀>(이만희, 1974)
<청녀>(이만희, 1974)
<흑묘>(김시현, 1974)
<미스 영의 행방>(박남수, 1975)
<바보들의 행진>(하길종, 1975)
<삼포가는 길>(이만희, 1975)
<운수대통>(심우섭, 1975)
<정형미인>(장일호, 1975)
<형사 배삼룡>(김기, 1975)
<걷지말고 뛰어라>(최인호, 1976)
<고교얄개>(석래명, 1976)
<광화문통 아이>(이원세, 1976)
<내마음의 풍차>(김수용, 1976)
<맨주먹의 소녀들>(김영효, 1976)
<소녀의 기도>(김응천, 1976)
<유정>(강대진, 1976)
<제7교실>(이형표, 1976)
<겨울여자>(김호선, 1977)
<나비소녀>(송영수, 1977)
<내가 버린 여자>(정소영, 1977)
<불타는 소녀>(김응천, 1977)

<이어도>(김기영, 1977)

<개선문>(김응천, 1978)

<꽃순이를 아시나요>(정인엽, 1978)

<불>(홍파, 1978)

<속 별들의 고향>(하길종, 1978)

<꽃밭에 나비>(김응천, 1979)

<내일 또 내일>(임권택, 1979)

<땅콩껍질 속의 연가>(이원세, 1979)

<병태와 영자>(하길종, 1979)

<청춘의 덫>(김기, 1979)

<바람불어 좋은날>(이장호, 1980)

<만다라>(임권택, 1981)

<오염된 자식들>(임권택, 1982)

<고래사냥>(배창호, 1984)

<목없는 여살인마>(김영한, 1985)

<여왕벌>(이원세, 1985)

<나그네는 길에서도 쉬지 않는다>
(이장호, 1987)

<안녕하세요 하나님>
(배창호, 1987)

<아메리카 아메리카>
(장길수, 1988)

<개그맨>(이명세, 1988)

<오세암>(박철수, 1990)

<은마는 오지 않는다>
(장길수, 1991)

<화엄경>(장선우, 1993)

<세상밖으로>(여균동, 1994)

<로드무비>(김인식, 2002)

<정글쥬스>(조민호, 2002)

<낮술>(노영석, 2009)

2) 시나리오

최인호, 『시나리오 선집: <바보들의 행진>, <병태와 영자>, <고래사냥>, <赤道의 꽃>』, 도서출판 宇石, 1987.

3) 소설

박완서, 『꼴찌에게 보내는 갈채』, 평민사, 1977.

이제하, 「나그네는 길에서도 쉬지 않는다」, 『우리시대 우리작가·1: 이제하』, 동아출판사, 1987.

조해일, 『겨울여자』, 문학과지성사, 1976.

이효석, 「메밀꽃 필 무렵」, 『이효석 단편선: 메밀꽃 필 무렵』, 문학과지성사, 2007. (《조광》, 1936)

후지와라 신지(藤原審爾), 「泥だらけの純情」, 春陽文庫, 1963.
(김현영 옮김, 『맨발의 청춘』, 눈과마음, 2010)

최인호, 『별들의 고향』, 예문관, 1973.

______, 『바보들의 행진』, 예문사, 1973.

______, 『내 마음의 풍차』, 중앙일보사, 1985.

______, 『고래사냥』, 여백미디어, 2018.

황석영, 「삼포가는 길」, 『황석영 중단편전집 2: 삼포가는 길』, 창작과비평, 2000. (신동아, 1973년 9월 발표, 단편소설)

황순원, 「일월」, 『일월』, 문학과지성사, 2013. (『현대문학』, 1962년~1964 발표)

4) 자료집

이근삼·서연호 편, 『오영진 전집』 4·5, 범한서적, 1989.

한국영상자료원, 『신문기사로 본 한국영화 - 1945~1957』, 공간과사람들, 2004.

______________, 『신문기사로 본 한국영화 - 1958~1961』, 공간과사람들, 2005.

______________, 『신문기사로 본 한국영화 - 1962~1964』, 공간과사람들, 2006.

______________, 『신문기사로 본 한국영화 - 1965』 , 공간과사람들, 2007.

______________, 『신문기사로 본 한국영화 - 1965~1966』, 서울: 한국영상자료원, 2007.

______________, 『신문기사로 본 한국영화 - 1967』, 서울: 한국영상자료원, 2008.

______________, 『신문기사로 본 한국영화 - 1968』, 서울: 한국영상자료원, 2009.

______________, 『신문기사로 본 한국영화 - 1969』 , 공간과사람들, 2014.

5) 잡지

『국제영화』, 『사상계』, 『신영화』, 『신태양』, 『여원』, 『영화세계』, 『영화잡지』, 『자유공론』, 『학원』

6) 신문

이일균, 「<오동동 타령>은 마산 오동동 기생들 삶 맞다」, 『경남도민일보』, 2006. 1. 9.

이창세, 「비하인드 무비 스토리: <나의 사랑 나의 신부>」, 『스포츠코리아』, 2018. 1. 2.
「'네발 짐승보이면 망한다' 징크스 깨지려나」, 『경향신문』, 1974. 11. 11., 8면.

「새영화: 납량용의 괴기 취미/이용민 감독 <살인귀>」, 『서울신문』, 1965. 8. 21., 5면.

「수첩: 괴기영화에 열 올린 신필름」, 『신아일보』, 1969. 3. 15., 5면.

「추석노리는 競映」, 『경향신문』, 1960. 9. 24., 4면.

7) 온라인 자료

Darcy Paquet, "Darcy's Korean Film Page: 1970~1979", https://www.koreanfilm.org, 2012년 11월 14일 접속.

한국민족문화대백과 http://encykorea.aks.ac.kr/

2. 단행본

1) 국내서

권인숙, 『대한민국은 군대다』, 청년사, 2005.

김경일 편, 『한국사회사상연구』, 나남, 2003.

김경일, 『한국의 근대와 근대성』, 백산서당, 2003.

김근수, 『한국잡지사』, 청록출판사, 1980.

김기영·유지형, 『김기영 감독 인터뷰집: 24년간의 대화』, 선, 2006.

김덕호·원용진, 『아메리카나이제이션: 해방 이후 한국에서의 미국화』, 푸른역사, 2008.

김동춘, 『미국의 엔진, 전쟁과 시장』, 창비, 2003.

김미현 책임편집,『한국영화사: 開化期에서 開花期까지』,
커뮤니케이션북스, 2006.

김병익,『상황과 상상력』, 문학과지성사, 1979.

김병익·김주연 편,『해방 40년 - 민족지성의 회고와 전망』,
문학과지성사, 1985.

김소영,『근대성의 유령들: 판타스틱 한국영화』, 씨앗을뿌리는사람, 2000.

김소영 편저,『트랜스: 아시아 영상문화』, 현실문화연구, 2006.

김윤식,『한국근대문학사상비판』, 일지사, 1978.

______,『운명의 형식』, 솔, 1997.

______,『한국소설사』, 일월서각, 1997.

______,『이광수와 그의 시대』, 한길사, 1986.

김종엽,『웃음의 해석학, 행복의 정치학』, 창작과비평사, 1994.

김창남,『대중문화의 이해』, 한울아카데미, 1998.

김철·신형기 외,『문학 속의 파시즘』, 삼인, 2001.

노영기 외,『1960년대 한국의 근대화와 지식인』, 선인, 2004.

문승숙·이현정 옮김,『군사주의에 갇힌 근대: 국민만들기, 시민되기,
그리고 성의 정치』, 또하나의문화, 2007.

박노자,『나를 배반한 역사』, 인물과사상사, 2003.

박옥임 외,『성폭력 전문상담』, 시그마프레스, 2004.

박유희, 『한국영화 표상의 지도』, 책과함께, 2019.

박찬승, 『한국 근대정치사상사 연구』, 역사비평사, 1992.

박찬표, 『한국의 국가형성과 민주주의』, 고려대학교 출판부, 1997.

백문임, 『월하의 여곡성』, 책세상, 2008.

부산국제영화제, 『한국영화 최고의 스타일리스트, 김기영: 부산국제영화제 회고전 자료집』, 부산국제영화제, 1997.

사회와철학연구회, 『한국사회와 모더니티』, 이학사, 2001.

서영채, 『문학의 윤리』, 문학동네, 2005.

성공회대학교 동아시아연구소 기획, 김미란 외 엮음,
『이동하는 아시아: 탈/냉전과 수교의 문화정치』, 그린비, 2013.

역사문제연구소 편, 『1950년대 남북한의 선택과 굴절』, 역사비평사, 1998.

오영숙, 『1950년대, 한국영화와 문화담론』, 소명출판, 2007.

유지형, 『영화감독 이만희』, 다빈치, 2005.

이덕수, 『희극적 갈등양식과 셰익스피어 희극』,영남대학교출판부, 2002.

이삼돌(토비아스 휘비네트), 뿌리의집 옮김, 『해외 입양과 한국 민족주의』, 소나무, 2008.

이영미, 『신데렐라는 없었다(심순애에서 길라임까지, 대중예술 속 신데렐라 이야기 편천사)』, 서해문집, 2022.

이영일, 『한국영화전사』, 도서출판 소도, 2004.

이호걸, 『눈물과 정치』, 따비, 2018.

이효인, 『영화로 읽는 한국 사회문화사: 악몽의 근대, 미몽의 영화』, 도서출판개마고원, 2003.

임지현, 『이념의 속살』, 삼인, 2001.

정성일 대담·이지은 자료 정리, 『임권택이 임권택을 말하다·1』, 현문서가, 2003.

주유신 외, 『한국영화와 근대성 : <자유부인>에서 <안개>까지』, 도서출판 소도, 2005.

주한미군범죄근절운동본부 엮음, 『미군범죄와 한·미 SOFA』, 두리미디어, 2002.

태혜숙, 『다인종 다문화 시대의 미국문화읽기』, 이후, 2009.

최원식·임규찬(편저), 『4월혁명과 한국문학』, 창작과비평사, 2002.

하길종, 『백마타고 온 또또』, 예조각, 1979.

______, 『하길종 전집·2: 사회적 영상과 반사회적 영상』, 한국영상자료원, 2009.

학술단체협의회 엮음, 『우리 학문 속의 미국』, 한울아카데미, 2003.

한국영상자료원 편, 『한국영화사 공부: 1960~1979』, 이채, 2004.

한국예술연구소 편, 『이영일의 한국영화사 강의록』, 도서출판 소도, 2002.

한국현대매체연구회 편, 『한국영화와 민주주의』, 선인, 2011.

허은, 『미국의 헤게모니와 한국 민족주의』, 고려대학교민족문화연구원, 2008.

2) 국외서

Alexis de Tocqueville, Harvey C. Mansfield & Delba Winthrop (trans., eds), *Democracy in America*, University of Chicago Press, 2002. (임효선 옮김, 『미국의 민주주의』, 한길사, 2002)

Alison Peirse & Daniel Martin(eds.), *Korean Horror Cinema*, Edinburgh University Press, 2013.

Andrei S. Markovits, *Uncouth Nation: Why Europe Dislikes America*, Princeton University Press, 2007. (김진웅 옮김, 『미국이 미운 이유』, 일리, 2008)

Andreas Huyssen, *Twilight Memories*, New York: Routledge, 1995.

Ben Highmore, *a Passion For Cultural Studies*, Palgrave Macmillan Pub place, 2009.

Bird, J., Curtius, B., Putnam, T., Robertson, G. and Tickner, L.(eds.), *Mapping the Futures: Local Cultures, Global Change*, Routledge, London, 1993.

Burness E. Moore & Bernard D. Fine(eds.), *Psychoanalytic Terms & Concepts*, American Psychoanalytic Association and Yale University Press, 1990. (이재훈 옮김, 『정신분석 용어사전』, 한국심리치료연구소, 2002)

Daniel Joshua Rubin, *27 Essential Principles of Story: Master the Secrets of Great Storytelling, from Shakespeare to South Park*, Workman Publishing Company, 2020. (이한이 옮김, 『스토리텔링 바이블』, 블랙피쉬, 2020)

Judith Butler, *Notes Toward a Performative Theory of Assembly*, Harvard University Press, 2015. (김응산·양효실 옮김, 『연대하는 신체들과 거리의 정치: 집회의 수행성 이론을 위한 노트』, 창비, 2020)

E. Valentine Daniel & John Chr. Knudsen(eds.), *Mistrusting Refugees*, University of California Press, 1995.

Elizabeth Cowie, *Representing the Woman: Cinema and Psychoanalysis*, University of Minnesota Press, 1997.

Babara Creed, *The Monstrous-Feminine: Film, Feminism, Psychoanalysis*, Routledge, 1993. (손희정 옮김, 『여성괴물』, 도서출판 여이연, 2008)

Christine Gledhill(ed.), *Home is Where the Heart Is*, London: BFI, 1987.

Belinda Morrissey, *When Women Kill: Questions of Agency and Subjectivity*, Routledge, 2003.

Steven Cohan & Ina Rae Hark(eds.), *The Road Movie Book*, London: Routledge, 1997.

David Laderman, *Driving Visions: Exploring the Road Movie*, University of Texas Press, 2010.

Devin Orgeron, *Road Movies: From Muybridge and Méliès to Lynch and Kiarostami*, Palgrave Macmilan, 2008.

Douglas M. Kellner, *Cinema Wars: Hollywood Film and Politics in the Bush-Cheney Era*, Wiley-Blackwell, 2009.

Elizabeth Wright, *Psychoanalytic Criticism: Theory in Practice*, Methuen, 1984. (권택영 옮김, 『정신분석비평』, 문예출판사, 1989)

Emmanuel Levinas, Michael B. Smith(trans.), *Alterity and Transcendence*, Columbia University Press, 1995.

Ed S. Tan, *Emotion and the Structure of Narrative Film: Film As An Emotion Machine*, Routledge, 1995.

Fredric Jameson, *The Political Unconscious*, Cornell University Press, 1981.

Judith Butler, *Subject of Desire: Hegelian Reflections in Twentieth-Century France*, Columbia University Press, 1987.

Gabrielle Rubin, *Du bon usage de la haine et du pardon*, Payot, 2007. (권지현 옮김, 『증오의 기술』, 알마, 2009)

George Meredith, "An Essay on Comedy", *Comedy: An Essay on Comedy by George Meredith and Laughter by Henri Bergson*, Wylie Sypher(ed.), Johns Hopkins University Press, 1980.

Anthony Giddens, A. *Modernity and Self-Identity*, Cambridge: Polity, 1991. (권기돈 옮김, 『현대성과 자아정체성』, 새물결, 2001)

Gilles Deleuze, *Masochism: Coldness and Cruelty & Venus in Furs*, Zone Books(NY), 1991. (이강훈 옮김, 『매저키즘』, 인간사랑, 1996)

Gregg A. Brazinsky, *Nation Building in South Korea: Koreans, Americans, and Making of a Democracy*, University of North Carolina Press, 2009. (나종남 옮김, 『대한민국 만들기』, 책과함께, 2011)

Hans Magnus Enzensberger & Tania Modleski(eds.), *Studies in Entertainment: Critical Approaches to Mass Culture*, A Midland Book, 1986.

Helen Block Lewis, *Shame and guilt in neurosis,* New York: International Universities Press. 1971.

Ian Cameron(ed.), *The Movie Book of Film Noir*, London: Studio Vista, 1992.

Jack Sargeant & Stephanie Watson(eds.), *Lost Highways*, Washington, DC: Creation Books, 1999.

John Mercer, Martin Shingler, *Melodrama: Genre, Style and Sensibility*, Columbia University Press, 2004. (변재란 옮김, 『멜로드라마: 장르, 스타일, 감수성』, 커뮤니케이션북스, 2011)

Judith Butler, *Precarious Life: The Powers of Mourning and Violence*, Verso, 2004.

Jurgen Habermas, *The Philosophical Discourse of Modernity*, Polity Press, 1990. (이진우 옮김, 『현대성의 철학적 담론』, 문예출판사, 1994)

Kathleen Mchugh & Nancy Abelmann(eds.), *South Korean Golden Age Melodrama*, Wayne State University Press Detroit, 2005.

Kim KyungHyun, *The Remasculinization of Korean Cinema*, Duke University Press, 2004.

Lauren Berlant, *Cruel Optimism*, Duke University Press, 2011.

Leo Braudy & Marshall Cohen(eds.), *Film Theory and Criticism: Introductory Readings, 4th edition*, New York, NY: Oxford University Press, 1992.

Nick Browne(ed.), *Refiguring American film genres: history and theory*, Berkeley: University of California Press, 1998.

Linda Williams, *Playing the Race Card: Melodramas of Black & White from Uncle Tom to O.J.Simpson*, Princeton University Press, 2001.

Ludwig Wittgenstein & Georg Henrik von Wright(eds.), Peter Winch(trans.), *Culture and Value(Vermischte Bemerkungen)*, University of Chicago Press, 1984.

Martha C. Nussbaum, *Hiding From Humanity: Disgust, Shame, and the Law*, Princeton University Press, 2004. (조계원 옮김, 『혐오와 수치심』, 민음사, 2015)

Mario Jacoby, *Shame and the Origins of Self-Esteem*, Routledge, 1994. (전성우 옮김, 『직업으로서의 학문 Wissenschaft als Beruf』, 나남출판, 2006)

Marita Sturken, *Tangled Memories*, University of California Press, 1997.

Mary-Elizabeth O'brien, *Post-Wall German Cinema and National History: Utopianism and Dissent,* Camden House, 2012.

Michael Bell, *Sentimentalism, Ethics and the Culture of Feeling*, Basingstoke: palgrave, 2000.

Donald Mitchell, *Cultural Geography: A Critical Introduction*, Oxford: Blackwell, 2000. (류제헌·진종헌·정현주·김순배 옮김, 『문화정치 문화전쟁』, 살림, 2011)

Neil Archer, *The French Road Movie: Space, Mobility, Identity*, Berghahn Books. 2012.

Neil Archer, *The Road Movie: in search of meaning*, Columbia University Press, 2016.

Nick Browne(ed.), *Refiguring American film genres: history and theory*, Berkeley: University of California Press, 1998.

Noel Carroll, *The Philosophy of Horror: Or, Paradoxes of the Heart*, Routledge, 2003.

Peter Brooks, *The Melodramatic Imagination: Balzac, Henry James, Melodrama, and the Mode of Excess,* New Haven: Yale University Press, 1976.

Raymond Vervliet & Annemarie Estor(eds.), *Methods for the Study of Literature as Cultural Memory*, Atlanta: Rodopi, 2000.

Raymond Williams, *The Long Revolution*, Broadview Press, 2001. (성은애 옮김, 『기나긴 혁명』, 문학동네, 2007)

Robin Wood, *Hollywood from Vietnam to Reagan*, Columbia University Press, 1986. (이순진 옮김, 『베트남에서 레이건까지』, 시각과언어, 1995)

Rebecca Merkelbach, *Monsters in Society: Alterity, Transgression, and the Use of the Past in Medieval Iceland*, Walter de Gruyter GmbH & Co KG, 2019.

Rick Altman, *Film/Genre*, British Film Institute, 1999.

Richard van Dülmen, *Die Entdeckung Des Individuums: 1500~1800*, Frankfurt, 1997. (최윤영 옮김, 개인의 발견: 1500~1800, 현실문화연구, 2005)

Siegfried Kracauer, *Theory of Film: The Redemption of Physical Reality*, Princeton University Press, 1997.

Siegfried Kracauer, *From Caligari to Hitler: A psychological history of the German film*, Princeton University Press, 2004.

Susan Hayward, *Cinema Studies: The Key Concepts, 3rd ed.*, Routledge, 2006.

Tangney, J. P. & Fischer, K. W.(eds.), *Self-Conscious Emotions,* New York: Guilford, 1995.

Tania Modleski(ed.), *Studies in Entertainment : Critical Approaches to Mass Culture*, A Midland Book, 1986.

Tarja Laine, *Feeling Cinema: Emotional Dynamics in Film Studies*, Continuum International Publishing Group, 2011.

Tarja Laine, *Shame and Desire: Emotion, Intersubjectivity, Cinema - Repenser 1e Cinema/Rethinking Cinema 3*, Eropean Interuniversity Press, 2007.

Terry Lovell, *Pictures of Reality: Aesthetics, Politics and Pleasure*, BFI, 1983.

Thomas Elsaesser, *European Cinema and Continental Philosophy: Film As Thought Experiment*, Bloombury Publishing USA, 2018.

Thomas Schatz, *Hollywood Genres: Formulas, Filmmaking, and The Studio System*, McGraw-Hill Companies, Incorporated, 1981.
(한창호·허문영 옮김, 『할리우드 장르의 구조』, 한나래, 1996)

Timothy Corrigan, *A Cinema Without Walls: Movies and Culture After Vietnam*, Ruthers University Press, 1991.

Tom Ryalls, *Teachers Study Guide, No.2: The Gangster Film*, BFI, 1978.

Upamanyu Pablo Mukherjee, *Victorian World Literatures*, Maney, 2011.

3. 논문

1) 국내

권은선, 「1970년대 한국영화연구: 생체정치, 질병, 히스테리를 중심으로」, 중앙대학교 박사학위논문, 2010.

______, 「1970년대 국책영화와 대중영화의 상관성 연구」, 『현대영화연구』, 2015.

권현정, 「청년 '행위'의 정치성과 그 저항 (불)가능성에 대하여: 영화 <바보들의 행진>을 중심으로」, 『코기토』 81, 2017. 2.

김엘리, 「군사주의, 여성, 탈군사화를 위해」, 국제회의 나의 삶에서 우리의 평화를 - 군사주의와 여성인권 발표문, 2002.8.16.

김병렬, 「청년문화와 청년영화」, 영화, 1974. 7.

김경욱, 「1980년대 이후, 한국 '분단영화'에 재현된 '역사적 트라우마'에 관한 연구」, 『영화연구』 63호, 2015. 3.

김동식, 「한국영화에 등장하는 미국 또는 미국인의 이미지에 대하여」, 『민족문학사연구』 제36집, 2008.

김연진, 「한국 언론을 통해 본 미국과 미국화: 이미지와 담론」, 『미국학논집』, 2005.

박애경, 「한국 포크의 '도시민요'적 가능성 탐색-1970년대 포크송과 포크문화를 중심으로」, 『한국민요학』 vol.41, no.2, 2014.

손영님, 「1970년대 청년영화, 저항과 '공모'의 균열」, 『대중서사연구』 vol.24, no.2, 2018. 5.

송아름, 「두 개의 '별들의 고향'과 '청년문화'의 의도적 접속」, 『인문논총』 vol.73, no.2, 2016. 5.

오영숙, 「대중성을 향한 도정: 장현수, 김홍준, 여균동의 영화」, 『영화언어: 1989년 봄에서 1995 봄까지 · Ⅱ』, 시각과언어, 1997.

______, 1960년대 스릴러 영화의 양상과 현실인식, 『영화연구』 33호, 2007. 9.

______, 「1960년대 첩보액션영화와 반공주의」, 『대중서사연구』 no.22, 2009.

______, 「한국영화의 지도그리기: 두 개의 르네상스와 멜로드라마」, 『사이間SAI』 4호, 2008.

오제연, 「1970년대 대학문화의 형성과 학생운동: '청년문화'와 '민속'을 중심으로」, 『역사문제연구』, vol.16, no.2, 통권 28호, 2012. 10.

______, 「언론을 통해 본 한일협정 인식 50년」, 『역사비평』, no.111, 2015. 5.

유지나, 「한국사회의 영화적 수용에 관한 텍스트 읽기: <삼포가는 길>, <고래사냥>, <세상 밖으로>」, 『영화연구』 10호, 1995.

이영일, 「퇴행과 콤플렉스의 젊은이들」, 『영화』, 1975. 3.

이우석, 「1960년대 청춘영화 형성과정에 대한 연구」, 중앙대학교 석사학위논문, 2004.

이현진, 「<팔도강산>의 유랑과 <삼포가는 길>의 유랑: 박정희 정권의 근대화를 바라보는 두 가지 시선」, 『현대영화연구』 8(2), 2012.

이혜림, 「1970년대 청년 문화구성체의 역사적 형성과정」, 서강대학교 석사학위논문, 2002.

정수완, 「1950~60년대 한일 청춘영화 비교 연구」, 『영화연구』 26호, 2005.

정태수, 「청년문화, 영상시대와 새로운 성 해석, 낭만적 저항의 1970년대 한국영화(1972~1979)」, 『현대영화연구』 vol.15, no.4, 2019.

주진숙, 「<세상 밖으로>: 로드무비의 새로운 지평」, 『영화연구』 10호, 1995.

주창규, 「충무로 로드무비 장르 연구」, 『영화연구』 34호, 2007.

진은경, 「로드무비에 나타난 바다의 의미와 모성성의 회복」, 『문학과환경』, vol.12, no.1, 2013.

최성민, 「'청년'개념과 청년 담론 서사의 변화 양상」, 『현대문학이론연구』 no.50, 2012.

하정현·정수완, 「1970년대 저항문화 재현으로서 하길종 영화: <바보들의 행진>(1975)과 <병태와 영자>(1979) 다시 읽기」, 『인문콘텐츠학회』 46, 2017. 9.

황영주, 「남성의 얼굴을 가진 근대국가: 젠더화된 군사주의, 자본주의, 그리고 민주주의」, 『한국정치학회 기획학술회의 자료집』, 2000.

황혜진, 「1970년대 유신체제기의 한국영화연구」, 동국대학교 박사학위논문, 2003.

홍웅선·이형행, 「재수생의 누적과 그 실태에 관한 연구」, 『인문과학』 vol.35, 1976. 6. 30.

2) 국외

Alexandre Ganser, et al, "Bakhtin's chronotype on the road: Space, time, and place in road movies since the 1970s", *Facta Universitatis: Linguistics and Literature*, January 2006, 4:1.

G. Nowell Smith, "Dossier on Melodrama: Minnelli and Melodrama", *Screen*, Volume 18, Summer 1977.

Ofer Zur PhD, "Rethinking 'Don't Blame the Victimhood", *Journal of Couples Therapy* Volume 4, Issue 3-4, 1995.

Paulina Suarez-Hesketh, "Book Review: The Politics of Affect and Emotion in Contemporary Latin American Cinema: Argentina, Brazil, Cuba, and Mexico by Laura Podalsky", *sujetos de/al archivo*, vol 9, Número 1 y, 2012.
(http://hemisphericinstitute.org/hemi/es/e-misferica-91/suarez)

Yael Danieli, "*Psychotherapists participation* in the conspiracy of silence about the holocaust", *Psychoanalytic Psychology*, 1, 1984.

찾아보기 영화명/ 인명/ 기타(소설, 가요, TV 시리즈)

영화명

ㄱ

ㄴ

ㄷ

ㄹ

ㅁ

ㅂ

ㅅ

ㅈ

ㅊ

ㅌ

인명

기타(소설, 가요, TV시리즈)

소설

근현대 한국영화의 마인드스케이프

발행일	2024년 4월 28일
발행인	박기용
저 자	오영숙
편집자	박진희, 공영민
발행처	영화진흥위원회
담 당	김홍천(영화진흥위원회 연구본부 영화문화연구팀)
주 소	48058 부산광역시 해운대구 수영강변대로 130
전 화	051-720-4700
홈페이지	kofic.or.kr
ISBN	978-89-8021-254-5 04680
	978-89-8021-251-4 04680(세트)

제작 및 유통	두두북스
주 소	48231 부산광역시 수영구 연수로357번길 17-8
전 화	051-751-8001
이메일	doodoobooks@naver.com

- 본서는 영화진흥위원회 연구사업의 하나로 발간되었습니다.